Sterk met een vitaal netwerk   Oh zo belangrijk.

D1669862

Esther vic Wel.

Sterk met een vitaal netwerk

Empowerment en de sociaal netwerkmethodiek

Maria Scheffers

uitgeverij | **C**
coutinho

bussum 2014

Webondersteuning
Bij dit boek hoort een webpagina met de bijlagen 1 t/m 6 uit het boek.
Deze webpagina is te vinden via **www.coutinho.nl.**

Eerste druk 2010, derde oplage 2014

Uitgeverij Coutinho
Postbus 333
1400 AH Bussum
info@coutinho.nl
www.coutinho.nl

Noot van de uitgever
Wij hebben alle moeite gedaan om rechthebbenden van copyright te achterhalen. Personen of instanties die aanspraak maken op bepaalde rechten, wordt vriendelijk verzocht contact op te nemen met de uitgever.

ISBN   978 90 469 0220 2
NUR   752

Voorwoord

Ik ben mijn loopbaan begonnen als bezigheidstherapeute in het ziekenhuis. Daar ontdekte ik voor het eerst dat niet de beschikbare tijd relevant is voor het contact met een 'patiënt', maar mijn eigen opstelling. Zitten bij een patiënt kost evenveel tijd als staan. Maar met zitten kwam er rust, gelijkwaardigheid en vertrouwen.

Als groepsleider in het Kinderdorp Neerbosch hebben de kinderen mij behoorlijk een spiegel voorgehouden. De nieuwe inzichten die ik er opdeed gingen niet over de methodiek, maar over hoe ik vanuit mezelf reageerde, over mijn patronen en valkuilen. De kinderen leerden mij inzien hoe ik met hen omging vanuit mijn eigen referentiekader en de bijbehorende waarden en normen.

Als maatschappelijk werker heb ik veel geleerd van de vrouwenhulpverlening c.q. seksespecifieke hulpverlening. Zicht op mijn eigen situatie, rollen en patronen, bracht mij ook empathie, betrokkenheid en nieuwsgierigheid bij tegenover de cliënten. Wat hebben ze nodig om het heft in eigen hand te nemen? Waar zitten hun verborgen krachten? Hoe kunnen zij de omslag maken van 'slachtoffer' naar 'leider' van hun eigen leven? Vele vragen heb ik gesteld, en ik stel ze nog steeds, maar nu aan professionals. Mijn ervaring is dat mensen de antwoorden in zichzelf meedragen en dat het de kunst is om de juiste gelegenheid te creëren, waarin zij die zelf naar voren halen. Het gaat over het ontdekken van eigen mogelijkheden en oplossingen en deze toe-eigenen. En voor sociaal werkers gaat het over alert zijn op het niet overnemen, maar het ondersteunen van de cliënt.

Ik wil met dit boek een bijdrage leveren aan de professionalisering van studenten en sociaal werkers. Ik hoop dat het boek je meer bewust zal maken van jezelf als instrument, en de invloed daarvan op de hulpverlening. Tevens wil ik je kennis en vaardigheden aanreiken zodat je de juiste voorwaarden kunt creëren waarin mensen zelfstandig en met hun sociaal netwerk, ongeacht hun afkomst of omstandigheden, op hun eigen wijze een prettig en zinvol leven kunnen leiden. Natuurlijk is de praktijk altijd weerbarstiger, en daarom wens ik je veel inspiratie, creativiteit en samenwerking toe, zodat je de vele cliënten, met steeds weer andere vragen en problemen, succesvol kunt ondersteunen op hun weg naar meer zelfregie en een betere kwaliteit van leven.

Er waren verschillende redenen om dit boek te schrijven. Ten eerste: vanuit STIOM heb ik als projectleider van het project Profilering AMW bij welzijnsorganisatie Zebra in Den Haag de gezamenlijk ontwikkelde intake volgens de Haagse Sociale Netwerkmethode (HSNM) beschreven in een handboek. Deze intake volgens de HSNM is op zijn beurt geïnspireerd door de Maastrichtse Sociale Netwerk Analyse (MSNA). Het idee om dit boek te schrijven komt voort uit de ondersteuning die ik heb gehad van Leo van der Ark (adviseur bij dit project en voormalig directeur van de NVMW) bij het beschrijven van de intake. Hij vertelde mij dat dit echt een belangrijke ontwikkeling is, waar nog niet veel over geschreven is. Hij heeft mij het laatste zetje gegeven om eens bij een uitgever te informeren naar de mogelijkheden.

Ten tweede hoorde ik op de Haagse Hogeschool, waar ik als extern docent en supervisor werk, dat er nog niet echt een goed boek was over netwerkgericht werken met cliënten.

Ten derde geloof ik in de eigen kracht (vaardigheden, ervaringskennis, kwaliteiten, mogelijkheden, innerlijk weten) van mensen en gun ik hen een leven dat zij voor ogen hebben, waarin ze zich prettig voelen, gezien worden en uitgedaagd worden. Waarin zij net zoals jij en ik ingebed zijn in een vitaal netwerk. Ik geloof dat elke mens gelukkig wil zijn en daarvoor bereid is om moeite te doen, als daarvoor de juiste omstandigheden aanwezig zijn. Voor die omstandigheden kun jij als sociaal werker de juiste voorwaarden creëren en begeleiding bieden. Je kunt cliënten ondersteunen een eigen beeld te vormen over hun leven in de toekomst en over de weg waarlangs zij dat willen bereiken, al of niet in relatie met hun sociaal netwerk. Want ook dit laatste maken zij zelf uit.

Bij het tot stand komen van dit boek heb ik steun gehad van mijn netwerk en het netwerk van de uitgever.

Mijn dank gaat uit naar Angela Raanhuis, die mij tijdens het schrijven feedback en enkele waardevolle aanvullingen heeft gegeven op de methodische kant van het schrijven. Daarnaast heeft zij een paar voorbeelden toegevoegd. Verder dank ik Malthi Dasrath voor het schrijven van bijna alle casussen in hoofdstuk 7 en haar collega's van het project profilering AMW, Ilona van Tongeren, Corrie van der Wijden en Hassan Mezouar. De ervaringen vanuit dit project vormden een belangrijke inspiratiebron voor dit boek en verschillende praktijkvoorbeelden zijn van hun hand.

Roshnie Kolste en Nilüfer Gürsus hebben mij ondersteund bij het schrijven van de paragrafen over interculturele hulpverlening. Dank aan Ingrid de Prez en Greet Roscam Abbing, aan wie ik mijn eerste concepten heb toevertrouwd. Vervolgens heeft de leesgroep, gevormd door Wouter Nalis (uitgever), door uitgebreide feedback mij een belangrijke impuls gegeven om er ook een echt studieboek van te maken, de werkwijze systematischer en toegankelijker te beschrijven en de juiste opdrachten te formuleren. In deze leesgroep zaten Marianne Lenkhoff, docent MWD, en Petra Verhagen, docent CMV, beiden verbonden aan de Hogeschool van Arnhem en Nijmegen, Trudy Wajon, docent

MWD aan AVANS Hogeschool Den Bosch, Ton van Angeren en Loes Kaspers, docenten SPH aan de Hogeschool Amsterdam, en Diana Landhuis, docent MWD aan de Haagse Hogeschool. Dank je wel voor jullie feedback en support. En last but not least mijn man Piet, het belangrijkste netwerklid: dankzij zijn steun kon ik mij volledig op het schrijven van dit boek concentreren.

Maria Scheffers
Gouda 2010

Inhoudsopgave

Inleiding 15

1 De Wet maatschappelijke ondersteuning (Wmo) 23

1.1 Inleiding 23
1.2 Inhoud Wmo 23
1.3 Achtergrond 24
1.4 Doelen en uitgangspunten van de Wmo 24
1.5 Extra taken van de gemeenten 26
1.6 Prestatievelden 26
1.7 Doelgroep van de Wmo 28
1.8 Betekenis van de Wmo voor welzijnsorganisaties en professionals 28
    1.8.1 Wat vraagt de Wmo van welzijnsorganisaties? 28
    1.8.2 Wat vraagt de Wmo van professionals? 29
    Opdrachten 31

2 Empowerment 33

2.1 Inleiding 33
2.2 Wat is empowerment? 33
2.3 Verschillende niveaus van empowerment 34
    2.3.1 Persoonlijk empowerment 34
    2.3.2 Communityempowerment 35
    2.3.3 Organisatie-empowerment 39
2.4 Persoonlijk empowerment in de hulpverlening 42
    2.4.1 Eerste houdingsaspect: de betekenisgeving door de cliënt is leidend 44
    2.4.2 Tweede houdingsaspect: niet-wetende houding 44
    2.4.3 Derde houdingsaspect: van probleemgericht naar toekomstgericht 45
    2.4.4 Vierde houdingsaspect: focus op de kracht van de cliënt 48
    2.4.5 Vijfde houdingsaspect: bewust zijn van je eigen referentiekader 53
    2.4.6 Zesde houdingsaspect: oog voor het leer- en ontwikkelingsproces 56
    Opdrachten 59

3   Empowerment en etnisch-culturele diversiteit 61

3.1   Inleiding 61
3.2   Cultuur, identiteit en beeldvorming 61
      3.2.1   Cultuur 61
      3.2.2   Identiteit 63
      3.2.3   Beeldvorming 64
3.3   Leef- en belevingswereld van migranten 65
      3.3.1   Invloed van het geloof 66
      3.3.2   Invloed van de gemeenschap 66
      3.3.3   De zoektocht naar omgaan met verschillen 67
      3.3.4   De zoektocht naar zichzelf 68
      3.3.5   Verlieservaringen 69
      3.3.6   Oudere migranten 70
3.4   Attitude van de hulpverlener 71
      3.4.1   Elk mens is uniek 71
      3.4.2   Oog voor verschillende referentiekaders 72
      3.4.3   De niet-wetende houding 73
      3.4.4   Flexibel omgaan met de taalbarrière 75
      3.4.5   Aandacht voor loyaliteiten in de familie 76
      3.4.6   Aandacht voor inburgering 77
      3.4.7   Aandacht voor ambities 77
      3.4.8   Bewust worden van onbewuste processen 78
      3.4.9   Bedacht zijn op misverstanden 80
3.5   Communityempowerment en etnisch-culturele diversiteit 80
3.6   Organisatie-empowerment en etnisch-culturele diversiteit 81
      Opdrachten 83

4   De sociaal netwerkmethodiek 85

4.1   Inleiding 85
4.2   Sociale netwerken 85
      4.2.1   Definitie 85
      4.2.2   Samenstelling van een sociaal netwerk 86
      4.2.3   Functies van een sociaal netwerk 87
      4.2.4   Structuur van een sociaal netwerk 89
4.3   Vijf fasen in de sociaal netwerkmethodiek 92
      4.3.1   Fase 1: Inventariseren van het sociaal netwerk 92
      4.3.2   Fase 2: Analyseren van de mogelijkheden van het sociaal
              netwerk 106
      4.3.3   Fase 3: Opzetten van een werkplan 109
      4.3.4   Fase 4: Uitvoeren van het werkplan 112
      4.3.5   Fase 5: Eindevaluatie en het consolideren van de bereikte
              resultaten 127
4.4   Attitude van de hulpverlener 128

4.4.1 Zie de cliënt in de context van zijn omgeving   128
4.4.2 Terughoudendheid betrachten in het daadwerkelijk hulp bieden   129
4.4.3 Inzicht in de verschillende rollen van de hulpverlener   129
4.5 De sociaal netwerkmethodiek en communityempowerment   130
4.5.1 Het wijkecogram   131
4.5.2 De verschillende rollen bij communityempowerment   134
Opdrachten   135

5 De sociaal netwerkmethodiek en etnisch-culturele diversiteit   137

5.1 Fase 1: Inventariseren van het netwerk   137
5.1.1 Vertrouwen opbouwen   137
5.1.2 Inzetten van het ecogram   138
5.1.3 De vragenlijst   139
5.2 Fase 2: Analyseren van de mogelijkheden van het sociaal netwerk   140
5.3 Fase 3: Opzetten van een werkplan   141
5.4 Fase 4: Uitvoeren van het werkplan   141
5.4.1 Uitbreiden en opnieuw opbouwen van een netwerk   141
5.4.2 De inzet van professionals   142
5.4.3 Vrijwilligers   142
5.4.4 Het organiseren van netwerkberaden met niet-westerse deelnemers   143
Opdrachten   144

6 Cliëntprofielen   145

6.1 Cliëntprofiel 1: cliënten met tijdelijke tegenslag maar vitaal netwerk   145
6.1.1 Profielbeschrijving   145
6.1.2 Aandachtspunten voor de hulpverlening   146
6.1.3 Kenmerken   146
6.1.4 Krachtbronnen   147
6.2 Cliëntprofiel 2: cliënten met copingstijl ontwikkeld vanuit overleving en congruent aan hun netwerk   147
6.2.1 Profielbeschrijving   147
6.2.2 Aandachtspunten voor de hulpverlening   148
6.2.3 Kenmerken   148
6.2.4 Krachtbronnen   149
6.3 Cliëntprofiel 3: cliënten met een netwerk gerelateerd aan hun levensomstandigheden   149

6.3.1   Profielbeschrijving   149
6.3.2   Aandachtspunten voor de hulpverlening   150
6.3.3   Kenmerken   151
6.3.4   Krachtbronnen   151
6.4   Cliëntprofiel 4: eerstegeneratiemigranten op zoek naar eigen leefwijze   152
6.4.1   Profielbeschrijving   152
6.4.2   Aandachtspunten voor de hulpverlening   152
6.4.3   Kenmerken   153
6.4.4   Krachtbronnen   154
6.5   Cliëntprofiel 5: jongeren op zoek naar eigen identiteit   155
6.5.1   Profielbeschrijving   155
6.5.2   Aandachtspunten voor de hulpverlening   156
6.5.3   Kenmerken   156
6.5.4   Krachtbronnen   157

7   Casussen   159

7.1   Casus bij cliëntprofiel 1: Rob   159
7.1.1   Situatieschets   159
7.1.2   Fase 1: Inventariseren van het netwerk   161
7.1.3   Fase 2: Analyseren van de mogelijkheden van het sociaal netwerk   167
7.1.4   Fase 3: Opzetten van een werkplan   169
7.1.5   Fase 4: Uitvoeren van het werkplan   174
7.1.6   Fase 5: Eindevaluatie en het consolideren van de bereikte resultaten   188
7.2   Casus bij cliëntprofiel 2: Anita   192
7.2.1   Situatieschets   192
        Opdrachten   194
7.3   Casus bij cliëntprofiel 3: Roos   195
7.3.1   Situatieschets   195
        Opdrachten   197
7.4   Casus bij cliëntprofiel 4: Merjam   198
7.4.1   Situatieschets   198
        Opdrachten   200
7.5   Casus bij cliëntprofiel 5: Reijn   200
7.5.1   Situatieschets   200
        Opdrachten   202

8   Casussen bij communityempowerment en organisatie-empowerment   205

8.1   Casus voor communityempowerment   205
     8.1.1   Situatieschets   205
          Opdrachten   206
8.2   Casus voor organisatie-empowerment   207
     8.2.1   Situatieschets   207
          Opdrachten   209

Bijlagen   210

Bijlage 1   Ecogram   211
Bijlage 2   Intakeformulier sociaal netwerkmethodiek   212
Bijlage 3   Schema 'mogelijkheden sociaal netwerk'   215
Bijlage 4   Werkplan   216
Bijlage 5   Tussentijdse evaluatie   219
Bijlage 6   Eindevaluatie   221
Bijlage 7   Aandachtspunten analyse netwerk   223

Literatuur   226

Register   231

Over de auteur   237

Inleiding

Van traditionele welzijnswerker naar nieuwe sociaal werker
'Van garagehouder naar wegenwacht'. Zo omschrijft Jos van der Lans de transformatie van de traditionele welzijnswerker naar de nieuwe sociaal werker. Als je auto kapot is ga je naar een garagehouder en die repareert de auto, de wegenwacht echter gaat naar de mensen toe. Hij krikt de auto op en de mensen vervolgen weer hun eigen weg. Dat vraagt een ander type professional, iemand die dichter op de samenleving functioneert, dichter op de leefwereld van de cliënt en daar verbindingen op gaat zoeken en mensen op eigen kracht verder helpt.
Naar: Zorg en Welzijn, WMO-congres (www.zorgwelzijn.nl, 2010)

Eén op de twintig Nederlanders is als professional op de een of andere manier werkzaam in de sector zorg en welzijn (Van Ewijk, 2006). Vaak krijgen zij te maken met mensen die zijn vastgelopen in hun sociale omgeving. Het kan dan gaan om kinderen, jongeren, volwassenen en ouderen van allerlei niveaus en met uiteenlopende culturele achtergronden. Professionals kunnen deze mensen op verschillende manieren ondersteunen. Ze geven informatie, bieden (procesmatige) begeleiding, organiseren activiteiten of adviseren. Daarbij werken ze met individuele cliënten of met groepen. Dit boek biedt de professional handvatten om de cliënt (of de groep) centraal te stellen en deze aansluitend op zijn krachten en mogelijkheden te begeleiden bij zijn leerproces.

Wat mij opvalt in de vele trainingen die ik geef aan professionals, is dat de waan van de dag en de vele cliënten die om hulp vragen een grote druk op hen leggen. In veel gevallen blijkt het aantal cliënten dat om hulp vraagt groter te zijn dan zij aankunnen. De afgesproken caseload moet worden gehaald en in verschillende instellingen is gekozen voor kortdurende hulpverlening. Ook hulpverleners zelf willen graag zo veel mogelijk cliënten helpen. Daarbij denken veel hulpverleners dat het sneller gaat als zij zelf een aantal zaken even ter hand nemen, in plaats van de cliënt te begeleiden in zijn proces om het zelf te leren doen (empowerment) of op zoek te gaan naar netwerkleden die de cliënt kunnen helpen. Op de lange termijn blijkt dit laatste echter effectiever en levert uiteindelijk minder werk op voor de professional. Ook als supervisor merk ik dat werken vanuit empowerment, werken aan het versterken van de zelfregie van mensen en netwerkgericht werken nog te weinig aandacht heeft. Steeds is deze benadering een eyeopener voor studenten en hulpverleners. Maar tegelijkertijd is hun reactie steeds opnieuw dat de theorie makkelijker te begrijpen is dan daadwerkelijk toe te passen. Daarom zijn er in dit boek veel oefeningen en voorbeelden opgenomen. Professionals kunnen daarnaast overwegen een training te volgen.

Wmo

De maatschappelijke context waarin je als professional werkt, is voortdurend in beweging; de kijk op mensen en samenleving verandert. Daarom zul je je handelen hier voortdurend op af moeten stemmen.

Zo is in januari 2007 de Wet maatschappelijke ondersteuning (Wmo) van kracht geworden. Kern van deze wet is het bevorderen van de eigen verantwoordelijkheid en de onderlinge solidariteit van de burgers. Het gaat erom dat mensen zo veel mogelijk voor zichzelf en voor elkaar zorgen. De inzet van vrijwilligers of mantelzorgers (familie, vrienden en kennissen van de mensen die zorg nodig hebben) komt in de eerste plaats. Daarnaast is bijvoorbeeld de medewerking van buurtbewoners nodig wanneer iemand met een beperking in hun wijk komt wonen, zodat er een sociaal netwerk en een ondersteuningsstructuur ontwikkeld kan worden.

De AWBZ is teruggebracht tot een verzekering voor mensen met een zeer ernstige en langdurige hulpvraag. Taken van de rijksoverheid zijn verplaatst naar de gemeente. De gedachte hierbij is dat de gemeente dichter bij de burgers staat en dus toegankelijker is en beter in staat om efficiënte oplossingen te vinden.

De gemeente is verantwoordelijk voor de uitvoering van de Wmo. Omdat de gemeente het werk vaak uitbesteedt aan organisaties, moeten deze organisaties eveneens rekening houden met de Wmo. En dus wordt ook van jou, als professional binnen zo'n organisatie, verwacht dat je burgers begeleidt naar meer eigen verantwoordelijkheid en onderlinge solidariteit. Daarvoor is werken vanuit empowerment en het inzetten van de sociaal netwerkmethodiek essentieel. Werken vanuit empowerment betekent dat je optimale aansluiting zoekt bij de leefwereld, krachten en mogelijkheden van de cliënt. Het inzetten van de sociaal netwerkmethodiek houdt in dat je samen met de cliënt zijn sociaal netwerk zichtbaar maakt en hem begeleidt in het (re)vitaliseren van zijn netwerk. Op wijkniveau vergroot je de sociale cohesie door onderlinge verbanden zichtbaar te maken en die te betrekken bij verbeteringen in de wijk en buurt.

De Wmo heeft dus een verregaande impact op zorg, welzijn en maatschappelijke dienstverlening, en doet een specifiek beroep op jou. Daarom staat deze wet in dit boek centraal en sluiten de beschreven werkwijzen naadloos aan bij wat de Wmo van burgers en van jou als professional vraagt. Van burgers vraagt de Wmo meer eigen verantwoordelijkheid en onderlinge solidariteit, en van professionals dat zij de juiste voorwaarden creëren om burgers hierin te begeleiden.

Empowerment

Werken vanuit empowerment beschouw ik niet alleen als een werkwijze maar ook als een keuze, visie en wijze waarop je in je werk staat. Je kunt empowerment niet op de cliënt overbrengen; je kunt een cliënt zijn gevoel van eigenwaarde en zelfvertrouwen niet geven. Empowerment is een persoonlijk ontdekkings- en groeiproces. Het begint bij jezelf als professional, bij je eigen ervaringen met empowerment en het belang dat je daaraan hecht. Dit vraagt een omslag in denken en handelen. Niet jouw ervaring en kennis in de hulpverlening staan centraal, maar de deskundigheid van de cliënt over zijn leven en de betekenis die hij hieraan geeft. Dan sta je voor het volgende dilemma: de eigen deskundigheid, het leerproces en de regierol van de cliënt versus jouw agenda (jouw weten) als hulpverlener. Hoe ga je daarmee om? Omdat empowerend werken zo'n totaal andere benadering vereist, heb ik er in dit boek een belangrijke plaats voor ingeruimd.

Zoals gezegd is empowerment van belang met het oog op de Wmo. De Wmo vraagt namelijk om empowerde burgers onder het motto 'niet leunen maar steunen'. Daarnaast is empowerment een belangrijke voorwaarde om de sociaal netwerkmethodiek in te kunnen zetten. Als cliënten hun netwerk willen betrekken bij het oplossen van hun problemen, en daarom hun netwerk willen versterken of uitbreiden, vraagt dat veel van hun eigenheid, hun zelfvertrouwen, eigenwaarde, sociale vaardigheden, inzicht en mogelijkheden om hun zelfregie te versterken, zodat ze niet opnieuw terechtkomen in afhankelijkheid, maar in hun netwerk. Cliënten hebben voordat zij met hun netwerk aan de slag gaan een beeld over hun leven in de toekomst nodig. Hulpverleners moeten de gelegenheid scheppen waarin cliënten dit beeld kunnen ontwikkelen.

Interventies vanuit de oplossingsgerichte benadering passen prima in empowerend werken. Een aantal van deze interventies beschrijf ik in dit boek.
Ik kies bewust alleen voor de interventies vanuit de oplossingsgerichte benadering omdat ik van mening ben dat een brede intake op alle levensgebieden de hulpverlener in staat stelt om zowel integraal, curatief als preventief de cliënt te ondersteunen. De door mij aangehaalde interventies doen expliciet een beroep op de eigen kracht en mogelijkheden van cliënten. Op die manier komen mensen met eigen oplossingen, die daarmee passen binnen hun referentiekader en leefwereld.
Daar voeg ik het inzetten op twee sporen aan toe: enerzijds doe je iets voor de cliënt om vertrouwen op te bouwen, en anderzijds doe je een beroep op de eigen kracht, hoe klein ook.

De sociaal netwerkmethodiek

De in dit boek beschreven werkwijze van de netwerkbenadering is een methodiek. De sociaal netwerkmethodiek stelt hulpverleners in staat om op een
doelgerichte, planmatige, procesmatige en systematische wijze samen met de
cliënt zijn netwerk in kaart te brengen, te analyseren en daar vervolgens samen met de cliënt een traject op uit te zetten. De hulpverlener kan op deze
manier zijn eigen handelen verantwoorden.
De sociaal netwerkmethodiek is een interactioneel gebeuren tussen hulpverlener en cliënt(en), ter oplossing van problemen, dat min of meer in fasen
verloopt vanuit specifieke opvattingen en uitgangspunten (visie).

We spreken hier van een methodiek omdat er een visie (theorieën, kennis,
ethische keuzen) aan ten grondslag ligt (Snelle, 2007).
De interactie tussen de hulpverlener en de cliënt heeft daarbij de volgende
kenmerken.

- De cliënt heeft in het hulpverleningsproces de leidende rol (of groeit daar
  naartoe) waardoor de hulpverlening een soort coproductie wordt. De cliënt bepaalt de inhoud en de hulpverlener creëert de juiste voorwaarden
  en begeleidt het proces.
- De hulpverlener sluit aan op de leef- en belevingswereld van de cliënt.
- De hulpverlener zet zijn eigen sterke kanten, kwaliteiten en vaardigheden in, in het werken met deze methodiek.

De sociaal netwerkmethodiek steunt op praktijktheoretische inzichten en
zorgt voor een verbinding tussen theorie en praktijk. De sociaal netwerkmethodiek is echter niet statisch en standaard, maar open en dynamisch. Zij
wordt aansluitend op de leef- en belevingswereld van de cliënt ingezet. Dat
betekent dat het heel belangrijk is dat professionals zich de hier beschreven
onderliggende systematiek van de methodiek eigen maken en altijd de doelstellingen voor ogen moeten houden. Dit boek zal daar uitgebreid op ingaan.

De mensvisie achter empowerment en de sociaal netwerkmethodiek

Elk mens heeft de behoefte zich te ontwikkelen, de behoefte aan erkenning en
bevestiging en de behoefte om gelukkig te worden. Volgens Aristoteles is geluk het hoogste doel van het menselijk bestaan (Brabander, 2008). Hoe vaak
zeggen cliënten niet als je vraagt naar hun doel: 'Ik wil gelukkig worden'? Ieder mens bezit eigen krachten, kwaliteiten, vaardigheden en mogelijkheden
die hij kan inzetten en vergroten om de kwaliteit van zijn leven te verbeteren.
Daar sluit werken vanuit empowerment op aan.

Daarnaast zijn mensen ook sociale wezens met een gevoelsmatige behoefte
aan verbondenheid met anderen. Mensen zoeken naar zekerheid en zoeken
daarbij steun van anderen; ze willen erbij horen. 'De mens manifesteert zich

of tracht zich te manifesteren in een voortdurende wisselwerking met zijn sociale en fysieke omgeving. Daarbij ontmoet hij problemen of problemen overkomen hem, die hij chronisch of tijdelijk niet aankan. Daarvoor behoeft hij enige of heel veel ondersteuning om te kunnen spreken van enige vorm van welbevinden' (Koeter-Kemmerling, 2005).

'Volgens Aristoteles kunnen we niet gelukkig zijn wanneer anderen dat niet zijn. Het geluk waarnaar we streven, is geluk van allen. We leven niet op onszelf, maar zijn van nature een gemeenschapswezen. Wie alleen zijn geluk nastreeft, zal daarom nooit gelukkig worden. Het geluk van de gemeenschap is belangrijker dan mijn eigen geluk. Mijn geluk is het geluk van de gemeenschap. Geluk stelt ons in staat een goed burger te zijn' (Brabander, 2008, blz. 47).

De sociaal netwerkmethodiek sluit hierop aan door de sociale omgeving van de cliënt in kaart te brengen, te analyseren en samen met de cliënt te bespreken hoe het netwerk hem kan ondersteunen en wat hij voor zijn netwerk kan betekenen om zo in wederkerigheid langdurende relaties op te bouwen. Hoe kan hij zichzelf en zijn netwerk vitaliseren?

De multiculturele samenleving

Werken vanuit empowerment en het inzetten van de sociaal netwerkmethodiek kan in principe bij alle cliënten, ongeacht hun etnisch-culturele achtergrond. Daarvoor moet je bij sommige migranten wel je westerse bril afzetten. Het is immers belangrijk dat je aansluit op de leefwereld van de cliënt, en daarvoor moet je over enige cultuursensitiviteit beschikken.

Nederland is door zijn hoog ontwikkelde economie altijd een immigratieland geweest. We treffen diverse groeperingen aan in Nederland, zoals inwoners van vroegere koloniën, asielzoekers, vluchtelingen en nieuwkomers. Maar vooral in de jaren zestig van de twintigste eeuw zijn door de economische welvaart en de grote vraag naar arbeiders veel arbeidsmigranten vanuit Marokko en Turkije naar Nederland gehaald voor laagbetaald en ongeschoold werk. Men ging ervan uit dat zij na verloop van tijd weer terug zouden keren naar hun land van herkomst. Dit is echter niet gebeurd. Door de grote armoede in hun land van herkomst hadden zij daar geen toekomst en vroegen zij hier gezinshereniging aan. Zo zijn er grote groepen migranten naar Nederland gekomen. Verder zijn er bij de onafhankelijkheid van Suriname veel Surinamers naar Nederland verhuisd. En in deze eeuw komen er door de uitbreiding van de Europese Unie en daarmee gepaard gaande open grenzen veel arbeiders uit Oost-Europa naar Nederland. Al deze mensen met verschillende etnische achtergronden brengen allemaal hun eigen cultuur mee.

Interculturele hulpverlening

Laten we voorop stellen dat veel migranten het prima redden in de Nederlandse samenleving. Zij zijn goed in staat (geweest) om hier zowel economisch als sociaal een mooie toekomst op te bouwen. In veel gezinnen wordt met elkaar gesproken en kinderen krijgen wel degelijk de ruimte om een eigen toekomst op te bouwen. In dit boek gaat het over die mensen die daar om een of andere reden moeite mee hebben. Mocht je een afstand ervaren in de begeleiding van mensen met een andere etnisch-culturele achtergrond dan jij zelf hebt, dan vind je in dit boek inzichten en gereedschappen waarmee je de verschillen kunt overbruggen.

Het uitgangspunt in dit boek is dat alle mensen verschillend zijn, ongeacht hun etnisch-culturele achtergrond. Diversiteit is geen belemmering, maar een basiskenmerk van een organisatie, buurt of samenleving. Verschillen maken deel uit van het leven en worden aanvaard. Belangrijk is dat je je bewust bent van je referentiekader, zodat je elke cliënt als een unieke mens kunt zien en onbevooroordeeld tegemoet kunt treden. Dit vraagt om een ingebouwde aandacht voor verscheidenheid in leefwijzen, mogelijkheden, beperkingen en startposities, en een tweerichtingsverkeer tussen gelijkwaardige partners. Omdat deze gedachtegang nog geen gemeengoed is en wij allemaal zo onze blinde vlek hebben, wordt in hoofdstuk 3 het werken vanuit de principes van empowerment beschreven in relatie tot etnisch-culturele diversiteit. In hoofdstuk 5 staat het inzetten van de sociaal netwerkmethodiek in relatie tot etnisch-culturele diversiteit.

De intake

Dit boek beschrijft niet systematisch de intakeprocedure, waarin de problemen en de situatie van de cliënt worden ontrafeld en in kaart gebracht. Ik ga ervan uit dat de reguliere intake bekend is en elders in je opleiding wordt behandeld. De sociaal netwerkmethodiek zoals beschreven in dit boek sluit echter wel aan op de intakeprocedure. Het is een extra module bij de intake, gericht op het verbeteren van de (gebrekkige) interactie tussen de cliënt en zijn persoonlijke sociaal netwerk. Over de reguliere intake is genoeg literatuur te vinden (onder andere het boek *Wegen en (over)wegen* van Margo Scholten). Ook de outreachende hulpverlening, hoe belangrijk ook, valt buiten de reikwijdte van dit boek.

Voor wie is dit boek?

Dit boek is bedoeld voor professionals werkzaam in zorg, welzijn en maatschappelijke dienstverlening, in zowel de eerste als tweede lijn, en voor studenten aan de hbo-opleidingen. Het is voor professionals die geloven in (het vergroten van) de zelfstandigheid en eigen kracht van mensen en gelijkwaardig naast cliënten/patiënten willen staan. Voor professionals die geloven dat mensen zonder een vitaal netwerk zeer kwetsbaar zijn. In dit boek vinden zij de kennis en vaardigheden om in hun werk vorm te geven aan empowerment en netwerkgericht werken.

Het boek is ook voor studenten die in opleiding zijn aan een sociaalagogische opleiding, in voltijd dan wel deeltijd. Daarbij gaat het om studenten vanaf het tweede studiejaar. Voor de voltijdstudenten die nog niet in het werkveld werkzaam zijn, zijn er veel voorbeelden toegevoegd en in hoofdstuk 7 staan verschillende casussen met daaraan gekoppeld opdrachten om je de werkwijze en methodiek eigen te maken. Eén casus is als voorbeeld in zijn geheel uitgewerkt. De deeltijdstudenten hebben veelal hun eigen casussen, maar kunnen de opdrachten in hoofdstuk 7 met een kleine aanpassing ook op hun eigen casussen toepassen. Daarnaast leveren de geheel uitgewerkte casus en de vele voorbeelden in het boek vergelijkingsmateriaal voor hen op.

Hoewel in de agogische sector veel meer vrouwen dan mannen werkzaam zijn, heb ik na beraad toch de mannelijke vorm gekozen, omdat dit nu eenmaal in studieboeken de meest gebruikte vorm is. Maar iedereen wordt uitgenodigd om in de plaats waar 'hij' staat 'zij' te lezen.

De opbouw van dit boek

Het eerste hoofdstuk beschrijft de inhoud van de Wmo en de taken voor de gemeenten en organisaties die daaruit voortkomen. De vanzelfsprekendheid in de relatie tussen subsidiegever en ontvanger kan veranderen; gemeenten kunnen immers aanbesteden. Zowel de Wmo als deze veranderende verhoudingen vragen van professionals naast hulp verlenen (microniveau) ook inzet op meso- en macroniveau. Om de doelen vanuit de Wmo te kunnen realiseren is de professional nodig, die naast de altijd al bestaande rol van hulp-en dienstverlener, de taak krijgt om mensen als volwaardig burger deel te laten nemen aan de samenleving.

In hoofdstuk 2 staan de principes van werken vanuit empowerment uitgewerkt in relatie tot het eerste uitgangspunt van de Wmo: iedere burger is voor zichzelf verantwoordelijk. Het werken vanuit empowerment biedt hiervoor de voorwaarden. Uitgangspunt van empowerend werken is dat mensen, ongeacht hun sociale en etnisch-culturele afkomst, en ongeacht hun beperkingen, eigen kracht en mogelijkheden in zich hebben om hun leven vorm te geven. Daarbij is er aandacht voor de houdingsaspecten en interventies van de hulpverlener en het leer- en ontwikkelingstraject van de cliënt. Het hoofdstuk begint met een beschrijving van de verschillende niveaus van empowerment, namelijk persoonlijk empowerment, communityempowerment en organisatie-empowerment. Persoonlijk empowerment is als werkwijze uitgewerkt.

In hoofdstuk 3 staat de relatie tussen empowerment en etnisch-culturele diversiteit in de hulpverlening. Hierin zijn verschillende aandachtspunten en interventies opgenomen om je cultuursensitiviteit te vergroten.

Hoofdstuk 4 beschrijft de vijf fasen van de sociaal netwerkmethodiek die aansluit bij het tweede uitgangspunt van de Wmo: de zorg van de burgers voor elkaar, het actieve burgerschap en de zorg voor de sociale cohesie. Uitgangspunt bij deze methodiek is dat wie over een vitaal netwerk beschikt de mogelijkheid heeft om de onvermijdelijke problemen in het leven het hoofd te bieden en zijn diverse rollen in de samenleving te vervullen. Een sociaal netwerk draagt bij aan sociale relaties, aan het welzijn en de sociale integratie van mensen.

Voor het inzetten van de sociaal netwerkmethodiek is empowerend werken (zoals beschreven in hoofdstuk 2) een voorwaarde. In het opbouwen dan wel versterken van zijn netwerk wordt er veel van de cliënt zelf gevraagd. Daarbij is het heel belangrijk dat deze zicht heeft op zijn eigen krachten en mogelijkheden.

Het inzetten van de sociaal netwerkmethodiek in relatie tot etnisch-culturele diversiteit wordt in hoofdstuk 5 beschreven.

Het praktijkgedeelte staat in hoofdstuk 6. Voor een overzichtelijke beschrijving heb ik een wat 'kunstmatige' indeling gemaakt van vijf cliënttypen. De bijbehorende casussen met opdrachten staan in hoofdstuk 7. De casus die bij cliënttype 1 hoort, is geheel uitgewerkt volgens de werkwijze en methodiek in dit boek. De overige casussen zijn het oefenmateriaal voor de voltijdstudenten. Deeltijdstudenten en professionals hebben immers hun eigen caseload waarmee zij kunnen oefenen. Door middel van opdrachten kan de student oefenen met werken vanuit empowerment en de sociaal netwerkmethodiek.

Hoofdstuk 8 bevat twee casussen: één casus met betrekking tot community-empowerment en één casus met betrekking tot organisatie-empowerment.

De Wet maatschappelijke ondersteuning (Wmo)

1.1 Inleiding

Zoals in de inleiding van dit boek is beschreven, doet de Wmo expliciet een beroep op de eigen verantwoordelijkheid en gemeenschapszin van burgers. Dit hoofdstuk gaat nader in op de inhoud van de Wmo. Verder wordt bekeken wat de Wmo voor gemeenten, welzijnsorganisaties en professionals nu precies betekent.

1.2 Inhoud Wmo

De Wmo is een kaderwet die, na jaren voorbereiding, op 1 januari 2007 van kracht is geworden. Een kaderwet is een wet die algemene kaders stelt en niet alles in detail beschrijft. Voor de Wmo betekent dit dat gemeenten de ruimte krijgen om een eigen invulling te geven aan de uitvoering ervan.

In de Wmo zijn de volgende wetten en regelingen, die voorheen van kracht waren, samengekomen:
- de Wet voorzieningen gehandicapten (WVG);
- de Welzijnswet;
- de openbare geestelijke gezondheidszorg (OGGZ) uit de Wet collectieve preventie volksgezondheid (WCPV): dit is met name van toepassing op mensen met psychische en verslavingsproblemen. Daarbij gaat het onder andere om signalering, contact houden, de begeleiding naar zorg en nazorg om terugval te voorkomen;
- de huishoudelijke verzorging en een deel van de ondersteunende en activerende begeleiding uit de Algemene Wet Bijzondere Ziektekosten (AWBZ).

De Wmo biedt hiermee één wettelijk kader voor de maatschappelijke zorgverlening.

1.3   Achtergrond

De volgende drie maatschappelijke ontwikkelingen gaven aanleiding tot de Wmo:

1 kostenbeheersing: de kosten van de AWBZ dreigden onbetaalbaar te worden als gevolg van de omvang van het AWBZ-pakket, de toenemende vraag en de manier waarop de uitvoering van de AWBZ was geregeld;

2 de vermaatschappelijking van de zorg: vanuit kostenbesparing vindt er een kentering plaats naar meer hulp en zorg dichter bij huis, zodat mensen langer in hun eigen omgeving kunnen blijven wonen. Ouderen, psychiatrische patiënten en gehandicapten ontvangen zo lang mogelijk zorg op maat in hun eigen leefomgeving.

3 geen sluitend transparant aanbod voor wonen, zorg en welzijn op lokaal niveau: er waren veel verschillende regelingen op verschillende niveaus, waarbij elke regeling eigen voorwaarden en een eigen 'toegang' had. Deze lappendeken maakte het voor de burger onoverzichtelijk en onnodig ingewikkeld om zorg en steun op maat te regelen. Naar aanleiding van de toegenomen vraag naar hulp in de thuissituatie is er nog te weinig samenhang in de voorzieningen. Ouderen, gehandicapten en chronisch psychiatrische patiënten hadden met te veel instellingen te maken, die onvoldoende met elkaar samenwerkten.

Het kabinet-Balkenende II hoopte dat met de invoering van de Wmo de kosten van de AWBZ in de hand gehouden konden worden. Daarbij gingen zij uit van een aantal aannames: 'Indien er goed inclusief beleid wordt gevoerd (op gemeentelijk niveau, én als de samenleving als geheel verantwoordelijkheid neemt om zelfredzaamheid en participatie te bevorderen van (potentieel) kwetsbare mensen, én als ieder individu dat ook doet, dan zijn er minder individuele en specifieke voorzieningen nodig' (Beun, 2006, blz. 6).

1.4   Doelen en uitgangspunten van de Wmo

Het doel van de Wmo is iedereen – oud en jong, gehandicapt en niet-gehandicapt, autochtoon en allochtoon, met en zonder problemen – in staat te stellen gewoon mee te doen in deze maatschappij.

Het kabinet-Balkenende II wilde de solidariteit van gezonde mensen met gehandicapten, zorgbehoevende ouderen en psychiatrische patiënten behouden. Men wilde de kwaliteit van de zorg en de ondersteuning aan burgers verbeteren, evenals de samenhang in voorzieningen voor deze mensen in hun directe omgeving, zodat ze zo veel en zo lang mogelijk zelfstandig kunnen functioneren. Dit zijn belangrijke maatschappelijke doelen die de regering met het aanpassen van de Algemene Wet Bijzondere Ziektekosten en de nieuwe Wet maatschappelijke ondersteuning heeft willen realiseren. Daarvoor is een geloofwaardig en solidair stelsel nodig.

Uitgangspunten bij de uitvoering van de Wmo zijn:

- De gemeenten zijn verantwoordelijk voor het aanbieden van specifieke voorzieningen aan kwetsbare mensen die zelf geen ondersteuning kunnen regelen. Hierbij is voortdurend aandacht voor de koppeling van informele, vrijwillige zorg aan professionele ondersteuning. 'Dit kan liggen op alle denkbare levensterreinen die te maken hebben met zelfredzaamheid en het vermogen om in de maatschappij te participeren: informatie en advies, regieondersteuning, mobiliteit, woningaanpassingen, praktische hulp, psychosociale begeleiding, huishoudelijke verzorging, dagbesteding, sociale contacten en veiligheid' (Pennix, 2005, blz. 10).
- Mensen zijn zo veel mogelijk zelf verantwoordelijk voor zichzelf. En vervolgens ook verantwoordelijk voor elkaar. Als iemand voldoende draagkracht heeft, of een netwerk om zich heen met voldoende draagkracht heeft, kan hij zelf, of in onderling overleg met zijn netwerk, de benodigde ondersteuning regelen. Als dat niet lukt, kan hij een beroep doen op professionele hulp en zorg. Het motto is 'niet leunen maar steunen'.
- De leefbaarheid en sociale cohesie in wijken wordt bevorderd; er is sprake van een *civil society*. In een goed functionerende *civil society* zijn bewoners bij elkaar betrokken en bieden ze elkaar informele zorg. Het is een systeem van verbanden waar mensen vrijwillig aan deelnemen. Deze verbanden vallen buiten de sfeer van gevestigde verbanden, zoals de overheid, de markt en de verbanden van familie en vrienden. De *civil society* gaat uit van betrokkenheid van burgers bij de publieke zaak, vergroting van maatschappelijk zelfbestuur, minder overheidsbemoeienis, beperking van commerciële invloeden en versterking van gemeenschapszin en tolerantie (bron: Burgermaatschappij, Wikipedia).
- Binnen deze sociale verbanden doet de WMO een sterk beroep op de solidariteit en vrijwillige inzet van mensen, meer dan op dit moment gebruikelijk is. Mensen kunnen elkaar hulp en ondersteuning bieden door bijvoorbeeld vrijwilligerswerk en mantelzorg te verrichten.
- De solidariteit in de samenleving blijft ook in financieel opzicht gehandhaafd. Dat betekent betaalbare premies voor iedereen om solidair te blijven met de zwaksten in de samenleving die niet in staat zijn om zelf hun verantwoordelijkheid te dragen (brief VWS DVVO-U-2475093).
- Voor veel functies in de zorg zal men zich op eigen initiatief moeten bijverzekeren.
- Zorg en ondersteuning blijven aangeboden worden aan mensen die dit vanwege hun beperkingen, stoornissen of problemen echt nodig hebben. 'Mensen die helemaal afhankelijk zijn van zorg – (ernstig) dementerenden, (ernstig) verstandelijk en/of lichamelijk gehandicapten of mensen met chronische psychiatrische stoornissen – moeten ook in de toekomst kunnen rekenen op kwalitatief goede zorg. Dat vereist een omgeving

waar de mogelijkheid van permanent toezicht is en waar ook permanent professioneel personeel aanwezig is' (brief VWS DVVO-U-2475093).

1.5 Extra taken van de gemeenten

De Wmo heeft de gemeenten nieuwe taken gegeven met betrekking tot zorg. Zij moeten ook daarin optreden als regisseur. De gemeenten zijn verantwoordelijk voor de kwaliteit van het welzijnsbeleid dat zij aanbieden. Zij moeten de regie voeren rond wonen, zorg en welzijn. Zij moeten bepalen wat nodig is en kunnen anderen uitnodigen dit aan te bieden: openbare aanbesteding (Pennix, 2005, blz. 11).

Iedere gemeente mag zelf bepalen hoe zij de uitvoering van de Wmo organiseert. De gemeente heeft de regie gekregen omdat volgens de rijksoverheid zij beter zicht heeft op de plaatselijke situatie. De gemeente weet beter welke organisaties ingeschakeld kunnen worden en aan welke voorzieningen burgers behoefte hebben. Hierdoor kunnen er wel verschillen ontstaan tussen gemeenten. De gemeenten zijn verplicht:

- een vierjarenplan te maken in samenspraak met cliëntenorganisaties en burgers in het algemeen, de ontwikkelingen te monitoren en jaarlijks verantwoording af te leggen over de prestaties die geleverd zijn;
- tot het voeren van algemeen beleid gericht op álle burgers, dus ook op mensen met beperkingen, met het oog op zelfredzaamheid, maatschappelijke participatie en leefbaarheid van de woonomgeving en dit te vertalen naar een toegankelijk, samenhangend aanbod aan de burger, het inclusief beleid;
- tot het leveren van individueel geïndiceerde voorzieningen van maatschappelijke zorg, die op de persoon en zijn leefsituatie zijn afgestemd, en burgers daarin de keuze bieden tussen voorzieningen in natura, een financiële tegemoetkoming of een persoonsgebonden budget (pgb);
- één of meerdere plekken te regelen waar mensen met al hun vragen voor ondersteuning op grond van de Wmo terechtkunnen zodat zij direct op de juiste plaats terechtkomen.

1.6 Prestatievelden

Voor het realiseren van de maatschappelijke ondersteuning is de Wmo vertaald naar negen prestatievelden. Gemeenten moeten hierop actief beleid voeren. De prestatievelden komen opnieuw aan de orde bij de casussen in hoofdstuk 7. Daarom zijn ze hieronder allemaal beschreven (Pennix, 2005, blz. 10 en 11; Beun, 2006, blz. 12-31).

1 Het bevorderen van sociale samenhang en leefbaarheid van dorpen, wijken en buurten. Het gaat hierbij om sociale activering, hulp bij geldpro-

blemen en algemene voorzieningen voor jeugd en ouderen. Bijvoorbeeld de brede school, schuldhulpverlening, activiteiten en cursussen voor ouderen.

2 Op preventie gerichte ondersteuning van jeugdigen met problemen met opgroeien en van ouders met problemen met opvoeden. Voorbeelden: voorzieningen op het terrein van signalering, toeleiden naar en wegwijs maken in het hulpaanbod, pedagogische hulp en coördinatie van zorg zoals geboden door opvoedsteunpunten, centra voor jeugd en gezin, homestart etc.

3 Het geven van informatie en advies over maatschappelijke ondersteuning, bijvoorbeeld door voorlichtingsloketten en adviesfuncties. Het organiseren van één loket voor burgers waar zij met al hun vragen over zorg en welzijn terechtkunnen en het bieden van cliëntondersteuning.

4 Het ondersteunen van mantelzorgers en vrijwilligers, bijvoorbeeld door het oprichten van steunpunten mantelzorg, vrijwilligerscentrales, respijtzorg (zorg aan cliënt om mantelzorger te ontlasten).

5 Het bevorderen van de deelname aan het maatschappelijke verkeer en van het zelfstandig functioneren van mensen met een beperking of een chronisch psychiatrisch probleem en van mensen met een psychosociaal probleem, bijvoorbeeld psychosociale begeleiding, aangepaste sociaalculturele voorzieningen. Het bundelen van wonen, welzijn en zorg, projecten gericht op speciale doelgroepen zoals participatie van allochtone vrouwen en dagbesteding voor gehandicapten.

6 Het verlenen van voorzieningen aan mensen met een beperking of een chronisch psychisch probleem en aan mensen met een psychosociaal probleem ten behoeve van het behouden en het bevorderen van hun zelfstandig functioneren of hun deelname aan het maatschappelijk verkeer, bijvoorbeeld rolstoelen en scootmobielen, huishoudelijke verzorging, woningaanpassing, vervoer op maat, dagbesteding ouderen, maaltijdvoorziening, begeleiding bij zelfstandig wonen, sociale alarmering en vervoersvoorzieningen.

7 Het bieden van maatschappelijke opvang, vrouwenopvang en melding huiselijk geweld. Het gaat hierbij om kortdurende tijdelijke dag- en nachtopvang bij crisis en voor slachtoffers van huiselijk geweld, het begeleiden van zelfstandig wonen, het melden van en advies bij huiselijk geweld. Het gaat om het ontwikkelen en uitvoeren van beleid ter bestrijding van huiselijk geweld, bijvoorbeeld tijdelijk huisverbod daders en het oprichten van steun- en meldpunten huiselijk geweld.

8 Het bevorderen van openbare geestelijke gezondheidszorg, met uitzondering van het bieden van psychosociale hulp bij rampen.

9 De ambulante verslavingszorg, bijvoorbeeld preventieve acties (landelijke campagnes) en voorlichting over verslavingen (drugs, alcohol, gokken, medicijnen), begeleiding van verslaafde daklozen, via straathoekwerk en bemoeizorg, hulp en begeleiding aan verslaafden, methadonverstrekking en deelname aan samenwerkingsverbanden (ketenzorg).

1.7   Doelgroep van de Wmo

De Wmo is bestemd voor alle burgers in de gemeente. Zij kunnen gebruik maken van collectieve voorzieningen op het gebied van welzijn en zorg. Gelet op de negen prestatievelden is de doelgroep van de Wmo breed en gedifferentieerd van samenstelling. Het gaat in grote lijnen om:

- personen met een lichamelijke, verstandelijke of psychische handicap met een ondersteuningsbehoefte;
- kwetsbare ouderen;
- sociaal kwetsbaren en daklozen;
- personen met een participatiebehoefte (hetzij voor de eigen ontwikkeling of ontspanning, hetzij voor anderen – vrijwilligerswerk of vrijwillige zorg);
- kwetsbare buurten (waar sociale samenhang, veiligheid en leefbaarheid onder druk staan).

1.8   Betekenis van de Wmo voor welzijnsorganisaties en professionals

1.8.1   Wat vraagt de Wmo van welzijnsorganisaties?

Gemeenten kunnen bepalen wat nodig is en door aanbestedingen organisaties uitnodigen dit aan te bieden. Ondanks mogelijke concurrentie vraagt de Wmo van organisaties meer met elkaar samen te werken in multidisciplinaire overleggen, in de ketenaanpak en bij casemanagement. Volgens Bussemaker (was staatssecretaris volksgezondheid in het kabinet-Balkenende IV) hebben welzijnsorganisaties een enorme potentiële kracht om vooral op de Wmo-domeinen iets voor elkaar te krijgen, zoals sociale samenhang creëren en participatie bevorderen. Ze moeten 'streetwise' zijn, maar ook kunnen verbinden, schakelen en coördineren. In de visie van Bussemaker kent 'welzijn nieuwe stijl' vijf bakens. Welzijn nieuwe stijl:

- is altijd vraaggericht: eerst kijken wat de burger nodig heeft;
- stimuleert de eigen kracht van de burger, zodat die de eigen regie (terug) krijgt;
- is direct op problemen afgaan, desnoods tot ver achter de voordeur: het nieuwe welzijn kent geen kantoorklerken en bureaucraten;
- is resultaatgericht (definieer wat nodig is en wat het oplevert), vasthoudend en concreet;
- drijft op de kennis en kunde van de professional: die is gericht op de praktijk en spreekt de taal van de straat.

(bron: www.mogroep.nl – *Gemeenten moeten meer doen aan welzijn*)

Als welzijnsorganisaties een rol willen vervullen bij de uitvoering van de Wmo en een aantrekkelijke partner willen zijn voor de gemeente, moeten zij welzijn nieuwe stijl ook echt ontwikkelen en implementeren. Welzijn nieuwe stijl is daarbij gericht op:

- het bevorderen van de leefbaarheid en de sociale samenhang in wijken en gemeenten;
- het bevorderen van maatschappelijke participatie en integratie van kwetsbare groepen;
- persoonlijke ondersteuning dicht bij huis en dit combineren met signalering en preventie;
- intersectorale samenwerking in het kader van ketenzorg met wonen, zorg, politie etc. Dit vraagt van organisaties om over de grenzen heen te kijken;
- versterking van vrijwillige inzet (mantelzorgers, bewonersgroepen, maatjesprojecten etc.) waarbij de welzijnsorganisaties meer de functie krijgen van het ondersteunen van vrijwilligers;
- interculturalisatie van de organisatie.

'Interculturalisatie is een proces waarbij de instelling zich ten doel stelt te veranderen tot een multiculturele instelling waarin (ook een diversiteit aan cliënten en bewoners zich welkom voelen (toevoeging auteur)):

- als vanzelfsprekend rekening wordt gehouden met etnisch-culturele diversiteit in de uitvoerende hulpverlening, in de wijze van leiding geven en in alle facetten van het instellingsbeleid, zoals cliëntenbeleid en personeelsbeleid;
- culturele diversiteit wordt gezien als een meerwaarde;
- een stabiele heterogene cultuur heerst met multiculturele waarden en normen;
- een multi-etnisch personeelsbestand is, met allochtone medewerkers op alle niveaus' (Hans Bellaart, 2003, p. 7; zie paragraaf 3.6).

1.8.2 Wat vraagt de Wmo van professionals?

Als professional heb je de taak om mensen individueel of in relatie met hun netwerk te ondersteunen tot zelfredzaamheid, zodat zij volwaardig kunnen participeren in de samenleving. Daarbij moet je je realiseren dat er altijd mensen zijn die hun leven lang zorg nodig hebben.

Op wijkniveau wordt van je verwacht dat je de sociale cohesie bevordert. Je bent de oren en ogen van de organisatie in de wijk. Jij signaleert maatschappelijke veranderingen, lacunes en behoeften. Dit vraagt om een adequate interne communicatie en een proactieve houding, zodat de organisatie flexibel in kan spelen op vragen en signalen.

Wil je een actieve bijdrage leveren aan de uitvoering van de Wmo door jouw organisatie, dan moet je op *individueel niveau* (microniveau) gericht zijn op:

- de behoeften en mogelijkheden die mensen zelf hebben;

- het versterken van de zelfregie van mensen. Hoe kunnen zij hun eigen krachten en mogelijkheden vergroten (empowerment) om grip te krijgen op en grip te houden over hun eigen leven en als volwaardig burger te functioneren? Welke ondersteuning is daarbij nodig?;
- hebben zij een vitaal sociaal netwerk?;
- de mate van sociale integratie van mensen;
- persoonlijke versterking van mensen en het organiseren van netwerken rond cliënten in plaats van direct zelf alles op te pakken.
- 'eropaf gaan' ofwel outreachend werken;

Op *community/wijkniveau* (mesoniveau) vraagt dit van jou:
- gericht zijn op het verbeteren van de leefbaarheid in de wijk en het soepel functioneren van de lokale samenleving;
- achter je bureau vandaan komen en de wijk intrekken. Je moet weten wat er speelt. Dat betekent dat je de cultuur van de bewoners en de straat moet kennen, daarop aan kunt sluiten en bekend moet zijn bij de bewoners;
- in een zo vroeg mogelijk stadium problemen signaleren en daar samen met andere organisaties en bewoners gezamenlijk een aanpak op ontwikkelen om erger te voorkomen;
- netwerken, intensief contact onderhouden en samenwerken met betrokken partijen/instellingen in de wijk/stad zoals politie, woningcorporaties, scholen, verenigingen, zelforganisaties, vrijwilligers, bewonersorganisaties en betrokken burgers. Je moet partijen kunnen verbinden en samenhang kunnen aanbrengen tussen gesignaleerde problemen en mogelijke interventies. Daarbij kijk je over je eigen grenzen heen;
- bewoners met elkaar verbinden, hun wensen en ideeën om hun wijk te verbeteren als uitgangspunt nemen en hun initiatieven ondersteunen, hoe klein ook;
- netwerken van bewoners onderzoeken en informele netwerken in de wijk versterken.

Op *organisatieniveau* (mesoniveau) moet je:
- een flexibele houding hebben. De organisatie moet op deze flexibiliteit kunnen bouwen als zij in het spel van aanbestedingen meedoet. Je moet openstaan voor nieuwe taken en bijbehorende deskundigheden;
- aan de hand van signalen meedenken en in overleg met betrokkenen met nieuwe ideeën en mogelijkheden komen. Je hebt een proactieve houding vanuit medeverantwoordelijkheid voor de wijk en organisatie;
- ambassadeur zijn van je organisatie en duidelijk voor andere organisaties en burgers kunnen verwoorden wat je doet;
- je kwaliteiten, kerntaken en mogelijkheden goed kennen en resultaten zichtbaar kunnen maken naar subsidiegevers en partners in zorg en welzijn. Daarbij laat je zien hoe je op de vraag inspeelt, nieuwe producten ontwikkelt en nieuwe samenwerkingsverbanden aangaat om elkaar te versterken ten dienste van bewoners.

Op *stedelijk/landelijk niveau* (macroniveau):

- ben je op de hoogte van de Wmo en de implicaties van deze wet op burgers, zorg en welzijn;
- volg je maatschappelijke ontwikkelingen en de veranderingen die daarin plaatsvinden;
- denk je na over de implicaties van deze maatschappelijke veranderingen voor zorg, welzijn en maatschappelijke dienstverlening.

Opdrachten

Maak deze opdrachten samen met andere studenten of collega's. Vergelijk de antwoorden. Wat komt overeen? Wat zijn de verschillen? Wat valt je op? Kun je uit de overeenkomsten, verschillen of andere zaken die opvallen conclusies trekken over de invoering van de Wmo?

1 Een belangrijk doel van de Wmo is het bevorderen van samenhang en leefbaarheid in wijken. De wet is nu enkele jaren actief.
   - Wat zie jij in jouw wijk aan sociale samenhang?
   - Is hier in bijvoorbeeld het afgelopen jaar verbetering opgetreden?
   - Zo ja, waaraan zie je of merk je dat?

2 Welzijnsorganisaties hebben een ondersteunende rol in het bevorderen van leefbaarheid. Wat zou jij de welzijnsorganisatie bij jou in de wijk adviseren om de leefbaarheid in jouw wijk te vergroten?

3 De wet bevordert vermaatschappelijking van de zorg. Dat wil zeggen: mensen zo veel ondersteuning bieden dat zij zo lang mogelijk zelfstandig kunnen blijven wonen.
   - Welke gevolgen heeft het voor de verschillende instellingen als mensen zo lang mogelijk zelfstandig wonen?
   - En voor de professionals die daar werken?

4 De wet doet een groot beroep op mensen om voor elkaar te zorgen.
   - Verricht jij vrijwilligerswerk? Zo ja, wat doe je?
   - Zo nee, wat zou er moeten veranderen om jou vrijwilligerswerk te laten verrichten?

5 De gemeenten hebben de opdracht om één of meerdere plekken te regelen waar mensen met al hun vragen voor ondersteuning op grond van de Wmo terechtkunnen. Weet jij waar in jouw buurt of stad het loket is waar burgers met al hun vragen terechtkunnen?

6 De gemeenten moeten burgers de keuze aanbieden tussen voorzieningen in natura, een financiële tegemoetkoming of een persoonsgebonden budget (pgb) waarmee de burger zijn eigen zorg inkoopt.

- Heb jij enig idee hoe dat werkt, een pgb?
- Zo nee, informeer naar de voorwaarden en mogelijkheden voor een pgb.

Empowerment

2

2.1 Inleiding

De Wmo wil iedereen – oud en jong, gehandicapt en niet-gehandicapt, autochtoon en allochtoon, met en zonder problemen – in staat stellen mee te doen in deze maatschappij. Dit vraagt om krachtige, zelfstandige (empowerde) burgers. Door te werken vanuit empowerment kun je een bijdrage leveren aan het versterken van de zelfstandigheid, de zelfregie en het participatief vermogen van mensen.

Er zijn verschillende niveaus van empowerment, namelijk het persoonlijke niveau, het gemeenschapsniveau en het organisatieniveau. Daarbij ligt empowerment op gemeenschapsniveau, ook wel communityempowerment genoemd, in het verlengde van persoonlijk empowerment. Het is namelijk de bedoeling dat mensen vanuit persoonlijk empowerment met een versterkte zelfregie uiteindelijk gaan participeren in de samenleving (het gemeenschapsniveau). Een goed functionerend persoonlijk sociaal netwerk kan daar een brugfunctie in vervullen. Organisatie-empowerment gaat over de manier waarop een organisatie zichzelf kan empoweren, zodat haar professionals zelf ervaring krijgen met empowerment en die ervaring weer kunnen inzetten bij het begeleiden van hun cliënten.

Dit hoofdstuk beschrijft achtereenvolgens het begrip empowerment, de verschillende niveaus van empowerment en de attitude en werkwijzen van de professional.

2.2 Wat is empowerment?

Er bestaat geen eenduidige definitie van het begrip empowerment. Er worden verschillende invullingen aan gegeven, enerzijds doordat er verschillende niveaus van empowerment bestaan (persoonlijk niveau, gemeenschapsniveau en organisatieniveau) en anderzijds doordat er verschillende zienswijzen zijn over wat belangrijk is bij empowerment.

Volgens Pennix (2005) betekent empowerment letterlijk: het verlenen van kracht of macht. Hij vat kracht op als regie voeren over het eigen leven. Macht is het beschikken over hulpbronnen die daarvoor nodig zijn, zoals kennis, vaardigheden en sociale contacten. Pennix gaat hiermee in op het microniveau, het niveau van het individu, persoonlijk empowerment. Van Regenmortel (2002) voegt daar het mesoniveau aan toe. Zij omschrijft empowerment als een proces van versterking waarbij niet alleen individuen, maar ook gemeenschappen en organisaties greep krijgen op de eigen situatie en hun omgeving via het verwerven van controle, het aanscherpen van hun kritisch bewustzijn en het stimuleren van participatie.

In de hulpverlening betekent empowerment dat je mensen in staat stelt hun eigen kennis en vaardigheden te ontdekken, te benutten en verder te ontwikkelen, zodat zij weer zelf de regie over hun leven kunnen voeren en de kwaliteit daarvan kunnen verhogen. Daardoor kunnen zij weer actief participeren in de samenleving.

2.3 Verschillende niveaus van empowerment

Pennix (2005) onderscheidt persoonlijk empowerment, communityempowerment en organisatie-empowerment. Deze vormen van empowerment liggen in elkaars verlengde en hebben voortdurend invloed op elkaar. Als individu alleen werken aan het ontwikkelen van je eigen kracht en zelfstandigheid is mooi. Het is fijn als je kunt vertrouwen op je eigen krachten en de weg kent in de samenleving. Maar dan blijft het bij persoonlijk empowerment, terwijl mensen sociale wezens zijn, die elkaar nodig hebben.
Ook de Wmo wil, zoals eerder beschreven, geen individualistisch ingestelde maatschappij. Deze wet wil dat mensen voor elkaar zorgen. Daarvoor is sociale cohesie belangrijk, en daarvoor moeten mensen in een wijk bij elkaar betrokken zijn. Het welzijnswerk kan daar de voorwaarden voor creëren en daar een belangrijke impuls aan geven. Zo ontstaat communityempowerment.
Als professional van het welzijnswerk moet je dus de wijk ingaan, contacten leggen, signaleren en burgerinitiatieven ondersteunen. Hiertoe heb je een behoorlijke dosis eigen verantwoordelijkheid, creativiteit, intrinsieke betrokkenheid en zelfoplossend vermogen nodig. De organisatie waar je werkt moet daarvoor de ruimte scheppen en de medewerkers daarin heel serieus nemen. Op dit punt komt organisatie-empowerment om de hoek kijken.

2.3.1 Persoonlijk empowerment

In persoonlijk empowerment worden drie componenten onderscheiden: een intrapersoonlijke component, een interpersoonlijke component en een gedragscomponent (Jacobs, 2005, blz. 28).
De *intrapersoonlijke component* 'heeft betrekking op de wijze waarop mensen over zichzelf denken: het geloof in eigen kunnen; het geloof dat men invloed kan uitoefenen op het eigen leven en lichaam en op de sociaalpolitieke omgeving, en ook de wil of de motivatie om dit te doen' (Jacobs, 2005, blz. 28). Bij intrapersoonlijk empowerment ontdekken mensen nieuwe inzichten, zij wor-

den zich bewust van hun eigen vaardigheden en mogelijkheden, gaan deze ontwikkelen en inzetten. Ze maken in toenemende mate zelf keuzes, waardoor ze de regie gaan voeren over hun leven. Hierdoor krijgen zij ook meer zelfvertrouwen.

De *interpersoonlijke component* 'verwijst naar die interacties tussen personen en hun omgeving die het mogelijk maken om succesvol invloed uit te oefenen op sociale en politieke systemen' (Jacobs, 2005, blz. 28). Deze component omvat volgens Jacobs een kritisch bewustzijn van de heersende waarden en normen, welke middelen iemand nodig heeft om zijn doelen te verwezenlijken, en welke vaardigheden hij moet hebben om deze middelen in te kunnen zetten. Kennis van de heersende waarden en normen betekent dat iemand inzicht heeft en bekend is met de sociale en/of politieke omgeving, de omgangsvormen en wijze van samenwerken die daar gehanteerd worden. Naast bewustwording van de eigen mogelijkheden kan die persoon ook vaardigheden ontwikkelen c.q. inzetten, bijvoorbeeld leiderschap, een adequaat copingmechanisme, besluiten kunnen nemen en probleemoplossend vermogen.

De *gedragscomponent* gaat over 'het ondernemen van actie om invloed uit te oefenen. Deze component kenmerkt zich door participatie in de gemeenschap en organisaties zoals vrijwilligerswerk, lid zijn van een vereniging, betrokken zijn bij een zelforganisatie, mantelzorg etc. En door (het ontwikkelen van) constructief gedrag in de omgang met nieuwe situaties bijvoorbeeld verandering van leefstijl' (Jacobs, 2005, blz. 28).

Paragraaf 2.4 gaat uitgebreid in op de rol van de hulpverlener bij persoonlijk empowerment.

2.3.2   Communityempowerment

Bij communityempowerment gaat het over het vergroten van de sociale cohesie in een wijk en over het begrip *civil society* (zie paragraaf 1.4). Daarin kan de sociaal netwerkmethodiek een rol van betekenis spelen.

Wat is een gemeenschap?
Een gemeenschap of community kent volgens Hawe (1994) verschillende eenheden.
1   Het is een populatie of doelgroep, bijvoorbeeld jongeren, ouderen, Marokkaanse mannen, Surinaamse vrouwen of tienermoeders. In dit geval vormt de gemeenschap dus een demografische eenheid.
2   Het gaat bijvoorbeeld om een wijk, school, organisatie of buurt. In dit geval vormt de gemeenschap een geografische eenheid.

Om te bepalen wat een gemeenschap bindt, kijkt Hawe naar de onderlinge interacties, gemeenschappelijke behoeften en het centraal stellen van een doel.

Zo kan het in gemeenschappen gaan om gezamenlijk problemen vast te stellen en hiervoor oplossingen te zoeken. Bijvoorbeeld een bewonersorganisatie die met elkaar vaststelt dat er te weinig speelgelegenheid is voor de kinderen, bewoners van een flat waarin een grootscheepse verbouwing zal plaatsvinden of een groep jongeren die klaagt over het gebrek aan een hangplek.

De gehechtheid van een gemeenschap wordt bepaald door een gevoel van gezamenlijke identiteit en erbij horen, door het spreken van dezelfde taal, door dezelfde rituelen en gebruiken, en door gemeenschappelijke waarden en normen. Een gezamenlijke geschiedenis, met tragische en vrolijke gebeurtenissen, brengt een emotionele verbintenis tot stand. In een hechte gemeenschap geeft men elkaar wederzijdse steun.

Als je vooral naar de sociale interacties tussen mensen kijkt, doe je volgens Jacobs (2005) meer recht aan het feit dat mensen van meerdere gemeenschappen deel uit kunnen maken, gebaseerd op de verschillende rollen die zij in hun leven vervullen, zoals werknemer, vader, moeder, vrijwilliger, voorzitter of student. Binnen een geografisch gebied bestaan er dus meerdere gemeenschappen waarmee iemand zich verbonden kan voelen. Dit is dus enerzijds afhankelijk van het doel, de activiteiten en genoemde factoren van binding van die gemeenschappen en anderzijds de manier waarop mensen zichzelf definiëren en met wie zij zich identificeren.

Een gemeenschap is volgens Koelen en Van der Ban (2004) niet statisch maar dynamisch en door internet is er in toenemende mate sprake van virtuele gemeenschappen die geografisch alle grenzen overschrijden.

Samenstelling van een gemeenschap

Hoewel individuen in een gemeenschap enkele gezamenlijke kenmerken hebben die hen met elkaar verbinden, tref je in een gemeenschap natuurlijk ook grote verschillen aan, bijvoorbeeld in leefstijl, opvattingen, behoeften en macht. Een gemeenschap is doorgaans dus heterogeen samengesteld. Niet alle mensen zijn echter vertegenwoordigd in een aanspreekbare gemeenschap. Dit kan problemen opleveren als er contactpersonen worden gezocht om de gemeenschap te vertegenwoordigen in bijvoorbeeld een wijkraad (zie paragraaf 3.5). De evaring leert dat de (meest) kwetsbare mensen vaak niet participeren in samenwerkingsverbanden omdat het hen binnen een groep ontbreekt aan het noodzakelijke gevoel van eigenwaarde of de noodzakelijke kwaliteiten (Laverack, 2004). En juist deze mensen vormen voor sociaal werkers een belangrijk aandachtsgebied. De hulpverlener kan de stem zijn voor zo'n groep mensen, maar bij voorkeur houdt hij zich bezig met het versterken van de krachten van de groepsleden, zodat de groep zichzelf kan vertegenwoordigen.

Reikwijdte van communityempowerment

Bij communityempowerment kun je je richten op bestaande communities, op nieuwe communities en op het bij elkaar brengen van communities.

Als je je op bestaande communities richt, dan werk je aan het versterken van sociale systemen die al in de wijk aanwezig zijn, zoals een geloofsgemeenschap, sportclub, buurthuis of bewonersorganisatie.

Daarnaast kun je je blik richten op nieuwe communities. Deze ontstaan doordat mensen elkaar kennen en de intentie hebben iets met elkaar te ondernemen, zoals het organiseren van een buurtfeest of het bijeenkomen in het kader van een grote renovatie om de belangen van de bewoners onder de aandacht te brengen. Daardoor ontstaat er verbondenheid. Dit is meer een proces dat klein begint met een paar mensen en dat zijn weerslag kan hebben op een straat of wijk, waardoor meer mensen gaan participeren.

Ten slotte kun je ook verbindingen tussen communities leggen. Net zoals mensen bij elkaar kunnen komen in een community, kunnen ook twee of meer communities bij elkaar komen en een gemeenschappelijk doel nastreven.

Het uiteindelijke doel van communityempowerment kan overigens ook op macroniveau liggen, namelijk dat mensen invloed uitoefenen op belangrijke beslissingen die hun welzijn beïnvloeden. Dit komt dan tot uiting in sociaal-politieke acties (Jacobs, 2005). Daarin is een lange weg te gaan. Het begint echter met het mobiliseren van informele zorg voor elkaar in de wijk. Hieruit kan vervolgens actie voortkomen. Bewoners komen dan bijvoorbeeld gezamenlijk op voor hun belangen bij een woningbouwcorporatie die een renovatie uit wil voeren. En dat is van belang, want de Wmo vraagt ook participerende burgers op beleidsniveau; burgers die meedenken en meepraten over lokaal sociaal beleid.

Rol van de professional

Communityempowerment vraagt van jou als professional dat je de wijk en bewoners kent, en dat de bewoners jou kennen. Ook moet je gemakkelijk aanspreekbaar zijn. Dit vraagt om een grote mate van wederzijds vertrouwen. Je kunt immers alleen een goede ondersteuner zijn als je het vertrouwen geniet van de mensen om wie het gaat. Dan pas kan het welzijnswerk de voorwaarden creëren om mensen te helpen zich te ontplooien. Om dit te bereiken zul je in het begin vanzelfsprekend veel tijd moeten investeren.

Verder moet je beseffen dat welzijn gelijkstaat aan weerstand overwinnen (Schuyt, 1995). De inspanningen om de verloedering in een buurt tegen te gaan kosten de bewoners veel tijd en energie. Maar het overwinnen van hindernissen geeft hen wel zelfvertrouwen. Daarom moet je niet te snel je hand uitsteken en andermans problemen oplossen – ook al is het met de beste bedoelingen. Door het probleem voor de cliënten en groepen zelf op te lossen 'ontneemt men de cliënt de kans om zelf weerstanden te overwinnen. Daarmee ontneemt men de cliënt ook een kans om zelf sterker te worden, te groeien en om afgeronde, zelf geproduceerde ervaringen op te doen: "Het was wel verdraaid lastig, maar kijk, het is me toch gelukt"' (Schuyt, 1995, blz. 111 e.v.).

Communityempowerment versus persoonlijk empowerment

Persoonlijk empowerment heeft betrekking op het individu (microniveau), terwijl communityempowerment zich afspeelt in een bredere context, zoals een straat, wijk, buurt of vereniging (mesoniveau). Beide beïnvloeden elkaar echter voortdurend in het ontwikkelingsproces van empowerment. Een bloeiend gemeenschapsleven zorgt er bijvoorbeeld voor dat individuen die in de gemeenschappen participeren, zelfvertrouwen en vaardigheden ontwikkelen (persoonlijk empowerment). Dit op zijn beurt leidt er weer toe dat de gemeenschappen effectiever gaan functioneren en meer invloed krijgen op hun omgeving (communityempowerment).

Volgens Laverack (2004) vormen de kracht en cohesie van de gemeenschap een sleutelcomponent in empowerment. In Den Haag organiseert Stichting Boog (organisatie voor samenlevingsopbouw) pareldagen; een goed voorbeeld van persoonlijk empowerment en communityempowerment. De bedoeling is dat de organisatie van deze pareldagen in een periode van gemiddeld drie jaar wordt overgenomen door al dan niet deelnemende wijkbewoners. In sommige wijken zijn ze hier al ver mee en is er nog slechts beperkte ondersteuning.

Pareldagen

Hagenaars worden verleid om hun bijzondere hobby, talent of passie aan wijkbewoners te laten zien. Per wijk wordt een boekje uitgebracht met een wandel/fietsroute, die langs de deelnemende bewoners leidt. De bedoeling is om de positieve krachten van een wijk aan te spreken en de onderlinge contacten tussen wijkbewoners te bevorderen en de onderlinge samenhang te verbeteren. Adriaansen, projectleider, zegt: 'Mensen hebben immers steeds minder binding met hun wijk en kennen steeds minder mensen uit hun eigen leefomgeving. Juist door deze insteek ontdekken bewoners dat er ontzettend leuke mensen in hun wijk wonen, dat achter die voordeur hele leuke dingen gebeuren. En doordat mensen een route langs de parels volgen komen ze ook eens in andere delen van hun wijk.'

Naar: Maria Mulders (2009). Hagenaars zetten zich. AD, Haagse editie, 15 augustus 2009

Wijkaanpak en ABCD

Communityempowerment vindt in Nederland ook plaats door middel van wijkaanpak. We kennen een rijke traditie aan wijkgerichte benaderingen waarbij bewoners nauw betrokken zijn. Maar dé wijkaanpak bestaat niet. Wel heeft deze aanpak altijd een aantal terugkerende kenmerken: elkaar kennen is belangrijk, mensen maken afspraken over het gebruik van openbare ruimten, ze helpen elkaar als er nood is en de lijnen tussen bewoners en instellingen zijn kort.

Omdat er in het verleden een discrepantie bestond tussen de ideeën en aanpak van ambtenaren, professionals en bewoners, was er een duidelijke behoefte aan nieuwe, doordachte methodieken. ABCD is een van die nieuwe methodieken. ABCD staat voor *Asset-Based Community Development* en kan worden samengevat in de slogan 'Burgers aan het stuur'. Dit is van oorsprong een Amerikaanse methodiek die buurten in economisch, sociaal en cultureel opzicht vitaal moet maken. Dat gebeurt door de talenten en vaardigheden die in elke lokale gemeenschap aanwezig zijn, in kaart te brengen en te mobiliseren om van binnenuit te werken aan vitale buurten (in economisch, cultureel en sociaal opzicht). Het Verwey-Jonker Instituut heeft onderzocht dat deze methodiek ook in Nederland zinvol kan worden toegepast. Op internet kun je meer informatie over de ABCD-methode vinden. Het volledige onderzoeksrapport vind je op www.verwey-jonker.nl.

Voor de uitvoering van ABCD, zie http://www.lsabewoners.nl.

Zie ook de Amerikaanse site van de School of education and social policy van de Northwestern University met onder andere een overzicht van hun publicaties: http://www.abcdinstitute.org.

De ABCD-grondlegger John McKnight wil principieel kijken naar de volle helft van het glas (capaciteiten van mensen, kansen die in het verschiet liggen) in plaats van naar de lege helft (individuele problemen, repeterende armoede). Dit sluit aan bij werken vanuit empowerment. Revitaliseren van wijken moet volgens hem beginnen met speuren naar de al bestaande krachtbronnen in een gemeenschap, die misschien nog nauwelijks zichtbaar zijn en daardoor onbenut zijn gebleven. Wijkontwikkeling is alleen succesvol als buurtbewoners zelf in beweging komen en hun capaciteiten inzetten. Met andere woorden: de wijk moet zelforganiserend zijn. Volgens Pennix (2005, blz. 124) moet het beleidsperspectief dan ook worden omgedraaid: het gaat niet om bewonersparticipatie in overheidsbeleid, maar om overheidsparticipatie in burgerinitiatieven. De overheid moet faciliteren en assisteren en, als het proces op gang komt, verantwoordelijkheden overdragen ('sturen door terug te treden').

Om buurtbewoners in beweging te brengen, zullen zij wel eerst in beeld moeten komen. De sociaal netwerkmethodiek zoals beschreven in hoofdstuk 4 kan hier een waardevolle bijdrage aan leveren. Door van verschillende burgers in dezelfde wijk die niet participeren in actieve gemeenschappen, het sociaal netwerk te inventariseren, zullen dwarsverbanden, informele netwerken, initiatieven en activiteiten zichtbaar worden. Daarmee komen 'onzichtbare' bewoners in beeld. Vervolgens kun je ze naar hun mening en ideeën vragen, en je kunt ze uitnodigen om actief te worden. Vervolgens zullen zij ook elkaar uitnodigen. In paragraaf 4.5 wordt hier nader op ingegaan.

2.3.3 Organisatie-empowerment

De Wmo vraagt betrokken professionals die zich flexibel opstellen, ambassadeurs te zijn van hun organisatie en hun eigen verantwoordelijkheid te nemen voor hun werk en de organisatie. Dat zijn de professionals die van harte meeparticiperen in beleidsontwikkelingen, daartoe zelf initiatieven tonen en bereid zijn om verder te kijken dan hun neus lang is. Deze professionals heeft een organisatie niet zomaar. Natuurlijk begint iedereen vanuit idealisme en met goede voornemens in een nieuwe baan, maar mijn ervaring is dat er een gezonde voedingsbodem nodig is om dit idealisme op peil te houden en mensen betrokken te houden bij de organisatie. Is deze voedingsbodem er niet, dan raken zij opgebrand of gedesillusioneerd en gaan zij gewoon meedoen in de heersende cultuur.

Volgens Pennixx (2005) gedijt empowerment alleen in lerende organisaties. Het kan niet zo zijn dat professionals die geacht worden het zelfsturend vermogen van de cliënt te versterken, zelf op bureaucratische of autoritaire wijze worden aangestuurd. Volgens hem komt empowerment van cliënten alleen tot zijn recht als de organisatie (management en bestuur) de professional de ruimte geeft om veranderende inzichten om te zetten in nieuwe professionele praktijken.

Empowerment voor medewerkers én managers

In een organisatie kunnen zowel de medewerkers als het management empowered zijn. En het een kan niet zonder het ander. Een medewerker kan niet empowered zijn als het management daar niet op is ingesteld, en omgekeerd kan het manangement niet empowered zijn als de medewerkers dat niet zijn. Toch is het realiseren van organisatie-empowerment in eerste instantie vooral een taak voor het management, omdat dit te maken heeft met het realiseren van een mentaliteitsverandering in de organisatie. Het management moet de voorwaarden creëren waarin professionals zelfsturend kunnen worden.

Hoe zorgen managers voor empowerment?

In zijn boek *Empowerment in organisaties* noemt Peter Block (2000) enkele cultuurelementen die een empowerde organisatie moet hebben: 'Om een sterke organisatie te creëren (...), is het nodig dat wij een cultuur opbouwen waarin mensen verantwoordelijkheid voor zichzelf en voor de organisatie nemen. Een cultuur waarin afhankelijkheid, anderen de schuld geven, de weg van de minste weerstand kiezen, streven naar controle omwille van controle en uit eigen belang, tot een minimum teruggebracht worden.' Managers moeten dus kritisch naar de eigen organisatiecultuur kijken. Mogelijk blijkt dan dat er een cultuuromslag nodig is. Daarbij moeten managers zichzelf als instrument zien om die omslag tot stand te brengen. In feite nemen zij daarvoor dezelfde houding aan als hulpverleners ten opzichte van hun cliënten, dit is een parallel proces (zie paragraaf 2.4).

In een cultuur van empowerment vertrouwen managers op hun medewerkers en ondersteunen zij hen in het nemen van verantwoordelijkheid. Daarbij delen zij zo veel mogelijk informatie en macht. Zij zijn duidelijk over wat zij van de medewerkers verwachten, maar stellen ruime grenzen aan de invulling daarvan. Zij zorgen ervoor dat de professionals op gelijkwaardig niveau invloed kunnen uitoefenen. Zij nemen hun medewerkers serieus, spreken hen aan op hun expertise, ervaring en creativiteit. Zij stimuleren de medewerkers om te blijven leren en om de eigen creativiteit in te zetten. Dit betekent bijvoorbeeld dat er ruimte is voor eigen initiatieven en zelfexpressie van medewerkers om proactief en preventief te kunnen werken. Medewerkers kunnen buiten gebaande paden treden om met bijvoorbeeld buurtbewoners aan de slag te gaan. Op die manier krijgt de organisatie betrokken professionals die hun nieuwe rol in het kader van de Wmo met verve opnemen; medewerkers die empowerment aan den lijve ervaren en het van daaruit ook doorleefd en met overtuiging in kunnen zetten in hun begeleiding aan cliënten.

Om de nieuwe cultuur te bereiken, moeten managers ook nagaan of de huidige structuur van de organisatie daar wel geschikt voor is. Volgens Brakenhoff e.a. (2009) voldoet het traditionele hiërarchische organisatiemodel in ieder geval niet. Volgens hen moeten we dus gaan denken vanuit een ander perspectief. Een groeiend aantal wetenschappers, visionairs en organisaties omarmt het principe waarbij medewerkers samenwerken in horizontale netwerkstructuren in plaats van schakeltjes te vormen in de bekende verticale *chain of command*. Deze vernieuwende vormen van organiseren en samenwerken staan in Nederland bekend onder het begrip 'sociale innovatie'.

Verder moeten managers ook bij zichzelf empowerment realiseren. Als managers empowerment ervaren, betekent dit volgens Block (2002):

- dat zij in ieder opzicht zelf verantwoordelijk zijn voor de eigen situatie, hoe die ook is. Ze beperken zich niet tot rapporteren en wachten de resultaten niet af, maar pakken zelf een situatie aan. Want managers hebben die situatie zelf gecreëerd;
- dat werken voor hen meer betekent dan het afbetalen van de hypotheek. Zij hebben een doel of visie die het werk de moeite waard maakt;
- dat zij zich committeren aan het bereiken van het doel. Dit betekent dat zij besluiten om het doel van hun werk direct te bereiken, en niet te wachten tot de voorwaarden daarvoor gunstig zijn. Zij geloven in wat zij doen. Zij stralen hoop en optimisme uit en hebben een duidelijk beeld van de toekomst.

Een cultuuromslag vergt ook veel geduld van de manager. Veel managers gaan te snel en denken dat medewerkers als vanzelfsprekend in hun tempo en denktrant meegaan. Ze hebben alles toch goed uitgelegd? En toch gebeurt het dan niet. Volgens Brakenhoff e.a. in het *Kookboek Sociale Innovatie* heeft een cultuurverandering de volgende ingrediënten: medewerkers en zichzelf de kans geven tot experimenteren, een avontuurlijke instelling, transparantie in de bedrijfsvoering, verantwoordelijkheidsgevoel, vertrouwen in mensen, open communicatie en samen zoeken naar oplossingen. Vervolgens hebben zij een aantal tips voor het management, waarin parallellen zitten met de houdingsaspecten voor hulpverleners.

- Ontwikkel zelfsturende teams en geef deze vertrouwen en de ruimte om met vallen en opstaan te leren.
- Geef duidelijke kaders aan: hoe groot is de bewegingsruimte van de teams en waar eindigt hun verantwoordelijkheid?
- Betrek anderen bij de besluitvorming. Neem een terughoudende, niet-wetende houding aan, informeer nieuwsgierig naar ideeën, daag de medewerkers uit en luister naar hun ervaringen en meningen (paragraaf 2.4.2).
- Zorg ervoor dat ook teleurstellende besluiten goed worden uitgelegd. Dit betekent ruimte, aandacht, respect en mededogen voor reacties van de medewerkers.
- Luister goed en zorg ervoor dat je er bent wanneer dat nodig is. Laat je niet leiden door eigen gedachten, doelen, beelden en normen (paragraaf 2.4.5).

Steun het team in moeilijke tijden. Sluit aan op de betekenisgeving door het team (paragraaf 2.4.1).
- Maak deel uit van het team. Behandel de medewerkers gelijkwaardig en ga naast hen staan.
- Stimuleer bij iedereen leiderschap. Dit vraagt om positieve bevestiging en denken in mogelijkheden. Wees nieuwsgierig naar kwaliteiten van medewerkers en ondersteun hen om deze te vergroten (paragraaf 2.4.4).
- Blijf zoeken naar mogelijkheden om mensen écht verantwoordelijkheden te geven.
- Wees bij alles eerlijk en oprecht.

Bij een cultuur van empowerment hoort ten slotte ook een omslag van aanbodgericht naar vraaggericht werken. De organisatie moet kunnen inspelen op wat de Wmo en de samenleving van haar vragen. Dat betekent dat het management bepaalt welke competenties in de toekomst nodig zijn, en dat aanwezige competenties zo veel mogelijk worden benut en verder ontwikkeld. Volgens Pennix (2005) kan het leervermogen worden versterkt door de medewerkers zelf de kwaliteitsverbetering aan te laten pakken, veel ruimte te geven voor eigen initiatief, hen te coachen, en intervisie en samenwerkend leren mogelijk te maken.

2.4 Persoonlijk empowerment in de hulpverlening

In paragraaf 2.3.1 is de definitie van persoonlijk empowerment al aan bod gekomen. Hier gaan we uitgebreid in op de rol die jij als hulpverlener hebt als je de cliënt ondersteunt in het vergroten van zijn persoonlijk empowerment. Het uitgangspunt hierbij is dat alle mensen eigen krachten en mogelijkheden in zich hebben, ongeacht hun sociale en etnisch-culturele afkomst, ongeacht hun beperkingen en de moeilijkheden die het leven soms met zich meebrengt. Die eigen krachten en mogelijkheden kunnen zij vergroten en inzetten om de eigen problemen de baas te kunnen en de kwaliteit van hun leven te verbeteren, al dan niet in relatie met hun netwerk.

Bij persoonlijk empowerment gaat het om het versterken van de zelfregie, zelfbeschikking en autonomie van mensen. Dat doe je door die eigen krachten en mogelijkheden van mensen aan te spreken: je laat cliënten ervaren dat zij zelf meer kunnen dan zij aanvankelijk denken. Als hulpverlener creëer je de voorwaarden voor dit proces. De ontdekte krachten en mogelijkheden kan de cliënt vervolgens ook gebruiken om mensen te vragen hem te helpen, om hierin wederkerig te zijn, en om zijn netwerk te versterken (zie hoofdstuk 4). In de hulpverlening vanuit empowerment staan de volgende vier elementen centraal (Ravelli 2009, blz. 149):

1   de ervaringen van de cliënt;
2   de betekenis die hij hieraan geeft;
3   de oplossing waaraan de cliënt zelf de voorkeur geeft;
4   de mogelijkheden die hij zelf heeft (en kan ontwikkelen) om de oplossing te realiseren.

Het is de bedoeling dat cliënten (uiteindelijk) een leidende rol hebben, hun eigen doelen formuleren en van daaruit actief participeren in alle fasen van de hulpverlening. Vanuit persoonlijke vragen en behoeften bepalen zij wat voor hen relevant is. Cliënten zijn immers de ervaringsdeskundigen met betrekking tot hun eigen leven: zij zijn in staat zelf betekenis te geven aan hun ervaringen en te weten wat goed is voor hen en hun gezin. Bovendien kunnen mensen door de leidende rol tijdens de hulpverlening oefenen om het heft weer in eigen hand te nemen. Het vervullen van een leidende rol is een van de succesfactoren voor de effectiviteit van interventies en het realiseren van zelfredzaamheid (Scheffers, 2008). Waar de cliënt de leidende rol heeft met betrekking tot de inhoud, is de hulpverlener coach en procesbegeleider. Hij ondersteunt de cliënt en helpt hem verantwoordelijkheid te nemen voor wat hij wil bereiken.

Vergroten van de persoonlijk empowerment kun je zien als een diepte-investering (vraagt in het begin meer tijd van de hulpverlener) in duurzame zelfredzaamheid van de cliënt. De cliënt leert zijn zelf ontdekte oplossingen en vaardigheden ook in andere situaties in te zetten, zodat hij bij nieuwe problemen niet meer direct terugvalt op de hulpverlening. Sterker nog: door deze nieuwe vaardigheden zal hij ook in staat zijn om problemen te voorkomen.

De volgende paragrafen beschrijven welke houding de hulpverlener aan moet nemen als hij de cliënt optimaal wil ondersteunen bij het versterken van zijn zelfregie, zijn persoonlijk empowerment. Deze houding valt uiteen in zes deelaspecten.

2.4.1 Eerste houdingsaspect: de betekenisgeving door de cliënt is leidend

Werken vanuit empowerment betekent dat de ervaringen van de cliënt en de betekenis die hij hieraan geeft, centraal staan en richting geven aan het proces. De cliënt is de ervaringsdeskundige van zijn eigen levensverhaal, hij vertelt zijn verhaal zoals hij dat beleeft en geeft daar zijn eigen betekenis aan. Het scheiden van een partner kan voor iedereen wat anders betekenen. Voor de een kan het een grote opluchting zijn en voor de ander een bron van verdriet of kan het totale verwarring betekenen. De hulpverlener beschouwt de ervaringen van de cliënt als waardevol. Ravelli (2009, blz. 149) beschrijft dit als volgt: 'Persoonlijke ervaringen hebben intrinsieke waarde, dat wil zeggen dat ze los van de emotionele en rationele kleur van die ervaring (positief, neutraal, negatief), op zichzelf van waarde zijn. Ze zijn van waarde omdat ze tot de unieke levensgeschiedenis van de persoon behoren en een bijdrage leveren aan zijn identiteitsvorming.' Het is daarom niet aan jou om er een waardeoordeel over te vellen. Het gaat om respect en mededogen voor de cliënt. Kun je de cliënt aannemen als jouw cliënt problemen heeft met alles wat hij heeft en niet heeft, of zit je je te ergeren of te vervelen? Als je werkelijk kunt aannemen wat er is, ervaar je contact met je cliënt zodat hij ruimte krijgt voor zijn beleving. Daarmee sluit je aan op de betekenisgeving van de cliënt op rationeel en emotioneel niveau. Volgens Ravelli (2009, blz. 151) heeft betekenisgeving te maken met een persoonlijke constructie van de werkelijkheid. 'Het is aan de professional om de cliënt te helpen deze constructie een plaats te geven in zijn leven. Dit zegt immers ook veel over de motieven van mensen, inclusief hun motivatie om bepaalde situaties te willen of durven veranderen.'

2.4.2 Tweede houdingsaspect: niet-wetende houding

De ervaring leert dat er veel cliënten zijn van wie de eigen kracht en mogelijkheden volledig zijn 'ondergesneeuwd' door vele en langdurige problemen. Cliënten kunnen zo uitgeput zijn door een uitzichtloze situatie dat zij zich machteloos voelen. Vaak voelen zij zich overspoeld door alles wat op hen afkomt, en hebben zij geen grip meer op hun situatie. Als hulpverlener treed je de cliënt dan op voet van *gelijkwaardigheid* tegemoet. Dat wil zeggen dat jij naast de cliënt gaat staan. Jullie gaan samen op weg om de vaak ingewikkelde situatie van de cliënt te ontrafelen, waardoor hij er anders tegenaan gaat kijken en zijn eigen positie zichtbaar wordt. Ravelli (2009, blz. 151) noemt dit *ontsluitend* werken: 'De ervaringskennis van de betrokkenen wordt door de werkwijze van de professional ontsloten.'

Belangrijk in dit proces is de *houding van niet-weten* (De Jong & Berg, 2007, blz. 39). Hulpverleners willen graag helpen en denken al vrij snel de oplossing te weten. Onbewust maken zij dan vanuit de intake de overstap naar hulp verlenen zonder expliciet stil te staan bij de wensen, doelen en mogelijke oplossingsrichtingen van de cliënt zelf. Deze oplossingsgerichte 'weethouding' moet je dus loslaten. Daarvoor in de plaats neem je de 'niet-wetende houding' aan. Dit is een *terughoudende* houding, waarbij je aanneemt en aanvaardt wat er is, zonder het te willen veranderen. Het gaat om present zijn, je maakt innerlijk ruimte, bent vrij, open en ontvankelijk voor de ander. In deze staat laat je je niet afleiden door eigen doelstellingen, vooropgezette beelden, gedachten en overtuigingen. Op deze wijze kun je onbevooroordeeld luisteren en sta je open voor wat er komt aan woorden en emoties. Zo kun je ook oprecht nieuwsgierig zijn naar de manier waarop de cliënt zichzelf, zijn situatie en zijn mogelijkheden ziet en beleeft.

Vanuit de niet-wetende houding stel je open en activerende vragen aan de cliënt om de vrije gedachtegang te stimuleren. Daardoor kan hij jou als het ware informeren. Het is de bedoeling dat de cliënt 'werkt' en dat jij precies díe vragen stelt, die hem steeds opnieuw aan het denken zetten. Het gaat er immers om dat de cliënt zelf nadenkt en ontdekt wat hij wil en hoe hij zijn situatie wil aanpakken. Daarbij laat jij je leiden door het verhaal van de cliënt en niet door jouw eigen ideeën over hoe jij de situatie zou aanpakken. Tijdens de dialoog kan er zowel bij de cliënt als bij jou een diepere bewustwording optreden van de krachten en mogelijkheden die de cliënt kan gebruiken om zijn leven vorm te geven.

Je adviseert de cliënt dus ook niet bij het vinden van oplossingen. Wel vraag je net zo lang door totdat de cliënt zijn eigen oplossing vindt. Volgens Parton (2007, blz. 87) vereist dit een enorme discipline om trouw te blijven aan het idee dat cliënten zelf innerlijke oplossingen voor hun problemen hebben. De hulpverlener kan de cliënt informatie en mogelijke tips geven, waaruit de cliënt kan kiezen. De professionals dienen zich echter terughoudend op te stellen en zichzelf niet te zien als leveranciers van oplossingen.

2.4.3 Derde houdingsaspect: van probleemgericht naar toekomstgericht

Het is belangrijk om niet in de problemen te blijven hangen, maar steeds een overgang te maken naar toekomstgericht denken. Daartoe stel je toekomstgerichte vragen. Wat wil de cliënt bereiken? Wat is zijn doel? Hoe ziet hij de toekomst? Door middel van de hiervoor beschreven niet-wetende houding ondersteun jij de cliënt bij het formuleren van zijn doelen en bij het ontwikkelen van een eigen visie op een meer bevredigende toekomst. Van Nijnatten (2005) legt uit waarom dat zo belangrijk is: 'De cliënt zal de veranderingen moeten dragen, moeten uitvoeren en moeten bestendigen. Dat is eigenlijk alleen mogelijk als de wens tot verandering voortkomt uit een door de cliënt gewilde perspectiefverandering.'

De volgende interventies (De Jong & Berg, 2006) kunnen jou ondersteunen bij het aannemen van een niet-wetende houding, het maken van een omslag naar toekomstgericht denken en het steeds opnieuw een beroep doen op de eigen kracht en mogelijkheden van cliënten.

- Open vragen stellen, dat wil zeggen: vragen waarop meerdere antwoorden mogelijk zijn. Dergelijke vragen beginnen met de woorden wie, wat, waar, waardoor, waarmee, waarnaar, hoe etc.
- 'Hoe'-vragen stellen. Het antwoord op zulke vragen vertelt namelijk iets over de vaardigheden van de cliënt. Bovendien versterk je zo het persoonlijk handelend vermogen van de cliënt, doordat je de focus legt op 'doen'. Doordat de cliënt zijn handelen gaat verwoorden, wordt dit voor hem zelf ook concreter.
- Samenvatten wat de cliënt gezegd heeft met zijn eigen woorden en hier weer een vraag of compliment aan koppelen.
- Echoën van sleutelwoorden in de vragende vorm.
- Parafraseren wat de cliënt heeft gezegd. Dit betekent dat je in eigen woorden kort de belangrijkste elementen nog eens benoemt en verheldert. Daarmee laat je de cliënt weten dat je luistert en kun je nagaan of je hem goed begrepen hebt. Deze interventie kun je ook gebruiken om in het gesprek op een organische en logische wijze een overstap te maken naar een ander onderwerp. Je begeleidt de cliënt als het ware naar het volgende onderwerp. Bijvoorbeeld: een cliënt praat veel over de problemen en ruzies met haar man, maar jij bent benieuwd naar de kinderen in deze situatie. Je zegt: 'Als ik het goed gehoord heb, zeg je dat je regelmatig heftige ruzies hebt met je man en dat je daar niet meer tegen kunt. Ik ben ook benieuwd naar hoe deze ruzies voor de kinderen zijn.'
- 'Komma'-vragen stellen, door woorden zoals 'maar' of 'want' achter de zin van de cliënt te zetten. Daarmee stimuleer je de cliënt om door te gaan met vertellen.
- Gebruik maken van stilte om de cliënt de ruimte te geven om te voelen, te ervaren en zijn eigen spoor hierin te volgen. In de stilte kunnen zowel emoties als inzichten naar voren komen. In het voorbeeld van Vera in paragraaf 2.4.4 wordt de stilte gebruikt om Vera het compliment te laten ervaren.
- Benoemen van het non-verbale gedrag van de cliënt en daar een vraag aan koppelen. Bijvoorbeeld: 'Ik zie je handen steeds met je zakdoek in de weer. Wat gebeurt er met je?' Of: 'Wat voel je?' 'Wat ervaar je?' 'Wat merk je op bij jezelf?'
- Ander non-verbaal gedrag: 'Ik zie je ineens veel slikken. Wat slik je weg?' Of: 'Je praat steeds harder. Heb je dat zelf ook in de gaten?' 'Hoe komt dat?' 'Wat raakt je zo?'
- Cliënten en hun verhaal erkennen en positief bevestigen vanuit de achtergrond dat zij er mogen zijn met alles wat zij hebben en doen. Hun ver-

haal is hun visie op hun leven, hoe onwaarschijnlijk het je misschien ook voorkomt.

- Cliënten complimenten maken, om te beginnen alleen al voor het feit dat ze zijn gekomen.

Praktijkvoorbeeld

Ria is 39 jaar oud. Zij heeft een hbo-opleiding gevolgd. Ze is alleenstaand, heeft geen kinderen en geen partner. Ze heeft een eigen bedrijfje gehad, maar dat is misgegaan. Door het wegvallen van werk en sociale contacten is zij in een isolement terechtgekomen. Ze heeft een bijstandsuitkering en schulden. Ze is verwezen door de huisarts.

Haar hulpvraag: ik weet niet meer waar ik moet beginnen. Ik wil weer vertrouwen krijgen in mijzelf en in de toekomst.

Doel van het gesprek: cliënte wil weer een dagritme opbouwen

Corrie: Hoe ziet het dagritme er voor jou uit? Kun je daar iets meer over vertellen?

Ria: Ik sta op, geef de kat te eten, zet een bakkie koffie en ga me douchen. Ik keutel wat. Ik voel me opgejaagd en er komt niets uit mijn handen. Ik slaap slecht, ik heb weinig energie om tot iets te komen. Ik ga laat naar bed, want ik blijf hangen en drink wat met de buren en de andere beroepswerklozen in de buurt.

Ik wil dat ik weet waar ik aan toe ben, meer duidelijkheid over mijn schulden, weer een baan. Nu weet ik het niet, het maakt niet uit wanneer ik opsta en naar bed ga. Ik wil dit niet.

Corrie: Hoe zou je het wel willen?

Ria: Ik wil dat ik weet wat het bedrag is van mijn schulden, dat ik opnieuw kan starten met een baan. Dan wil ik geheel iets anders, niet meer in de horeca, maar met gehandicapten of zo. Ik wil dat mijn huis op orde komt. Dan wil ik contacten leggen met de mensen die ik nog over heb.

Corrie: Je hebt een duidelijk beeld over wat je wilt. Zijn er nu al dingen die je lukken?

Ria: Het lukt mij wel om naar een instantie te gaan als ik een afspraak heb. Of naar mijn moeder te gaan om bij haar te eten als ze me uitnodigt.

Corrie: Dat is knap dat je dat in deze situatie wel lukt. Hoe zou dat komen?

Ria: Als ik een afspraak heb, dan vind ik het vervelend als ik deze niet nakom.

Corrie: Begrijp ik het goed als ik zeg dat afspraken ervoor zorgen dat jij tot iets komt?

Ria: Ja, dat klopt.

Corrie: Hoe zouden afspraken jou kunnen helpen bij het opzetten van een dagritme?

Ria: Ik kan natuurlijk ook afspraken met mezelf maken.

Corrie: Als dat zo is, wat wordt dan je plan voor de komende week?
Ria: Ik maak dagelijks een afspraak met mezelf. Ik ga mijn papieren ordenen, een afspraak maken met mijn advocaat, boeken terugbrengen naar de bibliotheek, mijn broer bellen en fietsen.
Corrie: Wanneer ga je daarmee beginnen?
Ria: Ik start morgen.
Corrie: Hoe ga je dat doen? Wat helpt jou om je eraan te houden?
Ria: Ik schrijf deze afspraken op in mijn agenda.

Eén week later vindt een vervolggesprek plaats, om te kijken hoe het gaat met deze afspraken en wat haar ervaringen zijn.

Corrie: Hoe is het gegaan de afgelopen week?
Ria: De structuur is prettig, maar iedere dag een afspraak is nog te veel. Doordat ik mijn papieren ben gaan ordenen en contact heb gemaakt met de advocaat over mijn schulden, geeft mij dit meer rust in mijn hoofd. Ik ben gaan fietsen, maar daar voel ik me schuldig over, want ik heb iets leuks gedaan. Ik moet eerst iets nuttigs doen.
Corrie: Nuttig? Wat versta je onder het woord nuttig? (*echoën*)
Ria legt uit wat zij hieronder verstaat.

Corrie: Als dit belangrijk voor je is, welk plan maak je dan voor de volgende week?
Ria: Ik combineer elke dag iets leuks met iets nuttigs.

Het invullen van het dagritme krijgt meer vorm. Cliënte merkt door deze stapjes te nemen dat er meer structuur ontstaat. Het bezig zijn met ordenen, schept ook orde en rust in haar hoofd. Het combineren van het aangename, zoals gaan fietsen, met het nuttige, bijvoorbeeld het schoonmaken van haar huis, geeft haar energie.

De gebruikte interventies in bovenstaand praktijkvoorbeeld zijn open vragen stellen, 'hoe'-vragen stellen, positief bevestigen, echoën en complimenten maken. Bij al deze interventies gaat Corrie uit van Ria's referentiekader en verbreedt ze haar perceptie. Op deze manier vertelt Ria meer over haar situatie, de betekenis die zij daaraan geeft en over haar gevoelens. Door de open vragen die Corrie stelt en de complimenten die zij aan Ria geeft, krijgt Ria meer inzicht in haar eigen vaardigheden en mogelijkheden. Ze komt geheel zelf tot vervolgstappen en oplossingen.

2.4.4 Vierde houdingsaspect: focus op de kracht van de cliënt

Als hulpverlener heb je niet alleen een open, nieuwsgierige, respectvolle en vragende houding, maar ben je daarnaast ook bekrachtigend. Dat betekent dat je expliciet aandacht besteedt aan positieve stappen (de kracht) van de cliënt. Je bevestigt positief op deze stappen, en complimenteert de cliënt er-mee. Daardoor zal hij beseffen dat bepaalde eigenschappen en vaardigheden die hij bezit, effectief zijn, wat zijn zelfvertrouwen bevordert. De volgende stap is dat hij zijn krachten gaat gebruiken en vergroten om zo zijn zelfregie te versterken.

Om zo veel mogelijk krachten van de cliënt zichtbaar te kunnen maken, moet je weten waar je op moet letten. Hieronder volgen een aantal aandachtspunten.

De kracht van de vanzelfsprekendheid

Cliënten zijn zich vaak niet bewust van hun eigen kracht, van hun kwaliteiten, vaardigheden en talenten die zij in het dagelijks leven inzetten. Deze ervaren ze als vanzelfsprekend. 'Het is toch heel gewoon.' Maar het dagelijks leven doet in steeds wisselende situaties iedere keer opnieuw een beroep op hun mogelijkheden. Door hen hier bewust van te maken, kun je hen een positie-vere kijk op zichzelf geven. Het gaan ervaren dat eigenschappen en vaardig-heden effectief zijn, bevordert immers het zelfvertrouwen van de cliënt.

Om de kracht van de vanzelfsprekend zichtbaar te maken heeft de hulpver-lener in het volgende voorbeeld bewust aangesloten bij de dagelijkse leefwe-reld van de cliënt.

> *Voorbeeld*
> Chantal zegt in een gesprek met mij: 'Ik kan niet kiezen.' Hierop heb ik haar ach-tereenvolgens de volgende vragen gesteld: 'Heb je vanmorgen gegeten? Wat heb je op je brood gedaan? Heb jij daarin een keuze gemaakt of heeft iemand anders dat beslist? De kleren die je aan hebt, wie heeft die uitgekozen? Heb jij ze zelf gekocht? Boodschappen doen, eten koken, cadeautje uitzoeken, wie kiest? Je bent naar mij toegekomen, wie heeft daarvoor gekozen? Welke keuzes maak jij zoal meer op een dag of in een week?'
> Al haar antwoorden wijzen op het feit dat Chantal deze besluiten zelf heeft geno-men. Ik heb haar bevestigd in haar besluitvorming. Ik zei: 'Zo te horen heb je heel wat keuzes zelf gemaakt. Ik dacht dat je zei dat je niet kon kiezen. Hoe kijk je daar nu tegen aan?' Haar gezicht klaarde op, de last werd minder groot. Ze was verbaasd; zo had zij er zelf nog niet naar gekeken.

De kracht van positieve ervaringen

Het leven van een cliënt bestaat niet alleen uit problemen. Daarom kun je ook op zoek gaan naar die punten van zijn leven waarop het goed gaat. Eigen krachten zitten namelijk vaak verborgen in succesvolle ervaringen. Samen met de cliënt analyseer je situaties die hij als positief ervaart en waarin hij een centrale rol had. Samen neem je stap voor stap deze situaties door, waarbij je vooral vraagt naar het handelen van de cliënt en het resultaat daarvan, om hem daar vervolgens positief op te bevestigen. Hierdoor zal hij zich bewust worden van de vaardigheden die hij heeft toegepast, en zich deze gaan toe-eigenen. Ravelli (2009) beschrijft dit als een 'bekrachtigende houding'. Het zelfoplossend vermogen van de cliënt wordt hierdoor vergroot.

Onderstaande interventies (o.a. De Jong & Berg, 2006) helpen de cliënt om positieve ervaringen te onderzoeken.

- Vraag de cliënt naar hoe hij in het verleden met vergelijkbare situaties is omgegaan. Om hem in contact te brengen met zijn eigen kracht en hem te stimuleren kleine stapjes in de goede richting te zetten, stel je vragen zoals: 'Hoe zou u dat vroeger hebben aangepakt?' Of: 'Wat deed u toen waardoor het beter ging? Zou u dat nu weer kunnen doen? Wat hebt u daarvoor nodig?'
- Vraag de cliënt zo concreet mogelijk naar zijn successen, hoe klein, gewoon of schijnbaar onbetekenend ze ook zijn. Vraag hoe hij dat voor elkaar heeft gekregen. Die vraag is op zich al een subtiel compliment. Wat was zijn aandeel hierin? Wat heeft hij er zelf voor gedaan? Hoe meer je met een cliënt over zijn successen praat, hoe meer hij zich aangemoedigd voelt om deze successen te herhalen.
- Complimenteer de cliënt gericht op positieve eigenschappen (bijvoorbeeld zijn gevoel voor humor of zijn doorzettingsvermogen) en daden (bijvoorbeeld zich aan de afspraken houden) en laat hem ook benoemen welke dingen in zijn ogen goed gaan. Op deze manier komt hij zijn eigen krachten op het spoor.
- Vraag de cliënt naar activiteiten die hij zelf al heeft ondernomen om zijn problemen het hoofd te bieden. Zo komt hij zijn eigen oplossend vermogen op het spoor.
- Stel scorings- of schaalvragen. Teken een lijn en zet aan het begin een 0 en op het einde een 10. De 0 staat voor hoe de cliënt zich voor de hulpverlening voelde en de 10 staat voor hoe hij graag wil dat de situatie is. Vraag aan de cliënt welk cijfer hij zichzelf nu geeft. Vraag hem hoe hij al op dit punt gekomen is, en wat hij nodig heeft om er een hoger cijfer van te maken. Dat geeft meer inzichten en vergroot zijn kracht. Door herhaling in een volgend gesprek kan op deze manier de vooruitgang zichtbaar gemaakt worden.
- Zoek met de cliënt naar uitzonderingen, naar momenten dat het probleem minder aanwezig of zelfs afwezig was. Hoe zagen die momenten eruit? Waar en wanneer deden deze uitzonderingen zich voor? Wie waren daarbij? Wat deed hij toen anders? Door zijn gedrag op die momenten zo precies mogelijk te omschrijven ontdekt de cliënt zijn eigen kracht en is hij ook in staat dat gedrag te herhalen op andere momenten.
- Spreek met de cliënt concrete stappen af (kinderen complimenten geven, op tijd aan tafel, op tijd opstaan, zichzelf verzorgen, letten op uitgaven

etc.) en ga in het volgende gesprek na hoe hij daaraan heeft gewerkt. Wat heeft hij anders gedaan en maakte dat het nu wel gelukt is?

- Vraag de cliënt een dagboek bij te houden. De ervaring leert dat cliënten veel beter onthouden wat niet goed gaat, dan wat wel goed gaat. Om hen meer stil te laten staan bij wat wel goed gaat, kun je de volgende suggestie doen: 'Sta één keer per dag stil bij wat er die dag goed is gegaan en schrijf dit in je dagboek'. Om een duidelijk verschil aan te brengen tussen wat niet goed gaat en wel goed gaat, wordt de linkerbladzijde gebruikt voor teleurstellingen en de rechterbladzijde alleen voor positieve gebeurtenissen. Maak de cliënt erop attent, zeker om te beginnen, dat positieve gebeurtenissen in kleine dingen kunnen zitten, zoals even genieten van de zon, of een moment van rust. Positieve ervaringen kunnen langzaam uitgroeien naar het nemen van voorgenomen stappen.

De kracht van volhouden en herkaderen

Je kunt de krachten van een cliënt ook zichtbaar maken door stil te staan bij de manier waarop hij zijn moeilijke situatie heeft doorstaan. Je vraagt dan wat hem op de been heeft gehouden, hoe hij de negatieve situatie heeft gestopt, wat er gelukt is en hoe hij dat heeft bereikt. Deze vragen helpen hem om inzicht te krijgen in zijn eigen innerlijke krachten en vaardigheden. Je laat blijken dat deze inderdaad waardevol en bruikbaar zijn. Hoffman (2002, blz. 236) noemt dit herkaderen. Hierdoor kan de cliënt ten aanzien van zijn situatie een ander standpunt of gezichtspunt innemen en kan hij tot een andere ordening van de werkelijkheid komen. Door te herkaderen kan de cliënt ontdekken dat hij niet machteloos heeft toegekeken of slachtoffer was, maar wel degelijk invloed heeft gehad in de moeilijke situatie, en dat hij op dat moment heeft gedaan wat binnen zijn mogelijkheden lag.

Voorbeeld herkaderen

In de vrouwenopvang spreek ik met Vera. Zij is jarenlang mishandeld. Op mijn vraag hoe het met haar gaat, begint ze alles te spuien. Ze vertelt wat haar allemaal is overkomen, wat haar partner gedaan heeft en dat zij er niets aan kon doen. Ze eindigt met: 'Het was vreselijk, ik ben kapot, maar alleen kan ik het niet.' Dat laatste neem ik niet zo maar voor waar aan. Ik ga samen met haar stap voor stap haar thuissituatie analyseren.

Maria: Hoe heb jij het zo lang volgehouden?

Vera: Voor mijn kinderen.

Maria: Voor je kinderen?

Vera: Ja, die gaven mij de kracht.

Maria: Dus je hebt al die mishandelingen overgehad voor je kinderen?

Vera: Ja, ze hebben toch een vader nodig.

Maria: Ik ben verbaasd, wat een kracht heb jij om het zo lang vol te houden (even stilte). Wat een kracht. Je hebt veel voor je kinderen gedaan.

Vera: Ja, als hij er niet was, dan ging ik met ze naar de speeltuin en spelletjes doen. Ik wilde dat ze het gezellig hadden.

Maria: Wat goed van jou om zo met hen te spelen. Vonden ze het leuk?

Vera: Ze hebben genoten en dan geniet ik ook.

Maria: Dus als hij er niet is, gaat het goed en maak jij het gezellig. Wat deed je als hij er wel was?

Vera: Als ik voelde dat het fout zou gaan, dan vroeg ik hen om boven te gaan spelen. Dan mochten ze achter de computer.

Maria: Dus je voelde het aankomen en hebt je kinderen beschermd?

Vera: Ja, ik wilde niet dat hij hen ook sloeg.

Maria: Wat knap om in zo'n bedreigende situatie daar zo aan te denken (even stilte). Als hij jou mishandelde, ging dat oneindig lang door?

Vera: Nee, op een gegeven moment stopte hij wel.

Maria: Waardoor stopte hij?

Vera: Nou ik liep de kamer uit naar de wc of ik ging de tuin in.

Maria: Dus jij hebt gezorgd dat hij stopte met slaan?

Vera: Als ik wegloop, dan kan hij niet meer slaan.

Maria: Dat klopt, ... maar jij hebt daar zelf toe besloten. *Jij* bent weggegaan.

Vera: Ik laat mij niet helemaal verrot slaan!

Maria: Nee, dat hoor ik. Jij hebt gezorgd dat hij stopte met slaan (even stilte). En uiteindelijk ben je hierheen gekomen. Dat is knap, dat je de stap hebt gezet om hier te komen.

Vera: Ja, het ging niet langer, de oudste heeft ook een klap gehad en toen was ik er klaar mee. Mij slaan is niet zo erg, maar de kinderen, dan gaat hij te ver.

Maria: En toen...

Vera: Toen heb ik besloten bij hem weg te gaan.

Maria: Dus jij hebt zelf besloten om weg te gaan. Dat is een grote stap (even stilte). Hoe heb je het klaargespeeld?

Vera: De volgende dag toen hij op zijn werk was, heb ik de belangrijkste papieren zoals paspoort en verzekeringen en wat kleren ingepakt en ben ik samen met de kinderen naar de politie gegaan en die hebben mij dit adres gegeven.

Maria: Als ik zo naar jouw verhaal luister, heb je eigenlijk heel veel gedaan en ben je een krachtige vrouw (even stilte).

Het begint tot Vera door te dringen, dat ze inderdaad veel heeft gedaan. Ze gaat meer rechtop zitten, strijkt haar haren weg voor haar ogen en kijkt mij aan.

Maria: Zullen we eens op een rijtje zetten wat jij allemaal gedaan hebt?

Ik laat haar haar eigen stappen nog eens benoemen uit het voorgaande gesprek. De stappen die ze vergat, heb ik aangevuld. Ik heb haar uitgebreid gecomplimenteerd en mijn bewondering uitgesproken. Ook heb ik gevraagd of zij zich nog meer acties

> van haarzelf kon herinneren. Zo hebben we ook expliciet aandacht besteed aan alle dagelijkse huishoudelijke werkzaamheden.
>
> Vera: Zo heb ik het nog nooit bekeken. Eigenlijk heb ik dus veel gedaan?

Doordat Vera in bovenstaand voorbeeld expliciet stilstond bij wat zij zelf had ondernomen, en daar gericht complimenten op kreeg, is haar perceptie van zichzelf veranderd. Zij heeft hierdoor verschillende vaardigheden van zichzelf herontdekt, zoals het beschermen van haar kinderen, haar vermogen om het geweld te stoppen, haar kracht om het uit te houden, haar kracht om te besluiten weg te gaan. Deze nieuwe kijk op zichzelf vormde vervolgens haar uitgangspunt voor hoe zij haar leven wilde vormgeven. Ze zei dat zij het niet alleen kon. Dus heb ik haar gevraagd waarin haar man haar steunde, wat hij voor zijn rekening nam in het huishouden. Door deze vraag kwam zij erachter dat zij eigenlijk nauwelijks steun van hem kreeg en ze het allemaal al bijna alleen deed. Ook dat was een eyeopener voor haar. Zij kon daarna vanuit een ander perspectief nadenken over voortzetten dan wel beëindigen van haar relatie.

2.4.5   Vijfde houdingsaspect: bewust zijn van je eigen referentiekader

In de hulpverlening speelt je *eigen referentiekader* een grote rol. Jij bent immers zelf het instrument waarmee je werkt. Je hebt geen hamer en spijkers zoals een timmerman. De wijze waarop jij in je werk staat, wordt bepaald door wat jij vanuit jouw socialisatie hebt meegekregen en ontwikkeld en door jouw levenservaring. Jouw ervaringen, houding, kennis en vaardigheden die je inzet, worden op hun beurt beïnvloed door je eigen normen en waarden. Normen en waarden worden weer gevormd door factoren zoals etniciteit, cultuur, klasse, religie, sekse, opleiding, seksuele voorkeur etc. Samen vormen al deze lagen je eigen referentiekader.
Het referentiekader omvat bijvoorbeeld opgedane overtuigingen, normen en waarden, beelden, vooroordelen, generalisaties etc. Dit referentiekader is niet statisch, maar is door nieuwe ervaringen voortdurend in ontwikkeling. Het referentiekader wordt ook wel denkraam genoemd. Het is als het ware de bril waardoor je naar de mensen en de wereld om je heen kijkt, waarmee je beelden van hen vormt en waarop je je vooronderstellingen en vooroordelen baseert. Je oordelen kunnen weer consequenties hebben voor je cliënten. Je baseert er onbewust je gedachten, gevoelens en hulpverlening op. Het referentiekader bepaalt dus de manier waarop je betekenis geeft aan een situatie van de cliënt, aan zijn uitspraken en non-verbaal gedrag.

Het werken vanuit empowerment vraagt van jou je bewust te zijn van en te reflecteren op je eigen referentiekader. Je moet inzien welke invloed je referentiekader heeft op je attitude tegenover de cliënt, op je verwachtingen over hem, en op het beeld dat je hebt van hem, zijn problematiek en hoe hij daarmee omgaat. Onbewust kun je de cliënt verkeerd inschatten en daardoor positieve krachten en mogelijkheden niet of slechts beperkt onderzoeken. Je moet je daarom zo veel mogelijk vrijmaken van je eigen referentiekader en zo een onbevooroordeelde houding mogelijk maken. Dat vrijmaken kan echter alleen als je juist bewust bent van de inhoud en de invloed hiervan. Je kunt dan ook waar nodig je eigen gedachten of beeld bespreken met de cliënt.

Belangrijk is een reflectieve houding tijdens het hulpverleningsgesprek. Je moet je voortdurend bewust zijn van je oordelen. Na het gesprek kunnen de volgende vragen je helpen om de situatie verder te onderzoeken.

- Wat waren je gedachten, beelden en verwachtingen over deze cliënt?
- Op grond waarvan zijn deze bij jou naar voren gekomen? Wat zag, hoorde, voelde en dacht je?
- Onder welke invloed zijn deze ontstaan (eigen socialisatie, organisatorische context, maatschappelijke context)? Specificeer dit nader.
- Welke vooroordelen zitten hierin?
- Op welke manier hebben deze vooroordelen de hulpverlening beïnvloed?
- Wat waren je impulsen? Welke keuzes heb je gemaakt?
- Wat had je eigenlijk willen doen?
- Welke inzichten leveren bovenstaande vragen jou op?

Met deze reflectieve houding ben je in staat om onbevooroordeeld samen met de cliënt zijn situatie, zienswijze en mogelijkheden te onderzoeken.

Mijn eigen anders

Ik wil niet worden
zoals jij.
Dan blijf ik toch steeds
achterlopen.

Dan blijf ik zoeken
naar een ander,
naar iemand die ik
nooit kan zijn.

En die ik ook niet
worden wil:
jouw normen zijn niet
die van mij.

Ik wil niet worden
zoals jij.
Ik wil jouw leven
toch niet leven.

Ik ben je schaduw
niet, niet meer:
je wegwerpkind en
minder mens,

dat zelf geen recht heeft
om te kiezen,
geen eigen – waarde,
zelfrespect.

Ik wil graag worden
zoals *mij*,
mijn eigen wijze
eigen ik.

Dat in jouw ogen
niet voldoet,
maar in mijn leven
prima.

Mijn eigen haalbaar
ideaal
dat meer is dan jij
dromen kan.

Marlieke de Jonge (Netwerk cliëntdeskundigen en
stafmedewerker Empowerment bij Lentis in Groningen)
Bron: Prakken, J. (1997)

2.4.6 Zesde houdingsaspect: oog voor het leer- en ontwikkelingsproces

Een cliënt aanspreken op zijn oplossend vermogen en eigen verantwoordelijkheid maakt nog niet dat hij zichzelf kan redden. Een hulpverlener die nieuwsgierig blijft naar het verhaal van de cliënt, open vragen stelt en bij interventies zo veel mogelijk de woorden van de cliënt gebruikt, krijgt daardoor nog niet meteen een cliënt tegenover zich die zijn eigen kracht kent en kan inzetten. Deze interventies werken niet automatisch empowerend. Voor empowerment is namelijk nog iets anders nodig: tijd.

De cliënt heeft tijd nodig om zijn zelfredzaamheid en eigen verantwoordelijkheid te ontwikkelen en zich de leidende rol in het hulpverleningsproces eigen te maken. Empowerment houdt daarom twee processen in. Enerzijds sluit jij aan bij de aanwezige krachten van de cliënt. Anderzijds moet de cliënt nieuwe krachten ontdekken, vergroten en inzetten. Het is een balans. Met elke cliënt moet je samen bekijken op welke van de twee processen de meeste nadruk moet liggen (Verzaal, 2002, blz. 45). Hierbij is het belangrijk dat je de cliënt niet overschat, maar ook niet onderschat. Stapsgewijs gaat de cliënt door het leerproces, waarbij hij zelf het tempo bepaalt. Dit vraagt veel fingerspitzengefühl van jou. De verhouding tussen de draagkracht en draaglast van de cliënt, zijn inzicht in zijn situatie, zijn kennis, zijn ervaringen en zijn mogelijkheden spelen hierbij een belangrijke rol.

Valkuil van de hulpverlener: te veel, te snel
Als je het tempo in het leer- en ontwikkelingstraject te hoog legt, loopt het proces spaak. Cliënten komen dan bij jou in de hulpverlening hetzelfde tegen als in de maatschappij: zij worden overvraagd en moeten zaken ter hand nemen die buiten hun mogelijkheden liggen. Dat maakt dat zij opnieuw een gevoel van onmacht ervaren en dat bevestigt hun onzekerheid en hun gevoel van afhankelijkheid. En omdat jij het in hun ogen niet voor hen oplost, haken zij ontmoedigd af. Dit is een grote valkuil bij werken vanuit empowerment. Je moet constant alert en flexibel blijven om steeds weer aan te sluiten bij de draagkracht en mogelijkheden van de cliënt. Met het tegenovergestelde gedrag ben je de cliënt echter evenmin behulpzaam. Als jij te veel voor de cliënt blijft regelen en het jou niet lukt om hem te activeren, dan krijgt de cliënt weinig geloof in zijn eigen kunnen en wordt zijn passieve houding bevestigd.

Je moet je realiseren dat de verwachtingen die cliënten van de hulpverlening hebben, een grote rol spelen bij het stapsgewijs ontwikkelen en oppakken van eigen verantwoordelijkheid. Een cliënt die binnenkomt met het idee dat jij alles oplost, zal meer aansporing nodig hebben om zelf in actie te komen, hoe klein die actie ook is. Jij nodigt de cliënt als het ware hiertoe uit. De wijze waarop hij de uitnodiging interpreteert en oppakt, wordt sterk bepaald door zijn referentiekader. Ook de mate waarin de cliënt openstaat voor zelf in actie komen is hierop van invloed. Steeds geldt als uitgangspunt dat de cliënt het tempo bepaalt.

Twee sporen: hulp en empowerment

Om vertrouwen op te bouwen en de cliënt te motiveren, is het belangrijk dat jij ook altijd iets doet voor de cliënt. Alleen met praten voelen veel cliënten zich niet geholpen. Daarom bied je enerzijds concrete dienstverlening, zoals bemiddelen, formulieren invullen of informatie inwinnen. Anderzijds besteed je aandacht aan empowerment van de cliënt. Dit noemen we een 'tweesporenbeleid' (Scheffers, 2008). Je begint met kleine stapjes, aangepast aan de mogelijkheden en draagkracht van de cliënt, opdat hij gemotiveerd blijft. Je kunt bijvoorbeeld een telefoongesprek uitgebreid voorbereiden en de cliënt uitnodigen om zelf te bellen, waarbij jij als een soort ruggensteun aanwezig bent. Of je gaat samen met de cliënt naar een instantie en laat hem daar zelf zijn verhaal vertellen. Door deze kleine stappen, die langzaam groter worden, bouwt de cliënt meer zelfvertrouwen en zelfoplossend vermogen op. Als dit in het juiste, op de cliënt aangepaste tempo gebeurt, zal hij geleidelijk aan steeds vaker zelf met oplossingen komen en steeds meer eigen verantwoordelijkheid nemen.

Voorbeeld

Fia is 45 jaar en komt met een eindafrekening van de elektriciteitsmaatschappij bij het maatschappelijk werk. Ze is geschrokken van het hoge bedrag dat zij moet bijbetalen.

Angela: Dus u wilt graag dat er gebeld wordt met de elektriciteitsmaatschappij over die rekening?

Fia: Ja, want hier snap ik niets van.

Angela: Van welke periode is de rekening?

Fia: November/december.

Angela: En wat is uw vraag?

Fia: Waarom dat bedrag zo hoog is. En waarom ik een aanmaning heb gekregen en een boete.

Angela: Dat is heel duidelijk. U heeft dus drie vragen: de hoogte van het bedrag van de rekening van november/december, waarom u een aanmaning heeft gehad, en waarom u een boete moet betalen. Ik geef u een pen, dan kunt u uw vragen even opschrijven.

Fia: Goed dan, ik schrijf het op. (...) Maar ik wil ook die boete niet betalen. Ik heb dat geld niet. Dus of u dat wilt regelen. En ... als ik toch moet betalen, wat moet ik dan?

Angela: Het lijkt me prettig voor u als u duidelijkheid hebt. Ik stel voor om meteen te bellen. U heeft nu op papier wat u wilt vragen. Ik zal erbij blijven voor

> het geval u mijn hulp nog nodig heeft. En als u straks het antwoord weet
> bekijken u en ik samen wat er moet gebeuren. We doen het stap voor stap.
>
> Fia: Waar is dan het telefoonnummer?
>
> Angela: Ik denk dat het op de brief staat die u heeft gekregen. Ziet u het staan?

Bovenstaand voorbeeld is ogenschijnlijk een eenvoudige casus, echter met verschillende belangrijke aspecten. De maatschappelijk werker luistert naar het probleem van de cliënt. Ze stelt vragen om de situatie helder te krijgen. Ze vat het antwoord van de cliënt samen en geeft en passant een compliment over haar duidelijke formulering. Dan stelt de maatschappelijk werker de cliënt voor om de genoemde punten op papier te zetten, en vervolgens met dit overzicht in de hand zelf de elektriciteitsmaatschappij te bellen. De maatschappelijk werker blijft daarbij aanwezig als ruggensteun. De maatschappelijk werker reikt concrete ideeën aan, maar neemt zo min mogelijk over. De cliënt gaat er aanvankelijk van uit dat de maatschappelijk werker de klus zal klaren. Gaandeweg wordt zij actiever. De maatschappelijk werker beweegt subtiel mee met de twijfels van de cliënt, en biedt een steunend kader door het telefoongesprek op kantoor mogelijk te maken in haar aanwezigheid.

Autonomie en kracht van de cliënt

Evenals de hulpverlener heeft ook de cliënt zijn eigen referentiekader vanwaaruit hij spreekt en handelt. Als de hulpverlening niet zo voorspoedig verloopt als jij zou willen, doordat de cliënt regelmatig naar jouw idee in de 'weerstand' gaat of niet op afspraken komt, dan is het goed om te reflecteren op je eigen handelen. Volgens Parton e.a. (2007, blz. 68) heeft weerstand misschien meer te maken met de verwarring van de professional dan met obstructie door de cliënt. Volgens hem moet je er als professional voor zorgen dat je geen weerstand oproept. Je moet geen veranderingen doordrukken en niet voor mensen beslissen welk probleem het eerst aangepakt moet worden. Het is immers belangrijk dat je aansluit bij de zienswijze van de cliënt. Daarbij is het goed om te bedenken dat 'weerstand' een term is die jij op bepaald gedrag van de cliënt plakt. Dus vanuit jouw perspectief. Vanuit het perspectief van de cliënt is dit gedrag een vorm van *autonomie en kracht*. Het is zijn manier om jou te laten weten hoe hij *niet* geholpen wil worden. Zijn gedrag is waarschijnlijk een logisch gevolg van zijn negatieve ervaringen met hulpverleners. Het kan een uiting zijn van wantrouwen of angst voor wat hij denkt dat er gaat komen, maar niet wil. 'Weerstand wordt gezien als de unieke manier van de cliënt om samen te werken en het is aan de professional om af te stemmen op de manier waarop de cliënt wenst te veranderen. Door niet tegen maar samen met cliënten te werken, wordt samenwerking onvermijdelijk' (Parton, 2007, blz. 69). Dus als de hulpverlening om welke reden dan ook niet zo voorspoedig verloopt, of in jouw ogen de cliënt het regelmatig laat afweten, is dat vaak een signaal dat een andere benadering is geboden.

Het succes van empowerend werken hangt voor een groot deel af van jouw vermogen om de signalen van autonomie op te vangen en naar aanleiding daarvan te reflecteren op je eigen attitude en je eigen handelen.

- Wat is er gebeurd?
- Wanneer precies kwam de cliënt in verzet?
- Wat was je interventie?
- Hoe ben je tot deze interventie gekomen? Wat was de aanleiding?
- Wat heb je het zwaarste laten wegen: kenmerken van de persoon, kenmerken van de reacties van de persoon, kenmerken van de omgeving of maatschappelijke kenmerken?
- Werd je geraakt? Waarop werd je geraakt? Waar heeft dit mee te maken?
- Welke inzichten leveren bovenstaande vragen je op?
- Herken je dit ook in andere situaties?
- Wat is je voornemen voor de volgende keer?

Grenzen aan empowerment

Het is belangrijk je te realiseren dat er altijd mensen zullen zijn die niet in staat zijn zich tot volledige zelfredzaamheid te ontwikkelen – hoe geduldig en tactvol je ook bent, en hoe goed je ook aansluit op hun kennis, ervaring en leefwereld. In dat geval is het belangrijk om naar andere mogelijkheden te zoeken, opdat de cliënt niet levenslang alleen op hulpverleners is aangewezen. De sociaal netwerkmethodiek kan bij deze cliënten uitkomst bieden (zie hoofdstuk 4).

Opdrachten

Beantwoord onderstaande vragen eerst voor jezelf en bespreek ze daarna in groepjes. Wat zijn de overeenkomsten? Wat zijn de verschillen? Wat valt je hierbij op?

1 Bij werken vanuit persoonlijk empowerment gaat de hulpverlener uit van de kracht van de cliënt en sluit hij daarbij aan.
- Wat versta jij onder persoonlijk empowerment?
- Welke krachten en kwaliteiten heb jij ontwikkeld?
- Waar ben jij trots op van jezelf?
- Welke belangrijke beslissingen heb jij genomen, die van invloed zijn op jouw leven?
2 De cliënt is de ervaringsdeskundige van zijn eigen levensverhaal. Hij vertelt zijn verhaal zoals hij dat beleeft en geeft daar zijn eigen betekenis aan. De hulpverlener gaat uit van de betekenis die de cliënt geeft aan zijn leven en aan zijn problemen.
- Welke betekenis geven je vader, moeder of vrienden aan relaties (vriendschap en liefdesrelaties)?
- Welke betekenis geven zij aan conflicten?

- In veel relatieproblemen speelt geld een rol. Welke betekenis heeft geld in je leven?
- Welke betekenis heeft kerst, de ramadan, Keti Koti, Divali, Chanoeka, de jaarwisseling?
- Hoe kom je erachter welke betekenis een cliënt geeft aan gebeurtenissen in zijn leven?
- Welke interventies kun je daarbij gebruiken?

3 Zowel de hulpverlener als de cliënt heeft in een gesprek zijn eigen referentiekader.

   Bedenk eens in hoeverre jouw referentiekader (normen, waarden, beeldvorming) een rol speelt in jouw hulpverlening.

   Wat is het is het effect van de invloed van jouw referentiekader in jouw hulpverlening?

4 Welke houdingsaspecten moet je in acht nemen bij werken vanuit empowerment?

5 Vorm samen met twee anderen een groepje. A is cliënt, B is hulpverlener en C is observator. A gaat bij zichzelf na of hij op dit moment een vraag heeft om aan de hulpverlener, B, voor te leggen. Zo niet, dan verzint hij er een. De hulpverlener oefent met de aandachtspunten die onder de niet-wetende houding beschreven staan.

   Nabespreking: A en B vertellen hun ervaringen en C vertelt wat hij heeft geobserveerd.

Empowerment en etnisch-culturele diversiteit

3

3.1 Inleiding

In het westerse denken over persoonlijk empowerment gaat het vooral over autonomie, over eigen keuzes maken, verantwoordelijkheid nemen en meester worden over je bestaan. Het gaat over persoonlijke ontwikkeling en hoe je die inzet voor jezelf en de maatschappij. Bij empowerment in relatie tot niet-westerse culturen zijn al deze componenten eveneens belangrijk. Maar hierbij moet je het woord 'autonomie' niet opvatten als 'individuele autonomie', maar als 'autonomie in verbondenheid met de familie'.

Verder moet je bij de hulpverlening aan mensen met een andere etnisch-culturele achtergrond dan jij zelf hebt, oppassen voor vooroordelen die je misschien onbewust hebt gevormd. Dit kan zijn vanuit een culturalistische benadering, waarin je uitgaat van de cultuur van het land van herkomst van de cliënt. Ook de invloed van je eigen referentiekader en de bril waardoor je kijkt is hierop van invloed. Een van de belangrijkste uitgangspunten van empowerment is om aan te sluiten bij de behoeften en mogelijkheden die de cliënt zelf aangeeft. Dat betekent dat je een onbevooroordeelde houding moet aannemen waarin de cliënt zich geaccepteerd voelt, de ruimte ervaart om zijn verhaal te vertellen en daar zijn betekenis aan te geven.

3.2 Cultuur, identiteit en beeldvorming

Deze paragraaf geeft uitleg over de begrippen 'cultuur', 'identiteit' en 'beeldvorming'. Deze begrippen zijn essentieel om de werkwijze 'empowerment en etnisch-culturele diversiteit' goed te begrijpen.

3.2.1 Cultuur

Cultuur is volgens Hoffman (2007) de gemeenschappelijke wereld van ervaringen, normen, waarden, symbolen, praktijken en kennis die een bepaald sociaal systeem kenmerkt. Deze gemeenschappelijke wereld van betekenissen hebben mensen binnen een bepaald sociaal systeem in de loop van de tijd met elkaar opgebouwd en hebben zij nodig om binnen dat systeem adequaat te kunnen functioneren.

Cultuur wordt via een leerproces van de ene generatie op de andere overgedragen. Dit leerproces verloopt vaak onbewust op zowel expliciete wijze als impliciete wijze. Onderwijs is een expliciete vorm van cultuuroverdracht waarbij jonge mensen taal en kennis leren. Impliciete cultuuroverdracht gebeurt door middel van spreekwoorden, verhalen, rituelen en feesten (zoals Kerstmis, verjaardagen, Suikerfeest, Ketie Kotie, Divali, Chanoeka). Ook leren we veel door non-verbaal gedrag, bijvoorbeeld een terechtwijzing met een boze blik en goedkeuring door een blijk van waardering. Veel gebruiken worden ook met de paplepel ingegeven. Kinderen imiteren gedrag van volwassenen en internaliseren zo culturele betekenissen, die door volwassenen worden 'voorgeleefd'.

Ons denken, voelen en handelen wordt in sterke mate bepaald door de cultuur waarin we opgroeien. Cultuur vormt dus je referentiekader, de bril waardoor je in het dagelijks leven naar mensen en situaties kijkt.

Cultuur is dynamisch en het leerproces blijft daarom niet beperkt tot de kinderjaren. Het gaat levenslang door: elke nieuwe interactie, ervaring, gebeurtenis, opleiding, werkkring, migratie en media-uiting levert een bijdrage aan cultuurvorming. Migranten in onze samenleving leven dan ook niet meer in hun cultuur van herkomst, maar in een gewijzigde cultuur, een migrantencultuur. Dat wil zeggen dat hun leefwereld bepaald wordt door de cultuur uit hun land van herkomst vermengd met invloeden uit de Nederlandse cultuur. De straattaal, een combinatie van allerlei talen, is daar een voorbeeld van. Of het feit dat sommige niet-westerse migranten een kerstboom zetten. Ook de Nederlandse cultuur verandert door het contact met andere culturen. We eten nu allerlei buitenlandse gerechten en doen onze boodschappen in Marokkaanse, Iranese en Turkse winkels. Kinderen van alle culturen spelen met elkaar, en er ontstaan steeds meer gemengde relaties. Ook de mode heeft elementen uit niet-westerse culturen overgenomen. Hoffman (2007) noemt deze veranderingen een voortdurend communicatieproces van de mens met zijn omgeving.

Volgens van Bekkum en Bernet (2001) groeien we op in en vergroeien we met een eigen cultuur die ons 'wij' doet zeggen tegen familieleden en 'zij' tegen de buren, 'wij' tegen onze schoolgenoten en 'zij' tegen die van de andere school. Cultuur gaat over heel veel dingen, maar vooral over loyaliteiten en in- en uitsluiting. Zij dwingt ons 'ergens bij te horen' en tegelijkertijd 'anders te zijn'. Het is een paradox die we elke dag oplossen zonder erbij na te denken. Als man, vrouw, in ons beroep, in de buurt, als gezin, als school, als voetbalclub, als buurt en ga zo maar door. Volgens van Bekkum en Bernet (2001, blz. 3) doen we dat helemaal niet slecht, maar is dat door de bevolkingsgroei en migratie wel ingewikkelder geworden.

Pas als we hierop worden gewezen of als ons 'normale gedrag' in het contact met anderen niet wordt begrepen, staan we hierbij stil en kunnen we beseffen hoe bepalend onze eigen cultuur is. We krijgen dan een spiegel voorgehouden.

'Als twee culturen dus met elkaar in contact komen, kan dat bij beide partijen een soort "culturele desoriëntatie" teweegbrengen die onzeker en angstig maakt. Dit wordt dan veelal gecompenseerd door een houding van superioriteit, wantrouwen, agressie of overdreven meegaandheid ten aanzien van de cultureel andere' (Vanderhaeghe, 2008).

3.2.2 Identiteit

Het woord 'identiteit' betekent letterlijk 'gelijkheid' en heeft dezelfde oorsprong als 'identiek'. Identiteit gaat over de vraag hoe je jezelf ervaart en hoe je in de wereld staat. Als je iets over je identiteit weet, kun je antwoord geven op vragen als: wat vind ik belangrijk in mijn leven? Waardoor word ik geraakt? Hoe doe ik de dingen in mijn leven?

Identiteit is meerdimensionaal. Mensen zijn lid van verschillende groepen en systemen (religie, sport, beroepsgroep, cultuur, man/vrouw) en hebben daardoor vele sociale identiteiten of deelidentiteiten. Afhankelijk van de context zal iemand op de vraag 'wie ben je?' verschillende antwoorden geven die allemaal verbonden zijn met zijn deelidentiteiten en de rollen die hij vervult. Je bent vader, moeder, verpleegkundige, arts, advocaat, machinebankwerker, postbesteller, hulpverlener, katholiek, joods, hindoe, moslim. Je houdt van schaatsen, moderne kunst, wandelen, muziek. Je komt uit een middenstandsgezin, uit de hogere klasse, arbeidersklasse, je ouders zijn geboren en opgegroeid in of buiten Nederland. Onze identiteit omvat naast deelidentiteiten en rollen een breed scala aan kennis, kunde en vaardigheden waarop we aangesproken worden in de meest uiteenlopende situaties.

De context bepaalt dus vaak welke specifieke deelidentiteit op de voorgrond treedt. Als een deelidentiteit echter voor anderen goed zichtbaar is, zoals doorgaans het geval is met de etnische identiteit die gebaseerd is op fysieke of culturele kenmerken, zal iemand door zijn omgeving meer gedwongen worden zich volgens die deelindentiteit te definiëren (Shadid, 2007). Hij krijgt dan ook te maken met het verschijnsel dat mensen aan groepen bepaalde eigenschappen toedichten (zie paragraaf 3.2.3 over beeldvorming), zowel positieve als negatieve eigenschappen. Daar kunnen vooroordelen en stereotyperingen bij zitten die voor niet-westerse migranten vaak negatief uitvallen. Wanneer zij hierdoor consequent negatief beoordeeld en bejegend worden, zal hun loyaliteit naar het eigen (sub)systeem groter worden.

'Een islamitische net afgestudeerde vrouwelijke Iraanse arts behoort dan tot de subgroepen vrouwen, moslims, artsen, jongvolwassenen et cetera. Deze vrouw zal zich afhankelijk van de sociale context nadrukkelijker identificeren met één of enkele van deze systemen. In termen van identiteit vormen haar loyaliteiten in die verschillende culturele cognitieve kaders haar persoonlijkheid. Afhankelijk van de context zal haar ene loyaliteit voor haar meer op de voorgrond staan dan het andere. Overigens kunnen anderen in diezelfde sociale context bij deze vrouw een andere sociale identiteit op de voorgrond plaatsen. Hoewel de vrouw zich bijvoorbeeld op een medisch congres in Londen vooral arts voelt, kunnen anderen haar bijvoorbeeld meer identificeren als een moslima vanwege haar hoofddoek' (Van Bekkum & Bernet, 2001, blz. 4).

Hiervoor is identiteit vooral omschreven met de begrippen sociale identiteit, deelidentiteiten en rollen. Van Bekkum en Bernet (2001) kiezen voor het begrip loyaliteit, wat hier veel mee gemeen heeft. Volgens hen is identiteit meer relationeel, en daarom dynamisch en wederkerig. Daarbij baseren zij zich op de omschrijving van loyaliteit in de systeemtheorie van Nagy (1973). Loyaliteit verwijst naar een subjectief ervaren wederzijdse afhankelijkheid tussen een persoon en een subsysteem. Dit subsysteem kan eveneens een persoon zijn, zoals een ouder of broer, maar ook een schoolklas of volleybalteam. Loyaliteit is een elementair menselijke behoefte van ergens bij willen horen. We kunnen ons dan ook niet zomaar losmaken van het subsysteem waarmee we ons verbonden voelen. Loyaliteit betekent ook dat je de normen en waarden van het subsysteem overneemt en die tegenover buitenstaanders verdedigt. Een voordeel van het begrip loyaliteit ten opzichte van het begrip sociale identiteit is dat loyaliteit veel meer een innerlijke gevoelswaarde heeft, terwijl sociale identiteit primair een extern toegeschreven kwaliteit betreft (hoewel men natuurlijk een toegeschreven sociale identiteit kan internaliseren).

Uit bovenstaande uiteenzetting over identiteit zal duidelijk zijn geworden dat elk individu anders is. Dit moet hoe dan ook het uitgangspunt zijn in welke vorm van communicatie en hulpverlening dan ook.

3.2.3 Beeldvorming

Volgens Shadid (2007) delen mensen hun sociale omgeving in op basis van religie, ras, sekse, woonplaats en dergelijke. Dit heet sociale categorisering. Daarbij kunnen ze vooringenomen opvattingen hebben. Ze denken bijvoorbeeld dat Nederlanders, zwarten, Chinezen en moslims respectievelijk zuinig, muzikaal, ondoorgrondelijk en fundamentalistisch zijn. De veronderstelling dat groepen, nationale staten en zelfs rassen over collectieve eigenschappen beschikken, is universeel, heeft altijd bestaan en zal volgens Shadid tot in lengte van dagen voortduren. Het proces van sociale categorisering heeft volgens hem invloed op de wijze waarop mensen informatie over anderen vergaren, organiseren en interpreteren. Positieve dan wel negatieve veronderstellingen over groepen kleuren ons beeld.

In het eerste contact met een ander vormen we ons direct een beeld van die persoon. Dit beeld is gebaseerd op uiterlijk waarneembare kenmerken, zoals huidskleur, kleding, sekse en of we die persoon mooi of lelijk vinden. Dit beeld heeft nog niets te maken met de persoon zelf, maar wordt onder andere gevormd door de veronderstelde collectieve eigenschappen van een groep, ons eigen referentiekader, de media, en eerdere ervaringen met mensen met dezelfde culturele achtergrond. Hierin spelen vooroordelen en stereotyperingen bewust en onbewust een rol. Deze vooroordelen en stereotyperingen zijn dus meestal groepsgericht en uiten zich in vooringenomenheid en generalisaties over alle leden van een groep.

Beeldvorming kan globaal omschreven worden als opvattingen en oordelen die mensen hebben over zowel zichzelf, de eigen groep en eigen cultuur, als over andere groepen en hun cultuur (Shadid, 2007, blz. 206). Iedereen bekijkt een ander vanuit zijn eigen gezichtspunt en beeldvorming. Deze beeldvorming houdt bijna altijd een waardeoordeel in dat bewust of onbewust de communicatie beïnvloedt. Het maakt uit of we tegen iemand opzien, ons gelijkwaardig voelen, een punt van herkenning hebben, ons op ons gemak voelen, een positief dan wel negatief beeld op iemand projecteren, iemand wantrouwen of meteen vertrouwen.

Voorbeeld
Tassenontwerper Omar Munie (komt uit Somalië; was negen jaar toen hij naar Nederland kwam) vertelde in een interview op tv (6 september 2009, De wandeling), dat hij al vroeg is begonnen met tassen te ontwerpen en te maken. Terwijl zijn vrienden op het strand lagen, ging hij met zijn tassen langs vele winkels, misschien wel 60. Maar men wilde zijn tassen niet kopen. Hij zegt: 'Niet omdat ze niet mooi waren, nee, het ergste was dat ze mij niet geloofden. Ze geloofden niet dat ik ze zelf ontworpen en gemaakt had. Ze dachten: Weer zo'n Afrikaan met tassen.'

3.3 Leef- en belevingswereld van migranten

Deze paragraaf beschrijft de eerstegeneratiemigranten, die vast kunnen lopen in de Nederlandse samenleving. Het gaat dus om mensen die nog niet zo goed thuis zijn in onze samenleving en slechts beperkt de Nederlandse taal beheersen.

Zoals eerder beschreven moet je bij werken vanuit empowerment aansluiten bij de leef- en belevingswereld van de cliënt om hem echt tot zijn recht te laten komen. In de vorige paragraaf zagen we dat de cultuur van de cliënt daar een belangrijke rol bij speelt. Het is echter ondoenlijk om in het kader van dit boek uitgebreid in te gaan op de verschillende culturen met de verschillende daarbij behorende normen en waarden, familierelaties, verhouding tussen mannen en vrouwen, verhouding tussen ouders en kinderen, religieuze voorschriften, en de mogelijke implicaties daarvan voor de hulpverlening. Meer daarover valt bijvoorbeeld te lezen in *Van alles wat meenemen, diversiteit in opvoedingsstijlen in Nederland* (Van Keulen & Van Beurden, 2006) en *Rituelen en gewoonten, Geboorte, ziekte en dood in de multiculturele samenleving* (Van Endt-Meijling, 2006).

Er zijn echter ook meer algemene aandachtspunten die op migranten uit de meeste culturen van toepassing zijn. Zo maken alle migranten een zoektocht naar hoe ze om willen gaan met de vele verschillen die zij ervaren tussen de normen, waarden en leefstijl vanuit hun achtergrond en die van de Nederlandse samenleving. Zij zijn op zoek naar zichzelf, naar hoe om te gaan met deze verschillen. Volgens Yildiz (2007) ervaren migranten in het begin veel wantrouwen, onrechtvaardigheid en deloyaliteit in hun relaties en in de confrontatie met de wereld van de autochtonen. Tevens hebben zij allemaal te maken met verlieservaringen. Over dit soort overeenkomsten gaat de rest van deze paragraaf.

3.3.1 Invloed van het geloof

Het geloof van het merendeel van de migranten uit Turkije, Marokko, Egypte, Tunesië, Somalië, Suriname en India is de islam of het hindoeïsme. Het geloof kan een diepgaande invloed hebben op deze nieuwe Nederlanders. Veel normen, waarden en gebruiken hangen namelijk nauw samen met hun geloof. Het geloof vormt voor veel van deze migranten een richtsnoer voor beslissingen en handelingen in hun dagelijks leven. Ook als men zegt 'er niet zoveel aan te doen' is de invloed van het geloof vanuit hun socialisatie altijd aanwezig. De rol en betekenis van het geloof zijn voor iedereen echter verschillend. Wat voor de een bijvoorbeeld een krachtbron is, kan voor de ander belemmerend zijn.

3.3.2 Invloed van de gemeenschap

De gemeenschap is een moeilijk te omschrijven begrip. In migrantenstudies duikt dit woord altijd weer op in de betekenis van de 'eigen culturele context', die zich onderscheidt van de samenleving als geheel. De gemeenschap bestaat niet alleen uit grootouders, ouders, ooms, tantes, broers, zussen en aanverwanten. Er zijn ook andere, nieuwe sociale verbanden die mensen en gezinnen onder de noemer van 'gemeenschap' in Nederland binden. Een gemeenschap kan in de praktijk een diverse verzameling mensen zijn, bestaande uit verschillende generaties, verschillende groepen, en gezinnen met grote verschillen in hun migratiegeschiedenissen.

'In vele migrantengezinnen is de stem van "de gemeenschap" altijd aanwezig. Het is een belangrijke stem. Een gezin, hoe geïsoleerd en afgesloten ook van de samenleving, leeft nooit in een sociaal vacuüm. Het is ingebed in een bredere sociale context. Verhoudingen binnen het gezin, bijvoorbeeld die tussen verschillende generaties, weerspiegelen op persoonlijk niveau de sociale gezags-, machts- en afhankelijkheidsverhoudingen van de sociale context buiten. De regels in het gezin weerspiegelen waarden en normen die in bredere kring gedragen worden. "De gemeenschap" heeft verwachtingen van een gezin, stelt er haar eisen aan en controleert. (...) Ouders verwijzen maar al te graag naar hun gemeenschap, wanneer het gaat om de dreiging van roddel en gezichtverlies' (Krikke e.a., 2000, blz. 73-74).
De familie en mensen uit de gemeenschap kunnen voor iemand zowel ondersteunend zijn, en daarmee een bron van kracht vormen, als belemmerend zijn in de weg die hij wil volgen.

3.3.3 De zoektocht naar omgaan met verschillen

De ervaring leert dat migranten die een groot verschil ervaren tussen de cultuur van hun land van herkomst en die van de Nederlandse samenleving, zich voortdurend vragen stellen als: wat wordt hier van mij gevraagd? Hoe moet ik mij hier gedragen en wat wil ik zelf? Hoor ik hier wel bij? Zij zoeken naar hoe ze trouw kunnen blijven aan zichzelf, hun eigen traditie en gewoonten en daarbij ook kunnen participeren en geaccepteerd worden in de Nederlandse samenleving.
Choho (2006) merkte deze overeenkomst op tussen alle moslims die zij ontmoette, interviewde of coachte. In het beeld dat zij schetst over de ervaringen van moslims, kunnen waarschijnlijk veel migranten zich herkennen. Zij schrijft dat deze mensen voortdurend schipperen tussen vier verschillende ideeënwerelden.

- Wereld 1: de ideeën van niet-moslims over het leven, bijvoorbeeld opleiding, werk, geld, huwelijk, uitgaan, partnerkeuze, keuzevrijheid, vriendschap, geloof, omgangsvormen, familie en seksualiteit.
- Wereld 2: de ideeën van hun ouders over het leven.
- Wereld 3: de collectieve opinie van moederlandse (familie)gemeenschappen over het leven.
- Wereld 4: de eigen ideeën over het leven: eigen dromen, wensen en behoeften omtrent opleiding, werk, geld, huwelijk of uitgaan.

De vierde wereld, de wereld van de eigen ideeën, komt bij veel migranten op de laatste plaats, omdat ze vanuit hun oorspronkelijke culturele achtergrond *andere mensen en hun mening* belangrijker vinden. De eigen behoeften worden vaak – stiekem en vol schuld en schaamte – ergens in het leven gepropt. Dit zorgt voor veel pijn en problemen (Choho, blz. 11-12).

3.3.4 De zoektocht naar zichzelf

De grootste opdracht voor veel migranten is het verschil ontdekken tussen wat zij zelf willen en wat de familie van hen verwacht. Zij voelen zich niet gelukkig en weten daar geen raad mee. Deze onvrede kan zich uiten in moeheid en lichamelijke klachten. Hiermee komen zij uiteindelijk bij de huisarts. Die verwijst hen vervolgens naar bijvoorbeeld het maatschappelijk werk. Want hoe komt het dat ze zo moe zijn? Hoe komt het dat zij zich niet gelukkig voelen? Waar komen hun lichamelijke klachten vandaan?

Van jou als hulpverlener vraagt het innerlijk ruimte maken, vrij zijn, respect en invoelingsvermogen om te accepteren waar de cliënt mee komt. Hoe vreemd zijn verhaal je ook voorkomt. Maar jouw acceptatie is cruciaal, omdat die een eerste stap is naar eigen acceptatie door de cliënt. Mogen zij er zijn met alles wat zij hebben, zonder oordeel van de hulpverlener? Het kan voor cliënten een pijnlijk proces zijn om te ontdekken dat zij jarenlang vooral ouders en anderen een plezier hebben gedaan en daarbij nooit tijd gehad hebben voor zichzelf, omdat ze dachten dat het zo moest. 'Migranten hebben subtiel in de opvoeding meegekregen om altijd te geven. Je krijgt het terug van God', vertelde een allochtone maatschappelijk werker. Zij herkende dit ook bij zichzelf.

Zelfonderzoek is voor migranten een belangrijke stap in hun zoektocht. Jij kunt een cliënt daarbij helpen door samen gevoelens en gebeurtenissen op een rij te zetten en te duiden. Daarbij moet de cliënt focussen op wie hij zelf is. Hoe denkt hij er zelf over? Wat voelt hij? Waarom denkt hij zoals hij denkt, voelt hij zoals hij voelt, zegt hij wat hij zegt en doet hij wat hij doet? Wat is hierop de invloed van het geloof, het gezin van herkomst, de cultuur?
Als de cliënt meer inzicht in zichzelf heeft gekregen, kun je een overstap maken naar de toekomst. Wat is zijn verlangen? Hoe zou hij zijn situatie graag willen? Je kunt hem hierbij helpen door te vragen of hij zich voor kan stellen dat er een wonder gebeurt en dat dan alles precies zo is als hij graag wil. Hoe ziet dat eruit? Wat is er dan anders? Wat doet hij anders? Wat doet zijn familie anders? Met deze vraag kan hij er rustig op los fantaseren, het brengt hem buiten begaande paden. Het kan zijn dat hij iets anders wil dan zijn familie, waarbij hij het risico loopt de steun van de familie te verspelen. Dat is een bijna ondraaglijk verlies. Daarom is veranderen vaak moeilijk. Wanneer de stap te groot is, kan de cliënt zich verschuilen achter geloof en traditie, zodat hij zelf geen verantwoordelijkheid hoeft te nemen, en niet hoeft te veranderen. Maar daarmee verwacht hij oplossingen van buitenaf. En die zullen nooit komen, want iemand kan alleen zelf zichzelf veranderen.

Is het doel eenmaal duidelijk, dan kan de cliënt samen met jou naar de juiste strategie zoeken om dat doel te bereiken. En dat kan moeilijk zijn. Choho (2006) schrijft: 'De meesten van ons leven in een gesloten familie en gemeenschap waarin iedereen elkaar voortdurend controleert. Daarnaast leven we in een westerse maatschappij die vaak overkomt als achterdochtige, bevooroordeelde politieman. Afwijken van de norm wordt zowel in de familie als in de maatschappij afgekeurd en afgestraft. Als je op jezelf focust valt deze druk van je af. Beetje bij beetje. Je doet niets *tegen* iemand of iets. Je doet iets *voor* jezelf. Jouw voorbeeld zal – alleen al door jouw aanwezigheid – een inspiratie zijn voor velen.'

Als iemand zich aan de druk van de familie kan onttrekken, zichzelf kan ontwikkelen en toch contact weet te houden met zijn familie, kan hem dat sterker uit de 'strijd' naar voren laten komen. Dan is de oorspronkelijke belemmering een kracht geworden bij het volgen van een eigen weg. Volgens Van den Eerenbeemt (2008) kun je nooit echt helemaal loskomen van je ouders. En dat is volgens haar ook helemaal niet nodig, zolang je maar zicht en greep hebt op die verbondenheid en je niet laat verstikken door ondergrondse kabels, maar deze zelf kunt aanhalen dan wel laten vieren, dus als je er zelf actief vorm aan geeft.

3.3.5 Verlieservaringen

Migranten, zeker van de eerste generatie, kennen allemaal de verlieservaringen die bij migratie een rol spelen, 'zoals verlies van dierbare personen en plaatsen: wat verdriet en heimwee met zich mee kan brengen. Migratie is niet een eenmalige breuk, maar is een ervaring die op ieder gebied van het leven en in iedere nieuwe levensfase terugkomt. Men verliest veel. Migreren is dan ook een steeds wederkerend rouwen' (Pannekeet, 1991, blz. 177).

Als migranten een uitgebreide familie of groep hadden in hun land van herkomst, waarvan zij steun ontvingen, kunnen zij eenmaal in Nederland structuur en houvast missen. Voor niet-westerse migranten kan er ook sprake zijn van het verlies van een vaste rol. En als verschillende mensen tegenstrijdige verwachtingen hebben van een bepaalde rol, speelt verlies van respect en eer mee. De gemeenschap kan bijvoorbeeld verwachten dat een man zijn kinderen strak houdt, terwijl zijn kinderen juist meer vrijheid willen, dan ontstaat er een rolconflict voor deze man. Of de kinderen krijgen meer macht ten opzichte van de ouders, doordat ze de Nederlandse taal beheersen. Daarmee staat respect voor het gezinshoofd op het spel. Ook het verlies van traditionele waarden en normen kan spanning en onduidelijkheid geven. Door de migratie kan de traditionele gemeenschap wegvallen, waardoor men in gezinnen meer op elkaar is aangewezen en de man en vrouw meer een gelijke positie innemen. Er moeten nieuwe regels gecreëerd worden; de seksen kunnen niet gescheiden worden in aparte leefgroepen. Het eist veel inzet van migranten om hier een nieuw evenwicht in te vinden (Beukers-Baaijens, 2001, blz. 17 en 18).

Volgens Yildiz (2007) hebben de gevolgen van migratie een grotere invloed op het dagelijks leven van de jongeren en kinderen dan men zou denken. Jongeren met problemen hebben meestal uitgeputte ouders. Zij voelen sterk mee met wat hun ouders beleven. Sowieso zijn er pijnen die van de ene generatie op de andere overgaan, maar bij migratie zijn dat er meer door extra stressfactoren, zoals het gevoel van afhankelijkheid, de ervaring met discriminatie en racisme, en het verlies van de familie en de vertrouwde omgeving in het herkomstland. Dit proces, erfenis van de migratie, gaat minstens drie generaties mee. Daarom is het welzijn van de ouders zo belangrijk voor het welzijn van de kinderen.

3.3.6   Oudere migranten

Aan de eerstegeneratiemigranten is nooit gevraagd om in te burgeren. Men ging ervan uit dat deze groep na verloop van tijd weer terug zou keren naar het land van herkomst. Nu zijn zij hier blijven wonen, vaak vanwege kinderen en kleinkinderen. Voor deze migranten is het niet altijd even gemakkelijk om in Nederland oud te worden. 'Ze zijn uit hun geboorteland vertrokken om er beter van te worden, een nieuwe toekomst en een nieuwe uitdaging te vinden. Het vaderland dat zij verlieten bestaat niet meer, alleen nog in hun herinnering. (...) Het gastland waar zij zijn aangekomen bestaat ook nog niet, omdat zij de sociale codes van de nieuwe samenleving nog niet hebben verinnerlijkt' (Lamdaoir, 2005, blz. 13).

Oudere migranten hebben vanuit hun achtergrond grote verwachtingen van hun kinderen als het over mantelzorg gaat. De tweedegeneratiemigranten staan echter anders in het leven dan hun ouders. Zij worden veel meer dan hun ouders beïnvloed door de eisen die de wereld om hen heen stelt. Zij leven in een migrantencultuur, waarin normen, waarden en traditties uit het herkomstland vermengd zijn met die van de Nederlandse samenleving. Zij proberen hun leven zo goed mogelijk vorm te geven en proberen steeds nieuwe oplossingen te vinden voor de situaties die zij tegenkomen. Ze wonen vaak niet bij hun ouders in de buurt, beide partners hebben vaak een baan. Daarom kan het bijna niet anders of de tweede generatie moet haar ouders teleurstellen. Door de eisen en gewoonten van de Nederlandse samenleving kunnen zij niet meer volledig beantwoorden aan bijvoorbeeld de hooggespannen verwachtingen van hun ouders over mantelzorg.

De oudere migranten hadden het zich anders voorgesteld. Zij vragen zich soms af wat de zin van hun leven nog is. De rol die ouderen in hun land van herkomst hebben, bijvoorbeeld wijze mensen bij wie men om raad komt, natuurlijk gezag, die hebben zij hier niet. Ook is de omgang met en zorg voor de kleinkinderen hier minder vanzelfsprekend. Soms ontstaat er onenigheid tussen man en vrouw over terugkeren naar het geboorteland. De Nederlandse taal die ze op latere leeftijd geleerd hebben, gaat bij het ouder worden meer moeite kosten: 'De ouderen die hier wonen spreken ook Nederlands. Maar als je oud bent, vergeetachtig wordt, pijn hebt of moe bent, vergeet je het Nederlands soms en dan praat je vanzelf weer in je moedertaal', zegt Roberta, werkzaam in Zorgcentrum Rosendael (Wolf, 2009). Net zoals ouderen gebeurtenissen uit hun leven vergeten, verdwijnt ook de tweede taal. De wereld van alle ouderen wordt kleiner, maar zeker die van migrantenouderen.

3.4 Attitude van de hulpverlener

Bij interculturele hulpverlening moet je naast je basishouding ook over enige cultuursensitiviteit beschikken. Je moet interesse hebben in de culturele achtergrond van de cliënt, in zijn perspectieven en behoeften, onderzoeken of wat jij begrijpt, klopt met wat hij probeert te communiceren, dezelfde 'boodschap' op verschillende manieren kunnen brengen, je in kunnen leven in zijn gevoelens, gedachten en gedragingen, en eigen vanzelfsprekendheden ter discussie kunnen stellen. Hiervoor moet je kennis hebben van andere culturen, zicht hebben op verschillende communicatiestijlen en leren inzien wat de culturele overeenkomsten tussen jou en de cliënt zijn, zonder daarmee de verschillen uit het oog te verliezen. Het zien van de overeenkomsten verkleint namelijk de culturele afstand en vergroot de zekerheid in de communicatie.

Deze paragraaf beschrijft attitudes voor het werken met cliënten met een andere etnisch-culturele achtergrond dan jij zelf hebt. Ze vormen een aanvulling op de zes houdingsaspecten die in paragraaf 2.4 werden besproken.

3.4.1 Elk mens is uniek

Geen twee mensen zijn hetzelfde. Want om welke cultuur het ook gaat, normen, waarden en gebruiken worden niet door elk lid van een gemeenschap in gelijke mate gedeeld en geïnternaliseerd. Tevens neemt elk individu uit alle sociale systemen waarin hij verkeert, verworvenheden mee. Mensen beïnvloeden elkaar voortdurend wanneer zij met elkaar in interactie zijn.

De uniciteit van elke cliënt is het uitgangspunt in de hulpverlening en vraagt van jou een volledig open, onbevooroordeelde houding. Als je weinig weet van de etnisch-culturele achtergrond van een cliënt, kun je dat ook als een voordeel zien – zolang je maar onbevooroordeeld blijft. Je hebt dan namelijk veel te vragen, en dat geeft de cliënt de mogelijkheid het unieke verhaal van zijn leven te vertellen. Zo krijg je niet alleen inzicht in de persoonlijke culturele achtergrond van de cliënt, maar ook een idee in hoeverre cultuur een rol speelt in het probleem. Dit hoeft namelijk geenszins het geval te zijn! Mensen hebben immers meerdere identiteiten die allemaal van invloed zijn op hun leven. Het kan bijvoorbeeld ook belangrijk zijn hoe de cliënt is opgevoed, of hij onderwijs heeft genoten, hoe zijn omgeving eruitziet, wat zijn huidige rol is en wat hij wil bereiken.

3.4.2 Oog voor verschillende referentiekaders

Als jouw referentiekader niet overeenkomt met dat van de cliënt, bestaat het gevaar dat er misverstanden ontstaan. De inhoud komt misschien niet over zoals je had bedoeld, of je interpreteert zelf de reactie van een cliënt verkeerd. Volgens Lamdaoir (2005, blz. 11) moet je om wederzijds onbegrip te vermijden, je verplaatsen in de waarden en normen van de ander. Dat kan moeilijk zijn, omdat je daarvoor je eigen waarden en normen moet loslaten en daarmee ook de veiligheid, geborgenheid en zekerheid die ze geven. Bovendien komt daardoor je identiteit in een ander daglicht te staan.

Ook moet je veel kennis hebben over de verschillende etnische culturen en helpt het als je zowel professioneel als persoonlijk veel te maken hebt met culturele verschillen. Hoe meer ervaring je met verschillende culturen hebt, hoe beter je weet wat zich daarbinnen af kan spelen. Daarmee wordt de afstand tot de cliënt kleiner en ben je meer vertrouwd met zijn referentiekader. Daardoor neemt ook de verlegenheid af om vragen te stellen. Bij interculturele hulpverlening gaat het daarom allereerst over de opstelling van de hulpverlener. In hoeverre kun jij de verschillen overbruggen?

Autochtone hulpverlener, allochtone cliënt

Ben je een autochtone hulpverlener, dan moet je je in de culturele achtergrond van niet-westerse cliënten verdiepen, zodat je hun referentiekader kunt begrijpen. Het gaat dan om de normen en waarden met betrekking tot familierelaties, de verhouding tussen mannen en vrouwen, de verhouding tussen ouders en kinderen, gebruiken, rituelen en religieuze voorschriften. Volgens Shadid (2007, blz. 284) is dergelijke kennis zelfs essentieel om het gedrag van sommige cliënten te begrijpen, dat dikwijls ten onrechte als gebrek aan samenwerking of als wantrouwen wordt geïnterpreteerd. Ook moet je, als je zelf nooit met migratie te maken hebt gehad, je verdiepen in de betekenis daarvan (zie ook paragraaf 3.3). 'De allochtone cliënt is bijvoorbeeld een wereldreiziger, kind van twee of meer werelden, terwijl de hulpverlener mogelijk enkelvoudig geworteld is in Nederland. De allochtone cliënt beleeft de status van migrant, heeft waarschijnlijk ervaring met vooroordelen en racisme en daartoe (on)bewust een set afweermechanismen ontwikkeld. De allochtone cliënt heeft misschien een ander religieus besef dan de hulpverlener, andere familieomstandigheden en andere leefgewoonten. Zijn onbekendheid met het Nederlandse zorg- en hulpverleningssysteem, zijn specifieke ziekteervaringen en omgaan met problemen zullen zijn kijk op het hulpverleningsgesprek kleuren' (Graaf, 1995).

Allochtone hulpverlener, autochtone cliënt

Heb je een niet-Nederlandse achtergrond, dan moet je in je werk met autochtone cliënten rekening houden met het beeld dat zij van jou kunnen hebben. Bedenk dat de autochtone cliënt in Nederland is geboren en opgegroeid, en de culturele achtergrond van de grootste groep inwoners van Nederland heeft. Hij heeft zich, om zijn bestaan vorm te geven, niet hoeven verdiepen in andere etnische culturen. Hij heeft zich bewust of onbewust een beeld gevormd van de 'nieuwe' Nederlanders, door persoonlijke ervaringen en de media. Hierin zitten mogelijk vooroordelen en stereotyperingen. Dit beeld kan in een gesprek met jou van invloed zijn.

Allochtone hulpverlener, allochtone cliënt

De allochtone cliënt voelt zich over het algemeen snel op zijn gemak bij een allochtone hulpverlener met dezelfde etnisch-culturele achtergrond. Het brengt een 'ons kent ons'-gevoel met zich mee. De cliënt gaat ervan uit dat de hulpverlener alles weet en plaatst hem op een voetstuk. Hij spreekt hem aan als een familielid en koppelt daar vervolgens een bijpassend verwachtingspatroon aan; de hulpverlener wordt voor van alles ingeschakeld. In zo'n situatie kan het moeilijk zijn om duidelijk de grenzen aan te geven.

Een allochtone cliënt kan zich daarentegen ook beperkt voelen in het contact met een hulpverlener met dezelfde etnisch-culturele achtergrond. Dit in verband met angst voor roddelen en schaamte.

3.4.3 De niet-wetende houding

De niet-wetende houding (het tweede houdingsaspect in paragraaf 2.4) geeft ook binnen interculturele hulpverlening veel ruimte aan de cliënt. Misschien valt het je moeilijk om bij cliënten met een achtergrond waar je nog niet zo mee vertrouwd bent, door te vragen. Het is echter belangrijk dat je een eventuele verlegenheid om vragen te stellen overwint. Als je dat niet doet, houdt dat de afstand en vaak ook het onbegrip tussen jou en de cliënt in stand. Durf je nieuwsgierig te zijn en open vragen te stellen over de leef- en belevingswereld van de cliënt? Durf je jouw eigen beelden en aannames ter sprake te brengen? Kun je omgaan met andere waarden en normen?

Vragen stellen hoort bij de niet-wetende houding. Bij de hulpverlening aan cliënten met een niet-westerse achtergrond zijn daarbij de volgende aandachtspunten relevant.

- Ben je gewend om op een directe wijze open vragen te stellen, recht op je doel af, dan zul je je vragen moeten nuanceren. Je hebt dan namelijk een te expliciete stijl van communiceren. Van Keulen (2006, blz. 19) schrijft: 'Impliciet taalgebruik – waarbij men het niet fatsoenlijk vindt om zaken expliciet en direct te benoemen – is een gewoonte in veel culturen. Het is eigenlijk opmerkelijk dat Nederlanders zo'n behoefte hebben aan het expliciteren van hun bedoelingen.' Allochtonen zeggen veel impliciet en worden daarom vaak niet begrepen.

- Als je een verhaal of een voorbeeld om de vraag heen vertelt, wordt deze niet als bedreigend ervaren.
- Uitleggen waarom je een vraag stelt, helpt de cliënt.
- Door voorbeelden uit je eigen praktijk te geven, kun je de cliënt over een drempel heen helpen. Je laat daarmee zien 'dat hij niet gek is'.
- Onderzoek hoe belangrijk het gezin en de familie voor de cliënt zijn. Voor veel cliënten met een niet-westerse achtergrond speelt de familie een belangrijke rol. De familie kan dan wezenlijk invloed hebben op het proces van empowerment van de cliënt.
- Onderzoek in welke mate de omgeving een stempel drukt op de cliënt en zijn gedrag. In niet-westerse culturen kan deze stempel groter zijn dan in westerse culturen. Dit is een relevant onderwerp om bij empowerment aandacht aan te besteden.
- Vraag aan de cliënt wat voor hem belangrijk is, zodat hij niet overvallen wordt door uitspraken van jou die gestoeld zijn op eerdere ervaringen met cliënten die in jouw ogen uit dezelfde doelgroep kwamen. Een ondoordachte uitspraak kan maken dat allochtonen zich niet echt gezien voelen. 'Aan mij werd door de hulpverlener gevraagd of ik iets wilde drinken of dat ik aan de ramadan meedeed. Ik ben echter geen moslima. Ik vond dit heel vervelend en had moeite om hem te vertrouwen,' vertelde een Hindoestaanse cliënte.
- Ga niet uit van allochtonen met een lage sociaaleconomische status (SES) en achterstand. Daar doe je (hoog)opgeleide mensen mee tekort. Zo werd een vrouw, universitair opgeleid en moeder van drie kinderen, ooit in een welzijnsinstelling gevraagd of zij stagiaire was. Bij empowerment gaat het om een open, onbevooroordeelde houding.
- Besteed aandacht aan de migratiegeschiedenis: wat hebben deze specifieke mensen moeten doen om hier te komen? Wat is hun kracht daarin geweest? Welke vaardigheden en kennis hebben zij daarbij ingezet? Wat hebben ze verloren?
- De rolverhoudingen in een niet-westers gezin kunnen anders zijn dan in een westers gezin. Sommige kinderen ervaren bijvoorbeeld angst en groot ontzag voor hun ouders. Soms is de oudste zoon degene die de plaats van de vader inneemt. Je kunt waar nodig vragen wie belangrijk is in het gezin. Wie heeft het voor het zeggen? Wie beheert het geld? Hoe zit het met straffen en belonen? Wie doet wat? Hoeveel vrijheid krijgt de cliënt om zijn eigen gang te gaan? Vaak zijn er verschillen tussen de vrijheid van mannen en die van vrouwen, en tussen de vrijheid van jongens en die van meisjes. Deze verhoudingen kunnen een rol spelen bij het oplossen van problemen. Wie heeft er een invloedrijke positie in het gezin of de familie? In hoeverre kan die persoon een rol spelen in het verwezenlijken van de doelen van de cliënt (zie paragraaf 5.3)?

- In de westerse culturen is men meer gewend om te praten over gevoelens en problemen dan in niet-westerse culturen. De ervaring is dat veel migranten niet geleerd hebben om daarover te praten en er ook geen woorden voor hebben. Vooral de ouderen somatiseren hun problemen. Zij vertalen hun problemen vaak in lichamelijke klachten. Begin daarom bij deze cliënten te vragen naar hun lichamelijke klachten; dan voelen zij zich serieus genomen.

3.4.4   Flexibel omgaan met de taalbarrière

Naast de wijze waarop je vragen stelt, kan ook de taal zelf een knelpunt zijn. Daarom hier enkele aandachtspunten.

- Probeer de cliënt te motiveren om iemand mee te nemen die de taal wel machtig is.
- Ga ervan uit dat 'ja' niet altijd gelijkstaat aan het 'ja' in de Nederlandse cultuur. In de Nederlandse cultuur betekent 'ja' instemmen, het ermee eens zijn, de boodschap begrijpen. In veel andere culturen zegt men 'ja' uit beleefdheid, omdat de ander tegenspreken ongepast is. Daarom is het zo belangrijk om open vragen te stellen. Vraag ook aan de cliënt om in eigen woorden na te vertellen wat je hebt proberen over te brengen.
- Om het gesprek te voeren met een cliënt die slechts beperkt Nederlands spreekt, moet je goed kunnen luisteren en veel geduld hebben. Een cliënt voelt zich in zo'n situatie vaak onzeker. Ook is het voor hem vaak moeilijk om in een vreemde taal zijn gedachten en gevoelens te verwoorden. Hij heeft bijvoorbeeld meer tijd nodig om op de juiste Nederlandse woorden te komen. Bied de cliënt de ruimte om te oefenen; vul niet in.
- Gebruik geen vakjargon of andere woorden die voor de cliënt moeilijk kunnen zijn.
- De woorden 'misschien' en 'zeker' kunnen verwarring zaaien. 'Misschien' is voor allochtonen soms een beleefde manier om 'nee' te zeggen en 'zeker' om 'misschien' te zeggen.
- Gebruik geen spreekwoorden, beeldspraak en gezegden. Deze kunnen tot verwarring leiden, omdat allochtonen ze vaak niet kennen.
- Gebruik korte, duidelijke zinnen, met niet te veel bijzinnen. Maar blijf bovenal gewoon goed Nederlands praten.

Voor meer informatie over de verschillende culturen en gebruiken: *Zakboekje communicatie hulpverlening allochtonen*, NIGZ, Woerden, 2008.

Daar waar taal tekortschiet, zijn er nog andere mogelijkheden om de afstand te overbruggen, zoals tekenen en een dagboek bijhouden.

Tekenen

In de vrouwenopvang begeleidde ik een Nederlands-Turkse vrouw. Zij kon heel moeilijk praten over wat haar overkomen was. In een groepsbijeenkomst zag ik haar tekenen. Ik heb haar gevraagd of zij wilde tekenen wat ze had meegemaakt. Dit heeft zij gedaan in de vorm van een stripverhaal. Met de tekeningen in de hand kon zij weer contact maken met wat er gebeurd was en daar woorden aan geven. Voor haar was tekenen een ontsluitende vorm, waardoor zij kon vertellen en ontladen. Zo konden we ook praten over haar kracht en inzet in die situaties.

Dagboek

Schrijft een cliënt positieve ervaringen en teleurstellingen op in een dagboek (zie paragraaf 2.4.4), dan kan hij dat natuurlijk in de taal doen waarin hij zich het meest thuis voelt. Is hij analfabeet, dan kun je samen met hem symbolen zoeken om te tekenen (bijvoorbeeld zon en regen, een lachend gezichtje en een treurig gezichtje, de cijfers 1 tot en met 5). Zo kan hij toch voor zichzelf bijhouden hoe het met hem gaat. Daarbij kun je een dagindeling maken (ochtend, middag en avond) waarin hij het symbool tekent. Hij kan ook de gebeurtenis tekenen en daar het positieve of negatieve symbool achter zetten. De vorm is geheel afhankelijk van de creativiteit van de cliënt.

3.4.5 Aandacht voor loyaliteiten in de familie

Hoe geeft een cliënt meer ruimte aan wat hij zelf graag wil, maar behoudt hij toch een goede relatie met zijn familie? Meer nog dan voor een autochtone cliënt kan voor een allochtone cliënt de loyaliteit met de familie en de hiërarchie daarbinnen een belangrijke rol spelen. Onderzoek daarom met de cliënt welke vragen, tegenstand of andere problemen hij verwacht als hij zijn doel wil bereiken. De volgende vragen kunnen je helpen de verhoudingen binnen de familie helder te krijgen. 'Hoe denk je dat je oudste broer naar je situatie kijkt? Denk je dat hij het eens is met jouw partnerkeuze? Hoe zou je moeder willen dat jouw leven er nu uitziet? Hoe denk je dat je vader het vindt dat je niet meer thuiskomt? Zou je zusje hetzelfde besluit kunnen nemen als jij?' Door deze vragen gaat de cliënt als het ware op de stoel van de familieleden zitten. Vraag de cliënt of hij vanuit hun gezichtspunt kan begrijpen dat zij denken wat ze denken en doen wat ze doen. Hij krijgt hiermee zicht op de betekenis van wat hij wil in relatie tot zijn familie. Als hij dat kan begrijpen, kan hij vervolgens in plaats van strijd te leveren in overleg met jou een strategie bedenken die meer aansluit bij de verhoudingen in zijn familie. Hij kan immers alleen zichzelf veranderen en niet zijn familie.

De volgende stap is hoe de cliënt met zijn familie in gesprek gaat. Hoe vertelt hij dat hij verliefd is op een Nederlands meisje? Hij kan bijvoorbeeld ter sprake brengen dat een kennis van hem verliefd is op een Nederlands meisje en zo de reacties polsen en hierover in gesprek gaan. Vervolgens zou hij op een meer impliciete manier zijn eigen situatie kunnen aankaarten.
Je kunt ook met de cliënt onderzoeken welk familielid hem begrijpt, een rol van betekenis speelt en hem zo kan ondersteunen in zijn situatie.

Een derde benadering is op zoek gaan naar voorbeelden in de eigen familie. Stel dat een vrouw iets anders wil dan in haar familie geaccepteerd is, zoals buitenshuis werken of op kamers gaan wonen. Je kunt dan met haar zoeken naar vergelijkbare voorbeelden uit haar eigen familie. Zijn er vrouwen in haar familie die eerder een keuze hebben gemaakt die niet in de traditie paste? Je kunt vervolgens vragen stellen zoals: 'Hoe kijkt jouw familie tegen die keuze aan? Hoe gaan ze nu met die persoon om? Wat heb je erover gehoord? Wat is haar positie nu in de familie? Hoe kijk jij tegen die keuze aan? Waar zou jij je aan op kunnen trekken? Met wie kun jij je identificeren? Op welke wijze kun je haar voorbeeld gebruiken in het gesprek met je ouders?'

Ten slotte kun je vragen naar wat de cliënt nu al anders doet dan zijn ouders. Goede kans dat hij daarin prima strategieën heeft ontwikkeld. 'Heb je zelf al eens iets afwijkends gedaan? Wat was dat? Hoe vond je dat van jezelf? Wat heeft het je gebracht? Zou je het zo weer doen? Welke mogelijkheden kun je hiervan gebruiken om jouw doel te bereiken?'

3.4.6   Aandacht voor inburgering

Bij empowerment gaat het ook om inburgeren. Door in te burgeren kan iemand namelijk goed en volwaardig 'meedoen' in de samenleving. Schenk daarom aandacht aan de basale en praktische vaardigheden die de cliënt nodig heeft om goed op persoonlijk, sociaal en maatschappelijk vlak te kunnen functioneren.

De Nederlandse taal leren maakt mensen al zoveel zelfredzamer en geeft hen zoveel meer eigenwaarde en zelfvertrouwen. Een groot aantal allochtone vrouwen is in het land van herkomst niet of nauwelijks in de gelegenheid geweest om onderwijs te volgen. Het volgen van taallessen is voor hen een grote stap. Veel vrouwen hebben er bijvoorbeeld geen idee van hoe ze het overzicht over alle post kunnen bewaren. Brieven van de sociale dienst, de woningbouwcorporatie en het energiebedrijf worden gearchiveerd in de enveloppen waarin ze kwamen, en verdwijnen vervolgens in een plastic tas. Door praktisch oefenen kunnen zij onder andere leren hoe zij hun persoonlijke administratie ordelijk kunnen bijhouden.

Onderzoek met de cliënt wat hij moeilijk vindt in het alledaagse leven. En ondersteun hem daarbij.

3.4.7   Aandacht voor ambities

Anderzijds zijn er ook (hoog)opgeleide migranten. Onderzoek de ambities van de cliënt en ondersteun hem om die te verwezenlijken. Welke opleiding heeft hij gehad? Welke banen? Wat was zijn functie voordat hij naar Nederland kwam? Welke ervaringen brengt hij mee? Wat voor werk wil hij graag doen? Wat heeft hij daarvoor nodig?

Uit onderzoek van E-quality, een kenniscentrum op het gebied van emancipatie, blijkt bijvoorbeeld dat de huwelijksmigrant niet wil moederen, maar werken. Het onderzoek noemt drie misvattingen van politici en beleidsma-kers waardoor deze vrouwen het moederschap worden ingeduwd. 'De eer-ste misvatting is: huwelijksmigranten zijn overwegend laagopgeleide Turkse en Marokkaanse vrouwen die bovendien ook nog onder dwang naar Neder-land zijn gehaald. De tweede misvatting: huwelijksmigranten trouwen vooral met allochtonen. En de derde misvatting: huwelijksmigranten zijn niet uit op betaald werk maar op een rol als huismoeder en huisvrouw' (Vos, 2009; zie krantenartikel op de volgende bladzijde: 'Huwelijksmigrant wil niet moede-ren, maar werken'). Deze misvattingen kunnen ook in de hulpverlening aan-wezig zijn. Bij werken vanuit empowerment is het dus zaak om hier alert op te zijn.

3.4.8   Bewust worden van onbewuste processen

De ervaring leert dat hulpverleners soms van zichzelf uitgaan bij het bepalen wat belangrijk is en wat er gedaan moet worden voor en door de cliënt. Dit is namelijk een onbewust proces van interpreteren, kijken, beleven en ook pro-jecteren. Diversiteit valt hen pas op als er expliciet op wordt gewezen of als zij merken dat hun 'gewone' gedrag op onbegrip stuit bij de cliënt.

Om beter om te gaan met verschillen is het belangrijk dat je je eigen functio-neren (denken, voelen en handelen) niet alleen herkent, maar ook kritisch be-kijkt: waar zitten jouw krachten en spanningen in het contact met iemand uit een andere cultuur? Daarvoor moet je je bewust worden van je eigen normen en waarden, en blinde vlekken opsporen met betrekking tot eigen oordelen en vooroordelen. Wat jij vanzelfsprekend vindt, hoeft dat voor anderen niet te zijn. Reflecteer met collega's op verinnerlijkte normen en waarden, beel-den en ervaringen. Het gaat erom dat je een duidelijk beeld krijgt van je eigen cultuur, eigen normen en waarden en de achtergrond (socialisatiefactoren) hiervan. Denk ook na over je eigen deelidentiteiten en hoe je die vormgeeft, bijvoorbeeld je identiteit als hulpverlener. Zijn er eerdere negatieve ervarin-gen met cliënten die jouw hulpverlening aan anderen beïnvloeden?

De volgende stap is dat je dit reflectieve vermogen je zo goed eigen maakt dat je het ook in kunt zetten tijdens de gesprekken en dat je een beeld en eigen gedachten ter sprake kunt brengen. Vooroordelen en projecties kun je dan zo veel mogelijk opzijzetten, waardoor je nieuwsgierig naar de ander kan blijven luisteren.

Het is een uitdaging om met cliënten met verschillende etnisch-culturele ach-tergronden te werken. Zij zijn anders gesocialiseerd dan jijzelf. Door het stel-len van open vragen, kun je veel leren van de verschillende cliënten. Je doet veel kennis en ervaring op en ontmoet interessante mensen, afkomstig uit een andere wereld. Zo wordt je horizon verbreed. Je leert hoe je mensen uit andere culturen motiveert, begeleidt en activeert. Daarom is het begeleiden van cliënten met verschillende etnisch-culturele achtergronden ook leuk.

Huwelijksmigrant wil niet moederen, maar werken

Amsterdam – De beeldvorming over huwelijksmigranten deugt niet, waardoor de inburgering negatief wordt beïnvloed. Vrouwelijke huwelijksmigranten worden niet gestimuleerd te werken, maar richting het moederschap gemanoeuvreerd. Vrouwen raken hierdoor gedesillusioneerd en dreigen in een langdurige pauzestand thuis te belanden.

Dit stelt E-Quality, een kenniscentrum op het gebied van emancipatie, gezin en diversiteit. In de Factsheet Huwelijksmigratie die deze week werd gepubliceerd, proberen de onderzoekers deze beeldvorming voor beleidsmakers en politici te corrigeren.

De eerste misvatting: huwelijksmigranten zijn overwegend laagopgeleide Turkse en Marokkaanse vrouwen die bovendien ook nog onder dwang naar Nederland worden gehaald. Ze worden ook wel geringschattend 'importbruiden' genoemd. Uit de cijfers blijkt dat de circa 15 duizend huwelijksmigranten die in 2008 naar Nederland kwamen, afkomstig zijn uit 160 landen. Slechts 10 procent is Turks of Marokkaans. Bovendien zijn ze helemaal niet zo laagopgeleid: 75 procent heeft een opleiding hoger dan de basisschool en 38 procent minimaal op mbo-niveau. Van gedwongen huwelijken blijkt nauwelijks sprake te zijn.

Tweede misvatting: huwelijksmigranten trouwen vooral met allochtonen. Een derde van de huwelijksmigranten komt naar Nederland voor een autochtone partner, 51 procent voor een vluchteling of (kennis-)migrant van de eerste generatie en slechts 14 procent voor een in Nederland geboren kind van een migrant of vluchteling.

Derde misvatting: huwelijksmigranten zijn niet uit op betaald werk maar op een rol als moeder en huisvrouw. Van de vrouwelijke huwelijksmigranten vindt slechts 14 procent in het eerste jaar betaald werk, maar uit een Amsterdamse steekproef blijkt dat 67 procent van de huwelijksmigranten onder de 45 jaar wel zou willen werken. Ze lopen echter aan tegen taalproblemen, lange wachtlijsten voor de inburgeringscursus en niet-erkende diploma's. Volgens Sabine Kraus van E-Quality wordt bij de inburgering te weinig gekeken naar de ambities en het opleidingsniveau van huwelijksmigranten. 'Ze krijgen geen werkgerichte trajecten aangeboden maar worden het moederschap ingeduwd.'

Carlijne Vos

Huwelijksmigranten

Landen van herkomst in procent	
Turkije	12,4
Somalië	8,9
India	8,3
Marokko	7,0
Suriname	6,7
Irak	5.9
China	5,4
Brazilië	3,6
Thailand	3,3
Indonesië	2,5
Rusland	2,5
Filippijnen	2,2

240409 © VK – rdvm. Bron: E-Quality Kenniscentrum

De opgedane verbreding kun jij vervolgens weer inzetten in jouw begeleiding van andere cliënten. Dan is de basis van het contact voor elke cliënt, ongeacht zijn etnisch-culturele achtergrond, een ware voedingsbodem, waaruit hij zich kan ontwikkelen. Dan heb jij ongeacht jouw etnisch-culturele achtergrond het gevoel van betekenis te kunnen zijn voor elke cliënt. Jij kunt dan de juiste voorwaarden creëren, waardoor de cliënt zich welkom, begrepen, geaccepteerd en vertrouwd voelt.

3.4.9 Bedacht zijn op misverstanden

Ondanks alle goede bedoelingen, communicatieve vaardigheden en cultuursensitiviteit kunnen er in het ingewikkelde proces van hulp verlenen, waarin zoveel factoren een rol spelen, misverstanden ontstaan. Eigenlijk is het niet meer dan logisch dat er misverstanden ontstaan. Ieder mens is immers uniek, brengt zijn eigen cultuur mee en van daaruit ook zijn eigen betekenisgeving. Je kunt niet weten of en in hoeverre migranten zich de westerse cultuur hebben eigen gemaakt. Dat is een proces van generaties. Tevens heb je als hulpverlener slechts beperkt invloed op het goed overkomen van je bedoelingen en het effect van wat je zegt. Belangrijk is om steeds te onderzoeken welke betekenis de cliënt zelf geeft aan zijn situatie. Daarbij moet je voortdurend stilstaan bij je gevoel of je nog contact hebt. Is dit niet meer het geval, dan breng je dit ter sprake. Om te voorkomen dat de cliënt zich aangesproken voelt, is vragen naar hoe jouw opmerking, vraag of interventie is overgekomen bij de cliënt een voor de cliënt laagdrempelige manier.

3.5 Communityempowerment en etnisch-culturele diversiteit

Uit het onderzoek van het Verwey-Jonker Instituut (zie paragraaf 2.3.2) naar de toepasbaarheid van de ABCD-benadering in Nederland blijkt dat gemeenten moeite hebben met het bereiken van de verschillende doelgroepen. Een groot aantal erkent het probleem dat allochtonen, jongeren, studenten en tweeverdieners ontbreken en dat soms de gestaalde kaders uit het verleden of een kleine inspraakelite nog te veel de dienst uitmaken. Deze gemeenten spreken bijna overal bewoners aan in geformaliseerde verbanden, zoals bewonersorganisaties. De informele sociale infrastructuur in brede zin blijft meestal buiten beeld, evenals de inbreng van individuele bewoners. De buurvrouwen die bij elkaar koffiedrinken, mensen die thuis bridgen, voetballers op het plein, de niet-georganiseerde winkeliers, zij allen hebben hun contacten en een mening over de buurt. Zij vormen volgens de onderzoekers het kleinst mogelijke – bijna onzichtbare – sociale weefsel vanwaaruit beelden en ideeën omhoog kunnen komen en draagvlak kan groeien. De onderzoekers geven onder andere het advies om bewoners een nieuwe wijkkaart te laten maken, waarop ook informele verbanden worden aangegeven.

Het inzetten van de sociaal netwerkmethodiek kan de informele contacten zichtbaar maken en kan vele groepen, ongeacht hun etnisch-culturele achtergrond, bereiken. In paragraaf 4.5 wordt beschreven hoe de sociaal netwerkmethodiek hierbij kan worden ingezet.

3.6 Organisatie-empowerment en etnisch-culturele diversiteit

In paragraaf 2.3.3 is beschreven dat bij organisatie-empowerment een grote rol is weggelegd voor het management. Managers creëren de voorwaarden om zowel zichzelf als de medewerkers te kunnen empoweren. Bij een multicultureel team is bovendien 'intercultureel management' nodig. Daarin wordt de waarde van culturele verscheidenheid erkend – en van het allochtone personeel in het bijzonder – en houdt de organisatiecultuur rekening met de achtergronden en wensen van het personeel.

In onze kleurrijke maatschappij heeft bijna elke organisatie te maken met mensen uit verschillende culturen. De vraag is hoe deze mensen met ieder hun eigen kwaliteiten en mogelijkheden met elkaar samenwerken. Komt eenieder tot zijn recht? Mensen met niet-westerse culturele achtergronden voegen zichzelf vaak als het ware in een team en organisatie in. En daarbinnen zoeken zij, met hun eigen manieren, waarden en normen, een weg. Specifieke kwaliteiten blijven dan onbenut. Het gevolg is dat deze medewerkers zich vaak niet gezien en gewaardeerd voelen, zich buitengesloten voelen of het idee krijgen dat ze niet voor vol worden aangezien. Dit is onbevredigend en zij verlaten de organisatie.

Shadid (2007) omschrijft intercultureel management als het totale pakket aan maatregelen dat de leiding van een organisatie planmatig en structureel toepast om 1. de belemmeringen die culturele minderheidsgroepen in de organisatie ontmoeten te identificeren en het negatieve effect daarvan voor hen en voor de organisatie te minimaliseren en 2. de culturele diversiteit van het personeel op adequate wijze te benaderen. Het gaat er dan vooral om dat iedereen in de organisatie de culturele diversiteit erkent en waardeert. Ook probeert men de acceptatie te bevorderen en interetnische relaties tot stand te brengen.
De waardering voor diversiteit is, in combinatie met cultuursensitiviteit, erg belangrijk om het gehele team te kunnen empoweren en iedereen te stimuleren tot zelfexpressie, creativiteit en gezamenlijke verantwoordelijkheid. Medewerkers zijn immers het productiefst als zij zich gewaardeerd voelen. Bovendien zijn zij dan volgens Shadid beter in staat om relaties aan te knopen en gezamenlijke doelen na te streven. Deze waardering krijgt vorm als zij voelen dat anderen ook van hen willen leren en zij om hun specifieke kwaliteiten worden gevraagd een bijdrage te leveren en daarin verantwoordelijkheid krijgen.

Om waardering van culturele diversiteit in een organisatie te bereiken, zetten Van Bekkum en Bernet (2001, blz. 5 e.v.) het begrip loyaliteit in. Waar wil je bij horen? Als je voor jezelf nagaat welke loyaliteiten je zoal hebt, dan zal dat een bevrijdend effect hebben. Door te benoemen van welke fictieve groepen (subsystemen) je 'lid' bent, kun je namelijk beter het belang daarvan relativeren. Vervolgens moet je beseffen dat met iedere loyaliteit bepaalde normen en waarden gepaard gaan. Daardoor zul je een beter begrip krijgen van (vak)taal, gedrag, normen en waarden van anderen. Die zijn immers ook gerelateerd aan loyaliteiten voor subsystemen. Als voorbeeld nemen Van Bekkum en Bernet opnieuw de Iraanse arts. In het bijzijn van autochtone vrouwen heeft zij andere loyaliteiten dan onder moslimvrouwen. Bij autochtone vrouwen bestaat haar loyaliteit in het vrouw zijn. Bij moslimvrouwen komt daar haar culturele en religieuze achtergrond bij. Onder professionele collega's wordt haar loyaliteit bepaald door haar arts zijn en onder vrienden door wat ze samen delen. Onder seculiere Iranezen weer andere dan onder moslimlandgenoten, enzovoort. Om goed tussen deze verschillende contexten te kunnen wisselen, moet zij haar loyaliteiten kennen en die kunnen balanceren. Intrapersoonlijke activiteit zorgt zo voor passend interpersoonlijk handelen. Met andere woorden: als zij haar verschillende loyaliteiten goed kent, weet zij haar communicatie en gedrag waar nodig aan te passen aan de persoon tegenover haar.

In multiculturele teams zijn volgens Van Bekkum en Bernet (2001) zes contexten te onderscheiden: discipline, echelon, sector, gender, leeftijd, etniciteit/nationaliteit. Bij elk van deze contexten heeft iedereen andere loyaliteiten met daaraan gekoppeld andere normen en waarden. Soms vallen meerdere contexten samen. Welzijnsorganisaties bestaan uit verschillende disciplines waaronder OW, AMW, cultureel werk, kinderopvang etc. Als ouderenwerker ben je het meest loyaal aan je eigen afdeling. Zodra er echter bezuinigingen dreigen voor een andere afdeling ben je loyaal met hen in het verzet daartegen. Schakelen is volgens Van Bekkum en Bernet mentaal overstappen van de ene naar een andere context. Dat hoeft niet per se een eigen context te zijn, omdat men kan leren zich in die van anderen te verplaatsen. Het is belangrijk dat de teamleden hun eigen normen en waarden (eigen cultuur) leren verwoorden, zodat anderen daar makkelijker kennis van kunnen nemen. De teamleden leren dan een situatie te beschouwen vanuit elkaars perspectief. Dit zal een positief effect op de samenwerking en op ieders welbevinden hebben. Professionals van de minderheidsgroepen in de organisatie voelen zich dan gewaardeerd en een volwaardig teamlid. Zo kan bijvoorbeeld in het kader van hulpverlening bij huiselijk geweld en/of eergerelateerd geweld dit onderwerp in het team besproken worden.

- Hoe denken de verschillende personen over huiselijk – en eergerelateerd geweld?
- Hoe ga je om met relatieproblemen?
- Hoe beziet men de positie van de vrouw en de man? In de westerse samenleving is scheiden een voor de hand liggende optie als het niet meer

gaat. Voor niet-westerse culturen kan dat totaal anders liggen en is een bemiddelaar inzetten een meer aangewezen optie.

- Brengt respect hebben voor en omgaan met ouderen ook verschillen met zich mee?
- Wat deel je met elkaar en wat niet?
- Welke onderwerpen vind je moeilijk bespreekbaar met cliënten en welke juist niet?

Zo zijn er natuurlijk nog veel meer onderwerpen waarover men van elkaar veel kan leren.

Managers moeten de voorwaarden scheppen waarin dit proces van onderzoeken en uitwisselen van de eigen loyaliteiten met bijbehorende eigen normen en waarden mogelijk wordt. Hierbij kun je denken aan studiedagen, conferenties en trainingen om kennis en kunnen te verspreiden, uit te wisselen en te leren inzetten. Ook moeten er genoeg mogelijkheden voor overleg en intervisie zijn met ruimte voor reflectie, zodat nieuwe inzichten kunnen ontstaan. Op die manier blijft er een gelijkwaardige basis voor alle professionals in de organisatie om hun zelfexpressie te vergroten, eigen verantwoordelijkheid te dragen, en proactief en creatief te werk te gaan.

Opdrachten

1 Maak een subgroepje. Beantwoord de vragen eerst individueel en bespreek ze vervolgens met elkaar.
   - Beschrijf je eigen cultuur, waarin jij bent opgegroeid.
   - Waarin verschilt jouw cultuur met die van je collega's of medestudenten?
   - Waarin zitten de overeenkomsten?
   Wissel de antwoorden ook uit in de hele groep of het hele team. Wat zijn de overeenkomsten? Wat zijn de verschillen? Wat valt je op?

2 Maak een subgroepje. Beantwoord de vragen eerst individueel en bespreek ze vervolgens met elkaar.
   - Waaraan ontleen jij jouw waarden?
   - In hoeverre bepalen jouw waarden jouw identiteit?
   - Waaraan merkt de cliënt wat jouw normen en waarden zijn?
   - In hoeverre is dat bevorderend dan wel belemmerend in de hulpverlening?

3 Welke invloed heeft volgens jou de media op beeldvorming van mensen over elkaar? Knip een paar voorbeelden uit kranten en tijdschriften en deel jouw visie hierop met anderen. Wat valt je hierbij op? Welke normen en waarden vind je in de tekst?

4   We zeggen misschien wel dat we ons op ons gemak voelen bij andere
    culturen. Maar hoe uit zich dat? Zijn we ons nog bewust van eventuele
    onprettige gevoelens? Waar zitten onze blinde vlekken? Zijn we gewend
    om met verschillen om te gaan, ook privé?
    - Wat zie je bij jou in de klas als het gaat om groepsvorming?
    - Bij wie of welke subgroep voel jij je het meest op je gemak?
    - Waar heeft dat volgens jou mee te maken?
    - Wat is jouw mensbeeld?
    - Wat is jouw visie op de huidige samenleving?

5   In de vorige eeuw was in Nederland een bekend gezegde: 'Twee geloven
    op een kussen, daar slaapt de duivel tussen.' Dit gezegde werd gebruikt
    als een katholiek en een protestant met elkaar een relatie hadden. Bin-
    nen beide geloofsgemeenschappen was het niet toegestaan om met el-
    kaar te trouwen.
    - Hoe kijk jij tegen etnisch gemengde relaties aan?
    - Hoe kijk je tegen religieus gemengde relaties aan?
    - Wat zijn jouw aandachtspunten bij een cliënt die keuzes wil maken die
      niet in de familietraditie passen?

De sociaal netwerkmethodiek 4

4.1 Inleiding

De Wmo wil iedereen – oud en jong, gehandicapt en niet-gehandicapt, autochtoon en allochtoon, met en zonder problemen – in staat stellen mee te doen in deze maatschappij. Daarbij doet de Wmo een groot beroep op de zelfstandigheid en participatie van burgers. Het uitgangspunt is dat mensen eerst doen wat ze zelf kunnen en vervolgens elkaar helpen voordat ze naar een professional gaan.

Iedereen is dus in principe zelf verantwoordelijk voor het regelen van zijn eigen zaken. Het mag duidelijk zijn dat veel kwetsbare burgers, zoals hulpbehoevende ouderen, langdurig werklozen, psychiatrische patiënten, laaggeletterden en anderstaligen die gebrekkig de Nederlandse taal beheersen, en mensen die leven in de marge van de samenleving niet over voldoende mogelijkheden beschikken om dit zelfstandig vorm te geven. Zij zijn dan aangewezen op hun persoonlijk sociaal netwerk. Als professional kun jij hen helpen om enerzijds hun netwerk in te zetten en anderzijds hen te motiveren iets voor hun netwerk te betekenen.

De methodiek in dit hoofdstuk gaat ervan uit dat mensen met een vitaal netwerk de mogelijkheid hebben om de problemen het hoofd te bieden en daarmee een stevige basis hebben om te participeren in de maatschappij.

4.2 Sociale netwerken

In de psychosociale hulpverlening wordt het begrip sociaal netwerk veelvuldig gebruikt. Het geeft uitdrukking aan het fundamentele gegeven dat mensen voor hun bestaan zijn aangewezen op andere mensen.

4.2.1 Definitie

Het begrip sociaal netwerk verwijst volgens Baars (1994) naar sociale integratie, dat wordt gedefinieerd als het ingebed zijn in een geheel van mensen met wie rechtstreeks min of meer duurzame banden worden onderhouden voor de vervulling van de dagelijkse levensbehoeften. Een sociaal netwerk draagt door haar onderlinge relaties bij aan het welzijn van mensen. Het voldoet aan de elementaire behoefte van mensen om 'ergens bij te horen', het levert een bijdrage aan de ontwikkeling en handhaving van identiteit en zelf-respect en kan praktische en emotionele steun bieden.

In een vitaal netwerk zijn er wederkerige contacten en is er onderling begrip. Er zitten mensen in met wie men affiniteit heeft en zowel dagelijkse als bij-zondere dingen deelt. Dat kunnen mensen zijn met dezelfde interesses, sport of hobby's. Er zitten ook mensen in bij wie men wederzijds terechtkan voor goede raad en emotionele en praktische steun. Voor mensen met een beper-king kan het netwerk een belangrijke tussenschakel zijn met de samenleving.

Sociale netwerken op internet

Naast het sociaal netwerk waarin men elkaar face to face ontmoet, zijn er vele sociale netwerken op internet. Er zijn virtuele netwerken gericht op sociale interesses, zoals Hyves en Facebook, maar ook netwerken gericht op com-merciële interesses zoals LinkedIn.

Op internet is een sociaal netwerk een toepassing waarvoor je je kunt regis-treren door een eigen profiel aan te maken. Dit profiel doet dienst als een soort digitale identiteit en kan gekoppeld worden aan de profielen van an-dere deelnemers. Op deze wijze ontstaat een netwerk. De basisfunctionaliteit van een sociaal netwerk is het uitwisselen van berichten tussen onderling verbonden deelnemers. Vooral bij jongeren zijn Hyves en Facebook erg po-pulair.

De kracht van deze sociale netwerken op internet is misschien wel hun open-heid en het feit dat mensen zich er kwetsbaar durven op te stellen. 'Zodra mensen zich op het internet begeven, merken zij dat zij via dit medium in con-tact kunnen komen met mensen die zij nooit in levende lijve hebben ontmoet (en waarschijnlijk ook nooit zullen ontmoeten), en waarmee zij toch een nut-tig, sociaal of zelfs persoonlijk warm contact kunnen hebben. Dat gebeurt niet alleen in een-op-eencontacten, maar ook in groepscontacten. Mensen voelen zich aangetrokken tot bepaalde internetlocaties omdat zij daar nuttige infor-matie vinden, informatiebronnen of rekenkracht van computers kunnen de-len, of kunnen communiceren met mensen die in dezelfde onderwerpen zijn geïnteresseerd. Daaruit ontstaan min of meer spontane virtuele netwerken en losse duiventilgemeenschappen, maar ook zeer hechte en duurzame ge-meenschappen van mensen die zich sterk met elkaar verbonden voelen.' (A. Benschop, 2003)

4.2.2 Samenstelling van een sociaal netwerk

Iemands persoonlijk sociaal netwerk bestaat uit de mensen om hem heen en is onder te verdelen in drie sectoren, te weten de sector verwanten, de sec-tor vriendschappelijke betrekkingen en de sector maatschappelijke diensten (Baars, 1990).

De *sector verwanten* bestaat uit zowel de bloedverwanten als de aanverwanten, zoals partner, zwagers, schoonzussen, schoonouders etc.

De *sector vriendschappelijke betrekkingen* bestaat uit mensen met wie de cliënt vriendschappelijke betrekkingen onderhoudt, zoals collega's, buren, kennissen, leden van een sportclub, leden van een geloofsgemeenschap, medeleerlingen etc. Hierin passen ook de virtuele contacten via bijvoorbeeld Hyves en Facebook.

De *sector maatschappelijke diensten* bestaat niet uit instellingen, maar uit concrete personen, zoals de huisarts, werkgever, wijkagent, advocaat, thuishulp, maatschappelijk werker, schuldhulpverlener etc.

In het ecogram van paragraaf 4.3.1 zijn deze sectoren achtereenvolgens omschreven als 1. familie, 2. vrienden, kennissen en collega's en 3. maatschappelijke diensten.

4.2.3 Functies van een sociaal netwerk

Zolang alles goed loopt, staan we er meestal niet bij stil hoe waardevol een netwerk is. Toch hebben we allemaal een sociaal netwerk nodig om ons leven prettig in te richten, zowel op het gebied van praktische zaken als op het gebied van emotionele zaken. Bij een verhuizing wordt dat duidelijker. We voelen ons dan unheimisch, omdat ons netwerk niet in de buurt is.

Er zijn wel verschillen in de mate waarin en waarvoor mensen hun netwerk gebruiken. Daarom is het belangrijk dat je weet wat het netwerk voor een cliënt kan betekenen. Van Riet en Wouters (1996, blz. 111-112) noemen dit de functionele kenmerken van het sociaal netwerk. Zij onderscheiden vier behoeften waarin het sociaal netwerk kan voorzien:

1   de affectieve behoefte: de mate waarin het netwerk waardering en erkenning geeft, bijvoorbeeld in de vorm van emotionele ondersteuning. Met wie deelt de cliënt zijn tegenslagen en bij wie kan hij zijn hart luchten? Met wie heeft hij een liefdevolle relatie?;

2   de behoefte aan aansluiting: de mate waarin het netwerk de cliënt het gevoel geeft erbij te horen, bijvoorbeeld doordat de netwerkleden gemeenschappelijke interesses (film, sport, boek, muziek) delen, of dezelfde waarden en achtergrond hebben;

3   de materiële behoefte: de mate waarin het netwerk materiële ondersteuning biedt, bijvoorbeeld in de vorm van huisvesting en het geven van eten. En bij wie kan de cliënt terecht om geld te lenen? Wie helpt hem met praktische klusjes?;

4   de behoefte aan sociale zekerheid: de mate waarin netwerkleden via afspraken en regelingen zekerheid aan de cliënt bieden, bijvoorbeeld via een arbeidsovereenkomst of het lidmaatschap van een vereniging of kerk.

De mate waarin een netwerk in deze behoeften voorziet, bepaalt hoe een cliënt is ingebed in zijn netwerk en of hij bij problemen daarop kan terugvallen.

Wie over een vitaal netwerk beschikt, kan de onvermijdelijke problemen in het leven het hoofd bieden en de diverse rollen in de samenleving blijven vervullen. Bij allerlei situaties (denk aan echtscheiding, overlijden en andere psychosociale en materiële problemen) is het belangrijk dat iemand kan vertrouwen op de steun vanuit zijn sociaal netwerk en daar een beroep op kan doen.

Soms blijkt dat een cliënt echter al langere tijd, mogelijk van jongs af aan, niet de ervaring heeft van een vitaal sociaal netwerk om zich heen. Zijn netwerk is niet krachtig genoeg om problemen mee op te vangen. Veel personen uit zijn netwerk verkeren in eenzelfde soort situatie en hebben eigenlijk ook ondersteuning nodig. Wanneer de problemen dan te groot worden, heeft de cliënt niemand in de buurt om ze mee te delen en te bespreken, waardoor de kans op vereenzaming toeneemt. Vaak ten einde raad doet hij dan een beroep op de professional.

Deze situatie sluit aan bij de ecologische visie. Volgens de ecologische visie ontstaan problemen namelijk niet doordat een persoon slecht functioneert, of doordat de omstandigheden zo ongunstig zijn, maar doordat hij in zijn omgeving niet meer over de contacten of hulpmiddelen beschikt die hij nodig heeft om zijn problemen op te lossen. Bij deze benadering gaat het dan ook om het (her)ontdekken van de hulpbronnen die iemand in zijn leefomgeving heeft (maar niet gebruikt) of zou moeten hebben (Watzlawick, 1970).

Ook bij de sociaal netwerkmethodiek in dit boek gaat het om het (her)ontdekken van de hulpbronnen, maar bovendien is er expliciet aandacht voor in de persoon gelegen factoren die kunnen bevorderen of belemmeren dat het netwerk langdurig standhoudt. Zo kom je bijna automatisch uit bij empowerment; het versterken van de zelfregie van de cliënt en het verstevigen ofwel revitaliseren van het sociaal netwerk van de cliënt. De sociaal netwerkmethodiek gaat niet alleen uit van de hulp die men elkaar kan bieden, maar besteedt ook aandacht aan wederkerigheid. Wat heeft de cliënt te bieden aan zijn netwerkleden om zo het opbouwen van duurzame relaties te bevorderen? Een ander ondersteuning bieden, binnen de eigen mogelijkheden, versterkt de eigenwaarde en het zelfvertrouwen van de cliënt. Als mensen met elkaar activiteiten ondernemen, belevenissen delen en relaties opbouwen vergroot dit wederzijds het zelfvertrouwen en daardoor ook de zelfredzaamheid. Als de cliënt empowered is en hij een vitaal netwerk heeft waarin sprake is van wederkerigheid, zal hij in de toekomst zichzelf beter kunnen redden en niet meer bij elke vraag een beroep doen op de professional, maar zich gesteund weten door zijn netwerk.

Van autonomie naar participatie
Iemand die empowered is en over een vitaal netwerk beschikt, wordt niet alleen zelfstandiger, maar kan ook een bijdrage leveren aan het leefbaar houden van de wijk en het vergroten van de sociale cohesie.

Van Regenmortel (2008) stelt dat er geen empowerment is zonder participatie. Deze participatie moet afgestemd worden op de persoon en zijn context. Daarbij noemt zij drie belangrijke voorwaarden: geloof en vertrouwen krijgen in eigen mogelijkheden om invloed uit te oefenen, zicht krijgen op beschikbare steun- en hulpbronnen om dit te verwezenlijken en de nodige vaardigheden ontwikkelen om deze bronnen te kunnen hanteren. Wat begint als ondersteuning bij een probleem, gaat langs de weg van opbouwen van eigen kracht en zelfbeschikking tot het uitbreiden en onderhouden van netwerken, mogelijk door het uitvoeren of meedoen aan activiteiten in de buurt.

Je ziet opnieuw dat persoonlijk empowerment en communityempowerment in elkaars verlengde liggen (zie ook paragraaf 2.3.2).

4.2.4 Structuur van een sociaal netwerk

De structuur van een netwerk definieert Baars (1990) aan de hand van de omvang van het netwerk, de bereikbaarheid van de netwerkleden, de gevarieerdheid binnen het netwerk, en de betrekkingen met de netwerkleden. Bij betrekkingen gaat het over de mate van contact en de inhoud van de contacten. Het inventariseren van deze structurele kenmerken geeft meer inzicht in hoeverre het sociaal netwerk van de cliënt hem kan ondersteunen in het alledaagse bestaan. Is er een basis aanwezig om emotioneel, praktisch en materieel iets voor de cliënt te kunnen betekenen?

Omvang
Bij het inventariseren van de omvang van het netwerk komt de verdeling over de drie sectoren (zie paragraaf 4.2.2) vanzelf naar voren. De burgerlijke staat van de cliënt blijkt meestal van grote invloed te zijn op de omvang van zijn netwerk. De ervaring is dat alleenstaanden vaak over een klein netwerk beschikken en mensen met een partner over een groot netwerk. Men krijgt er in de relatie als het ware een netwerk bij.

Bereikbaarheid
Bij bereikbaarheid gaat het over de geografische afstand tussen de netwerkleden en de cliënt en de wijze waarop zij die afstand overbruggen. Hoe komen zij met elkaar in contact? Face to face, per telefoon, via internet? Bij face-to-facecontacten is het belangrijk hoe goed mensen fysiek in staat zijn om de afstand te overbruggen. Oudere mensen of mensen met een handicap kunnen daar meer moeite mee hebben. Mensen die ver weg wonen, zullen minder snel bij de cliënt op bezoek komen. Bij bereikbaarheid gaat het dus om de vraag of ondersteuning op de betreffende afstand reëel is. Je kunt bij wijze van spreken wel willen dat je moeder je helpt, maar vanuit Somalië ligt dat niet voor de hand. Hoewel...

> Een cliënt meldde zich met een torenhoge telefoonrekening. Toen de hulpverlener vroeg hoe ze hieraan kwam, vertelde ze: 'Mijn moeder wilde gordijnen voor mij naaien. Toen ben ik de ramen op gaan meten en heb dit steeds direct doorgegeven aan mijn moeder.' Haar moeder woonde in Suriname en die bleef aan de lijn totdat zij alle ramen had opgemeten. Hoe groot of klein kan een afstand zijn?

Gevarieerdheid

Gevarieerdheid betreft de heterogeniteit van een netwerk met betrekking tot cultuur, etniciteit, klasse, opleiding, arbeid, leeftijd, sekse, seksuele geaardheid, religie, burgerlijke staat etc.

Homogene netwerken kunnen enerzijds veiligheid bieden en vertrouwd zijn, maar anderzijds ook verstikkend zijn. Als er een grote mate van sociale controle is, wordt het dan geaccepteerd als iemand naar buiten treedt en nieuwe contacten legt? Is dat het geval, dan kan een netwerk de cliënt belemmeren om zijn doelen te bereiken.

Als een cliënt een heterogeen samengesteld netwerk heeft, is er meer differentiatie en meer kans op verschillende soorten steun. De een is goed hierin en de ander weer in iets anders. Er zijn dan meer mogelijkheden om hulp te vragen, aangepast aan de mogelijkheden van het betreffende netwerklid (bijvoorbeeld brieven vertalen, ophalen met de auto, de weg wijzen naar instellingen, hulp bij het opvoeden, praktische hulp bij schulden).

De ervaring leert dat cliënten met een lage sociaaleconomische status soms een homogeen netwerk hebben, waarin de netwerkleden dezelfde problemen hebben als zij. Bij inventarisatie blijkt dan dat zo ongeveer het hele netwerk ondersteuning nodig heeft. Hoewel zo'n netwerk tot op zekere hoogte van nut kan zijn, zal de maatschappelijk werker samen met de cliënt verder kijken naar andere hulpbronnen buiten zijn sociaal netwerk.

De mate van contact

Bij de mate van contact gaat het ten eerste om de vraag hoe vaak de cliënt contact heeft met de netwerkleden. Verder is de duur van het contact van belang: hoelang kennen zij elkaar al? Ten slotte kun je naar de basis van het contact kijken: vanuit welke situatie is het contact voortgekomen? Denk aan familie, hobby's, werk, opleiding e.d.

De inhoud van het contact

De inhoud van het contact draait om de vraag hoe belangrijk een netwerklid voor de cliënt is en andersom. Met andere woorden hoe dichtbij of veraf staan de netwerkleden? Bieden zij een vorm van ondersteuning? In welke mate is er sprake van wederkerigheid, een belangrijke voorwaarde voor de kwaliteit en het behoud van de relatie?

Het aardvarken was zo ontevreden
over zichzelf dat hij een brief schreef aan iedereen:

Beste dieren,
  Wilt u mij vergeten?
  Gaarne zo spoedig mogelijk.
  Het aardvarken

Iedereen die de brief las, zuchtte, knikte een
paar keer en begon het aardvarken te vergeten.
    Overal zaten dieren met hun hoofd tussen
hun handen en probeerden hem uit hun gedachten
te krijgen.
    Het werd heel stil in het bos. Niemand zong
meer, niemand gonsde meer, niemand kwaakte
of brulde meer, en niemand vierde meer iets.
    Af en toe stootte de een de ander aan en fluisterde:
'Ik ben hem al grotendeels vergeten.'
    'Wie?' vroeg de ander.
    'Eh…ja,' zei de een. 'Het…' Verder kwam hij
al niet meer.
    Tegen de avond was bijna iedereen hem volkomen
vergeten.
    Maar de krekel dacht nog voortdurend aan
hem en riep: 'Ik kan je niet vergeten!'
    'Wie niet?' riep de kikker.
    'Het aardvarken!' riep de krekel.
    'Het aardvarken, het aardvarken…Wie is
dat?' vroegen de beer en de sprinkhaan.
    De krekel legde het luidkeels uit.
    'O ja!' riepen ze.
    Toen wist iedereen weer wie het aardvarken was en dacht aan hem
en schreef hem brieven.

Best aardvarken,
  We kunnen je niet vergeten.
  Helaas.

Het aardvarken las al die brieven, in het kreupelhout,
aan de rand van het bos.
    De maan scheen en er kwamen tranen in zijn
ogen en hij wist niet wat hij denken moest.

Bron: Tellegen, T. (2008). *Een hart onder de riem.* Amsterdam: Querido.

4.3 Vijf fasen in de sociaal netwerkmethodiek

Deze paragraaf beschrijft de sociaal netwerkmethodiek en geeft daarbij antwoord op vragen als: hoe breng je samen met de cliënt zijn sociaal netwerk in kaart? Welke steun of belemmering ervaart hij daarin? Welke persoonlijke en sociale factoren spelen een rol in zijn contacten met zijn netwerkleden? Hoe bevorder je gelijkwaardige wederkerige relaties met inachtneming van de eigen kracht van de cliënt?

De sociaal netwerkmethodiek lijkt veel tijd van de hulpverlener te vragen. Dit is echter relatief. De ervaring leert dat het 'andere' tijd van de hulpverlener vraagt. In het begin van de hulpverlening kost deze methodiek inderdaad meer tijd, maar later in het traject levert ze weer tijd op. De methodiek is vooral een diepte-investering in de cliënt, zodat die ook op langere termijn zelfstandig kan functioneren. Daar zit de grootste 'winst'.

Je kunt de sociaal netwerkmethodiek toepassen als de sociale integratie van de cliënt verstoord is. Hij leeft dan vrij geïsoleerd of zijn netwerk heeft niet voldoende draagkracht om hem te helpen. De netwerkinterventies die je dan uitvoert, hebben tot doel de persoonlijke omstandigheden van de cliënt (en zijn gezin) te verbeteren en de aansluiting op de samenleving te herstellen. Daarvoor werk je systematisch aan de opbouw van een netwerk van bereikbare en betrokken mensen dat qua omvang en samenstelling op de cliënt is afgestemd. De interventies in en met het sociale netwerk vallen uiteen in vijf fasen, die je op maat van de cliënt inzet:

1 inventariseren van het sociaal netwerk;
2 analyseren van de mogelijkheden van het sociaal netwerk;
3 opzetten van een werkplan;
4 uitvoeren van het werkplan;
5 eindevaluatie en consolideren van de bereikte resultaten.

4.3.1 Fase 1: Inventariseren van het sociaal netwerk

In de intake worden altijd al vragen gesteld als: wie is u tot steun? Bij wie kunt u terecht? Wie is er van uw situatie op de hoogte en wie vertrouwt u? De sociaal netwerkmethodiek staat hier uitgebreider bij stil. Op systematische wijze breng je met de cliënt zijn persoonlijke sociaal netwerk in kaart. Samen met de cliënt zoek je naar de mensen in zijn omgeving (familie, vrienden, kennissen, buren en instanties) die wat betekenen of betekend hebben. Het ecogram is een instrument dat je hierbij kunt gebruiken. Het is ontwikkeld om een wijze van inventariseren in handen te hebben die goed aansluit op de leefwereld van een doelgroep van vooral kwetsbare burgers (Scheffers, 2008).

De ervaring leert dat vaak meer personen tot een heel gezin bij een probleem betrokken zijn. Denk hierbij bijvoorbeeld aan relatieproblemen, schulden en opvoedproblemen. Maar omdat meestal maar één persoon zich bij de hulpverlener aanmeldt, gaan we in de beschrijving van de sociaal netwerkmethodiek uit van die hulpvrager als cliënt.

Het ecogram

Het inventariseren van het netwerk in een ecogram heeft verschillende doelen (Scheffers, 2008, blz. 47).

- Het geeft de cliënt inzicht in zijn situatie.
- Het geeft antwoord op de vraag of de cliënt een sociaal netwerk heeft.
- Het verschaft de cliënt en de hulpverlener inzicht in de omvang en vitaliteit van het sociaal netwerk.
- Het helpt de cliënt inzicht te krijgen in wie hem werkelijk tot steun zijn, wie hem belemmeren en met welke mensen de relatie wederkerig is.
- Het heeft een mobiliserende en reorganiserende werking (zie verderop in deze paragraaf).
- Het helpt de cliënt bij het maken van keuzes ter verbetering van de relatie met leden van het sociaal netwerk;
- Het ondersteunt de cliënt bij het stellen van hulpvragen aan mensen uit zijn sociaal netwerk.
- Het geeft de cliënt aanknopingspunten om te onderzoeken wat hij kan betekenen voor anderen in zijn sociaal netwerk en wat hij zelf te bieden heeft (wederkerigheid).
- Het is een basisvoorwaarde om samen met de cliënt een netwerkberaad te kunnen organiseren.
- Het ecogram kan na een halfjaar nog eens bekeken worden om veranderingen zichtbaar te maken.
- Het geeft inzicht in welke andere professionele organisaties betrokken zijn en wat zij op het moment van inventarisatie bieden en betekenen.

Het ecogram is dus een *inzichtgevend instrument* voor de cliënt en daarmee ook voor de hulpverlener. Om het netwerk overzichtelijk in kaart te brengen zijn de volgende formulieren ontwikkeld:

- het ecogram, waarin met één oogopslag de omvang van het netwerk, de verdeling per sector en de onderlinge banden duidelijk worden (bijlage 1 en figuur 4.1);
- het intakeformulier voor de overige informatie (bijlage 2);
- een schema met de mogelijkheden van het sociaal netwerk van de cliënt (bijlage 3). In dit schema kan in fase 2 overzichtelijk worden aangekruist wie op welk gebied helpend is en wie belemmerend is.

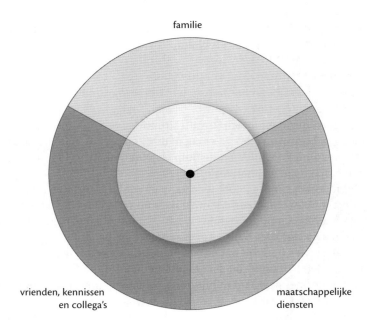

Figuur 4.1 – Een niet-ingevuld ecogram

In het ecogram (zie figuur 4.1) stelt de kern in het midden de cliënt zelf voor. Die wordt omsloten door twee cirkels daaromheen. Deze cirkels zijn vanuit het midden verdeeld in de eerder beschreven drie sectoren van het persoonlijk sociaal netwerk:
- de sector familie (partner, kinderen, ouders van weerszijden, broers, zussen, schoonfamilie en ook de ex-partner als daar nog contact mee is);
- de sector vrienden, kennissen en collega's (vrienden, buren, personen van vroeger, van school, van een leer-werkplaats of van het werk, mensen uit de vrijetijdssfeer en mensen uit de geloofsgemeenschap);
- de sector maatschappelijke diensten (huisarts, AMW, thuiszorg, politie, psychiater, advocaat).

De personen waar de cliënt erg aan gehecht is, staan dicht bij de stip in het midden, binnen in de eerste cirkel. De eerste cirkel staat op de helft van nabijheid en veraf. Tussen de eerste en de tweede cirkel komen de overige namen op de afstand die de cliënt aanwijst. Namen buiten de tweede cirkel, zijn mensen waar hij heel slecht (of geen) contact mee heeft, terwijl die wel tot zijn (familie)systeem behoren.

Een ingevuld ecogram geeft direct een beeld van de verdeling van de netwerkleden over de sectoren, de evenwichtigheid in de samenstelling en de omvang van het netwerk. Het geeft ook direct inzicht in de mate van gehechtheid tussen de cliënt en zijn netwerkleden (welke netwerkleden veel en welke weinig betekenen in het leven van de cliënt) en welke samenhang en differentiatie er per sector is.

Wanneer wordt het ecogram ingezet?

Het uitgangspunt is dat je het ecogram tijdens de intakefase inzet. Daarbinnen is het onderwerp sociale steun een goed moment om het ecogram te introduceren. Inleidende vragen die over dit thema gesteld kunnen worden, zijn:

- Heeft u mensen in uw omgeving die u vertrouwt? Wie?
- Kunt u bij hen terecht als het goed/slecht met u gaat?
- Praat u met deze personen over uzelf en de problemen die u bezighouden?
- Wie zouden er nog meer in aanmerking komen om steun aan te vragen?
- Kunt u en durft u steun te vragen aan anderen?
- Wat zijn uw ervaringen hiermee?
- Zijn er mensen die u tegenwerken?
- Vragen anderen u wel eens om steun?
- Wat doet u voor deze mensen? Waarvoor zoeken zij contact met u?

Deze vragen geven je de mogelijkheid om het ecogram te laten aansluiten op het verhaal van de cliënt. Je moet daarvoor alert zijn op aanknopingspunten. Als de cliënt bijvoorbeeld naar aanleiding van jouw vraag van wie hij ondersteuning krijgt, gaat praten over de mensen met wie hij contact heeft, bijvoorbeeld een kleindochter die af en toe boodschappen doet of een buurvrouw die een brief vertaalt, kun je daar spelenderwijs op doorvragen.

'O, dus uw zus staat dicht bij u en helpt u wel eens met de tuin. Als u hier staat, wat is dan haar plek ten opzichte van u? Hier? Of iets verder? Goed. Ik plaats uw zus hier. En uw broer die u zo treitert? Waar geeft u hem een plek?'

Je communicatievaardigheden zijn hierbij natuurlijk erg belangrijk: luisteren, waarnemen, instemmend benoemen (herhalen, samenvatten, met andere woorden: zeggen, checken en meebewegen), en dit alles op een uitnodigende en belangstellende wijze, zodat de cliënt zich begrepen voelt en er bij hem vertrouwen ontstaat om meer te vertellen.

Tijdelijke contra-indicaties voor het inzetten van het ecogram

Sommige cliënten die voor de eerste keer bij de hulpverlening komen, weten nog niet goed waar die voor staat en hebben daardoor een verkeerd verwachtingspatroon. Het kan dan goed zijn om het invullen van het ecogram nog even uit te stellen totdat er meer duidelijkheid is.

Een andere reden om niet meteen het ecogram in te vullen kan zijn dat een cliënt te laat naar de hulpverlening is gekomen. Zijn situatie is bijvoorbeeld al gedestabiliseerd en complex geworden door geheel verstoorde relaties, hoge schulden, deurwaarders aan de deur, een paar maanden geen inkomen, boetes, afsluiting van gas en licht etc. De cliënt komt dan in wanhoop bij jou terecht. Er is min of meer sprake van een crisis, waarbij het stabiliseren van de situatie prioriteit heeft. Dit kan in het bijzonder voorkomen bij cliënten die de Nederlandse taal slecht beheersen. Zij zijn soms onbekendheid met welzijn en zorg en komen daardoor met zeer nijpende problemen. In deze situatie is het ook belangrijk om eerst vertrouwen op te bouwen door praktische hulp te verlenen. In hoofdstuk 5 meer hierover.

Je kunt het netwerk van de cliënt ook stapje voor stapje inventariseren, aan de hand van de werkdoelen die hij voor zichzelf in overleg met jou heeft opgesteld. Het is dus afhankelijk van de situatie van de cliënt op welk moment je het ecogram als instrument het beste aansluitend op de situatie van de cliënt kunt inzetten.

Bereidheid tot meewerken aan het invullen van het ecogram
De ervaring leert dat niet elke cliënt staat te springen om zijn netwerk te betrekken bij zijn situatie, zoals de Turks-Nederlandse cliënte in onderstaand praktijkvoorbeeld.

Praktijkvoorbeeld: kritiek op de netwerkmethodiek
Een Turks-Nederlandse cliënte reageert op de uitleg over de netwerkmethodiek: 'Eerst komen wij naar Nederland en moeten we leren om zelfstandig te functioneren. Niet langer leunen op de familie. Alles in het zorgstelsel van Nederland zorgt er ook voor dat je individualistisch ingesteld bent. Je mag geen geld lenen van je ouders, want dan word je gekort. Je mag niet meer logeren bij je ouders als je op straat staat, want dan kom je minder snel in aanmerking voor een andere woonruimte. Ouders worden dan gekort. We hebben net geleerd van jullie dat we, ieder voor zich, voor onszelf moeten zorgen. Nu komt er een boodschap van de overheid dat we meer voor elkaar moeten zorgen. Wat willen jullie nou? We kunnen niet meer voor elkaar zorgen! We hebben net geleerd om zelfstandig te zijn, zelf hulp te vragen waar nodig, en nu moeten we dat weer onderling gaan oplossen. We zijn dat verleerd.'

Als cliënten naar de reden van het inzetten van het ecogram vragen, is een goede uitleg daarom heel belangrijk. Het antwoord: 'Dan kunnen we samen kijken wie u kan helpen', zonder dat er een beeld is waar het dan precies over gaat, roept twijfels op. Cliënten maken zich de voorstelling dat zij alles moeten vertellen aan mensen uit hun netwerk als zij hen om hulp vragen, terwijl dat natuurlijk niet aan de orde is. Mensen willen niet dat anderen van hun problemen op de hoogte zijn. Schaamte, schuldgevoelens, familie-eer en taboes spelen hierbij een rol. In veel kringen in de hogere klasse is het not done om over problemen te praten; je hangt de vuile was niet buiten. Men houdt de schone schijn op. Zwijgen wordt als 'goed' ervaren. Hoewel misschien voor de jongere generaties veel taboes doorbroken zijn, voor de ouderen in onze samenleving geldt dat zeker niet.

Er bestaat natuurlijk niet één ideale uitleg voor het inzetten van het ecogram. Belangrijker is het om aan te sluiten bij de situatie van de cliënt, bij zijn vragen en mogelijke wantrouwen. Een cliënt is pas bereid om meer over zichzelf te vertellen als hij zich gehoord, gezien, geaccepteerd en gerespecteerd voelt. Hij moet vertrouwen in de hulpverlener hebben en voelen dat het voorstel om het ecogram in te vullen echt ten bate van hemzelf is. Dat het hem helpt om zaken op een rij te zetten. Een mogelijke introductie zou kunnen zijn: 'Dan krijgt u hier op papier direct inzicht in wie dicht bij u staan en wie veraf. Wie u nu helpen en wie u nu tegenwerken. Misschien komt u zo ook mensen op het spoor die u mettertijd bij kleine praktische dingen kunnen helpen, wanneer u daar behoefte aan hebt. Daarvoor hoeft u hen natuurlijk niet al uw problemen te vertellen.'
De ervaring leert ook dat als je het ecogram op een organische wijze inzet, dus als je het vloeiend laat aansluiten op wat de cliënt zegt, de cliënt hierin meegaat. Straal uit dat het om iets 'gewoons' gaat, om een standaard onderdeel van de intake of het latere gesprek, en breng spelenderwijs het ecogram in beeld.

De mobiliserende werking van het ecogram

Bij het invullen van het ecogram geven cliënten vaak 'spelenderwijs' meer informatie, ook over zaken waar zij in een normaal intakegesprek niet zo makkelijk mee komen. Dit komt doordat je bij het invullen van het ecogram ook naar de inhoud van de relatie met de netwerkleden vraagt. De cliënt krijgt daardoor de kans meer te vertellen over de personen in zijn leven en daarmee ook over zichzelf. Het invullen van het ecogram zorgt er dus voor dat cliënten meer informatie geven waardoor jij een beter inzicht in de situatie krijgt. Dit heet de *mobiliserende werking* van een werkwijze (Baars, 1990).
De relaties van de cliënt met zijn netwerk en de kracht van het netwerk worden in het ecogram dus zichtbaar. Dit geeft vaak weer nieuwe aanknopingspunten om in gesprek te gaan. Het volgende praktijkvoorbeeld laat zien hoe een cliënte die aanvankelijk erg gesloten was, aan de hand van het ecogram meer ging vertellen over haar familie en vrienden. Bij het in kaart brengen van haar netwerk vertelde ze ook over zaken die goed gingen. Het ecogram mobiliseerde haar dus niet alleen om meer te vertellen, maar zorgde er ook voor dat ze enkele positieve kanten van haar situatie ging zien. Dit maakte het probleem minder zwaar.

Praktijkvoorbeeld: de mobiliserende werking van het ecogram
Een jonge vrouw, 18 jaar, heeft problemen met haar ouders. Ze woont nu in een begeleidwonenvorm en merkt dat ze communicatieproblemen heeft. Ze voelt zich vaak verkeerd begrepen. Ze denkt dat ze vreemd is en anders dan de rest. Door samen met de hulpverlener haar netwerk in kaart te brengen, gaat zij veel meer vertellen:

- over hoe haar familie bij elkaar gekomen was, dat zij en haar broer beiden geadopteerd zijn en dat hun moeder uit Colombia komt;
- over het gezin waarin ze is opgegroeid;
- over haar twee vriendinnen met wie ze al langer contact heeft. Met hen kan ze lekker gek doen. Die vinden haar niet raar. Bij hen mag ze gek zijn en zij hebben dezelfde interesses;
- dat de nieuwe contacten in het begeleid wonen leuk zijn en dat ze zo bij elkaar binnenlopen.

De reorganiserende werking van het ecogram

Naast de hiervoor beschreven mobiliserende werking kan er ook een *reorganiserende werking* (Baars, 1990) uitgaan van het inzetten van het ecogram. Dit betekent dat de kijk van de cliënt op zijn netwerk verandert. Hij gaat zijn contacten met de verschillende netwerkleden anders waarnemen en dit kan weer leiden tot het hernieuwen van contacten. Door het hernieuwen van contacten vindt er als het ware een eerste reorganisatie van zijn netwerk plaats. Het volgende praktijkvoorbeeld illustreert dit.

Praktijkvoorbeeld: de reorganiserende werking van het ecogram (1)
Een Marokkaanse vrouw, gehuwd, moeder van twee kinderen van 4 en 1 jaar, voelt zich door haar huwelijk opgesloten in huis. Zij komt steeds met dezelfde lichamelijke klachten terug op het spreekuur van de huisarts. Standaardonderzoeken geven geen resultaat. Zij blijft echter lichamelijke pijnen ervaren waarvoor geen aanwijsbare oorzaak te vinden is. Daarop verwijst de huisarts haar naar het AMW.

De cliënte leeft in een klein wereldje, met haar schoonfamilie als enig contact buiten het directe gezin. Sinds zij getrouwd is, is er veel veranderd in haar leven. Voorheen werkte zij, ze had vriendinnen, vrijheid en meer financiële ruimte.
Vanuit haar behoefte om meer contacten te hebben, brengt zij samen met mij haar netwerk in kaart. Daarbij vraag ik ook naar contacten die zij een paar jaar geleden nog had en die prettig voor haar waren.
Het ecogram geeft de volgende informatie: de cliënte heeft veel familie om zich heen waar ze een beroep op doet voor het opvangen van de twee jonge kinderen. Ze ontdekt ook dat het contact met drie goede schoolvriendinnen verdwenen is. Op de vraag of het contact hersteld kan worden, zegt zij dat ze van haar drie vriendinnen er twee kan opzoeken, omdat ze weet waar zij wonen. Het idee alleen al

activeert haar en ze krijgt allerlei creatieve ideeën over hoe ze de contacten kan herstellen.

Zij gaat weer op zoek naar haar vroegere vriendinnen en weet de relaties te hervatten. Het probleem rondom haar isolement is daarmee opgelost. Haar psychosomatische klachten nemen af en zij heeft weer zin om dingen te ondernemen.

Cliënten zeggen vaak dat ze niemand kennen die hen kan helpen, maar als je doorvraagt, komen ze bijna altijd wel iemand op het spoor, zoals bij de cliënt in het volgende praktijkvoorbeeld.

Praktijkvoorbeeld: de reorganiserende werking van het ecogram (2)
Ellen maakt voor het eerst kennis met het maatschappelijk werk. Zij staat er alleen voor, want haar man is vertrokken. Ze heeft te maken met allerlei problemen en regelzaken waar ze geen verstand van heeft. In haar eentje kan ze al die problemen niet oplossen.
Het ecogram lijkt in eerste instantie geen bruikbare contacten op te leveren. Ellen heeft geen familie en vrienden. Hassan besluit niet op te geven en stelt haar de volgende vragen:
- 'Komt u op straat wel eens iemand tegen met wie u praat?'
- 'Hebt u contacten met andere moeders op het schoolplein?'
- 'Gaat u wel eens naar een koffieochtend op school?'

Daarmee komt Ellen op een naam van een vrouw met wie zij vaker spreekt. In overleg met Ellen nodigt hij deze vrouw uit voor het volgende gesprek. Hassan legt haar uit dat Ellen niemand heeft en vraagt haar of zij bereid is om Ellen te helpen bij een aantal praktische zaken. Ze stemt toe. Vanaf dit moment staat deze vrouw (die later een vriendin wordt) Ellen bij. Een vriendin van haar sluit zich hier vervolgens bij aan. De wederkerigheid in deze relatie is dat Ellen bij gelegenheid voor haar vriendinnen koekjes bakt of hen uitnodigt voor een etentje.

Positievere kijk van de cliënt op zijn situatie

Het in kaart brengen van het netwerk kan de cliënt een andere kijk op zijn situatie geven. Dat komt doordat hij daarbij niet alleen naar zijn problemen kijkt, maar vanzelf ook aandacht besteedt aan positieve, goedlopende relaties. Dat maakt zijn beeld over zijn situatie vaak evenwichtiger. Hij voelt zich niet meer alleen staan en niet alleen maar slachtoffer van zijn situatie. Dit gegeven op zich biedt al verlichting, zoals bij de gescheiden Hindoestaanse vrouw in het volgende voorbeeld.

Praktijkvoorbeeld: spelenderwijs het netwerk in beeld brengen
Indira is een vrouw van 35 jaar van Hindoestaanse afkomst, in 1996 getrouwd en in 2000 gescheiden. Zij heeft twee kinderen: een zoon van 6 en een dochter van bijna 2 jaar. Zij heeft problemen op het gebied van arbeid, opvoeding, kinderopvang, financiën en huisvesting.

Malthi: Het valt me op dat u veel problemen hebt en desondanks lukt het u om elke morgen op te staan en uw verplichtingen na te komen.

Indira: Ja, daar verbaas ik me zelf ook over. Waar haal ik de kracht vandaan? Mijn God steunt mij.

Malthi: Dat kun je ook zien, het blijkt ook. Kunt u mij daar meer over vertellen?

Indira: Ik heb mijn geloof steeds vastgehouden. Ik doe niet zo veel als mijn vriendinnen aan het geloof, maar toch helpt het mij.

Malthi: Uw vriendinnen, wat bedoelt u?

Indira: Ik heb een aantal vriendinnen met wie ik veel praat; ze weten dat ik veel problemen heb en ze helpen me met van alles.

Malthi: U vertelt mij over uw vriendinnen. (Ze pakt het ecogram.) Als u deze punt in het midden bent, waar staan dan uw vriendinnen ten opzichte van u? Laten we ze om de beurt in beeld brengen, zodat voor u en mij duidelijk wordt wie wat voor u betekent.

Indira: Prima.

Terwijl Indira vertelt en samen met de hulpverlener het ecogram maakt, begint zij te stralen. De angst en somberte in haar gezichtsuitdrukking maken plaats voor opluchting.

Malthi: Ik zie in het ecogram dat u vijf vriendinnen hebt. Ze wonen allen direct in de buurt en u hebt bijna dagelijks contact met ten minste een van hen.

Indira: Dat klopt en ik ben blij dat ik deze vriendinnen heb. Ik zou niet zonder hen kunnen.

Malthi: Hoe is het contact met uw vriendinnen?

Indira: De ene past wel eens op mijn kinderen als ik plotseling naar de dokter moet. Als ik slecht heb geslapen, kan ik de kinderen ook even bij haar laten. Ze heeft zelf namelijk ook kinderen. De kinderen kunnen dan met elkaar spelen en ik kan thuis even slapen.

Malthi: Wat fijn dat u zo'n vriendin hebt.

Indira: Ja, dat vind ik ook. Met mijn andere vriendin drink ik wel eens een borreltje en met haar praat ik veel over wat mij dwarszit, vooral over het verleden, de periode met mijn ex-man. Het lucht op om dat te kunnen delen met haar.

Malthi: Maar dat is prettig, dus u hebt ook een vriendin bij wie u uw hart kunt luchten.

Indira: Ja, met al mijn vriendinnen kan ik over mijn problemen praten, maar wat heel bijzonder is, is dat deze vriendin eigenlijk familie van mijn ex-man is.

> Malthi: Hoezo, wat betekent dat dan?
>
> Indira: Nou, je zou denken, in elk geval bij Hindoestanen, dat als je eenmaal gescheiden bent, de schoonfamilie ook met jou breekt.
>
> Malthi: Echt waar?
>
> Indira: Ja, zo gaat dat meestal, maar ik kon altijd al goed met deze schoonzus opschieten en dat is ook zo gebleven.
>
> Malthi: Wat knap van u dat u er zo mee omgaat. Zijn er nog andere mensen in uw omgeving met wie u contact hebt?
>
> Indira: Ja, de mensen met wie ik problemen heb, mensen op mijn werk, bij de woningbouwvereniging etc. Maar mijn vriendinnen, die helpen mij echt. Gelukkig heb ik ze, ik ben er erg blij mee. Door het maken van de tekening zie ik dat ik goede mensen om mij heen heb. Ik heb nog niet alles, maar ik heb wel veel.

Het invullen van het ecogram

Het is essentieel dat de cliënt en jij het ecogram samen invullen. Zorg voor de volgende formulieren:

- een leeg ecogram (bijlage 1);
- een intakeformulier (bijlage 2);
- schrijfpapier.

Je gaat naast de cliënt zitten en legt het lege ecogram op tafel. Je stelt vragen aan de cliënt en geeft hem alle ruimte om te vertellen met wie hij contact heeft en wat voor hem de betekenis van dat contact is. De cliënt vertelt en jij zet op zijn aanwijzing de namen van de netwerkleden in de betreffende sector. Doordat jij op aanwijzing van de cliënt het ecogram invult, kan de cliënt zich richten op het ordenen van zijn gedachten en vertellen wat hij kwijt wil. Zoals hiervoor is beschreven, heeft het maken van het ecogram een mobiliserende werking: de cliënt gaat spontaan, naar aanleiding van de personen die hij noemt, meer vertellen. Je schrijft zo veel mogelijk van de verkregen informatie over die persoon op. Dit kan direct op het intakeformulier of op je schrijfpapier, zodat je dit later geordend in het intakeformulier kunt invullen. Het ingevulde intakeformulier is een onderdeel van je intakeverslag.

Behalve naar de contacten vraag je ook naar de onderlinge betrekkingen tussen de cliënt en zijn netwerkleden (Baars, 1990). Probeer duidelijk te krijgen:

- hoe de bereikbaarheid (woonplaats) van de netwerkleden is;
- wanneer het contact tot stand is gekomen;
- wat de basis is waarop het contact tot stand is gekomen: via school, werk, familie etc.;
- wat de frequentie van de contactmomenten is: hoe intensief is het contact?;
- wat de invloed van cultuur of religie op het contact is;

- wat de overeenkomsten of juist verschillen qua opleiding, arbeid of achtergrond zijn;
- hoe groot de affectie is (zich veilig en vertrouwd voelen bij de ander).
  Staat het netwerklid dicht bij de cliënt of ver van hem af?;
- wat de betekenis van het contact in het leven van de cliënt is. Denk aan
  sociale contacten (gezamenlijke interesses, film, boek, uitstapjes), emotionele, praktische en materiële steun, en voorkeur (zelf het contact willen);
- hoe groot de wederkerigheid in de relatie is. Wie neemt meestal contact
  op met de ander? Geeft de cliënt meer, vraagt hij meer, of zijn geven en
  vragen in evenwicht?;
- wie nu al de cliënt helpen om zijn doel te bereiken? Wat doen deze personen?;
- wie de cliënt zouden kunnen helpen om zijn doel te bereiken. Wat zou er
  moeten gebeuren om de hulp van deze personen te krijgen?;
- wie de cliënt belemmeren om zijn doel te bereiken.

Bovenstaande aandachtspunten komen terug in de vragenlijst (zie blz. 103).
Deze vragenlijst kun je erbij houden, terwijl je samen met de cliënt zijn netwerk inventariseert. Het gaat er echter niet om dat de complete familie of
alle collega's geïnventariseerd worden. Bij grote families wordt dat ook erg
ingewikkeld. Het gaat om de mensen die nu of in de toekomst voor de cliënt
belangrijk zijn.
Ook hoef je niet steeds de hele vragenlijst langs te gaan. De ervaring leert dat
een cliënt gemotiveerd blijft, als hij zelf de relevantie van de vragen inziet. Be-
perk je dus tot de relevante vragen en maak de cliënt duidelijk waarom je een
vraag stelt. Stel je vragen bovendien op een organische wijze. Dat betekent
dat je logisch aansluit op het verhaal van de cliënt. Dit kan door zijn eigen
bewoordingen te herhalen en daarop een logische overgang te maken naar
de volgende vraag.

In de vragenlijst is voor de sector familie onderscheid gemaakt tussen het
gezin en de overige familieleden die belangrijk zijn voor de cliënt. In de tweede sector komen de vrienden, buren, collega's en kennissen vanuit hobby's,
vrijetijdsbesteding, de geloofsgemeenschap en het internet (lotgenotengroepen, Hyves, Facebook, MSN). Je begint met te vragen naar vrienden, vervolgens naar buren en zo verder. Hierin volg je het spoor van de cliënt.
Als je een sector af hebt en je hebt nog geen duidelijk zicht op wie nu echt belangrijk zijn voor de cliënt en in welke mate, dan kun je de cliënt vragen cijfers
van 1 tot en met 5 achter de personen te zetten. Met een 1 geeft hij aan dat
het betreffende netwerklid bijna niets voor hem betekent en met een 5 dat
dit netwerklid uiterst belangrijk is (zie de casus over Rob in paragraaf 7.1.2).

Vragenlijst inventariseren sociaal netwerk cliënt

- ## Sector familie

Algemeen (het gezin)
- Als deze punt in het midden jezelf voorstelt, waar staan dan je partner en je kinderen op dit papier? Waar staat je partner? Waar staat je oudste/middelste/jongste kind?
- Hoe ziet het contact met je partner eruit?
- Wat waardeert je partner in jou?
- Wat waardeer jij in je partner? Waar is hij goed in?
- Hoe ziet het contact met elk van je kinderen eruit?
- Leven je ouders nog?
- Heb je contact met je ouders? Waar staan zij ten opzichte van jou hier op papier?
- Hoe ziet het contact eruit met je vader? En met je moeder?
- Waarderen je ouders jou? Zijn ze op je gesteld? Krijg je wel eens complimenten?
- Hoe vaak zien jullie elkaar? Ondernemen jullie met elkaar wel eens uitstapjes? Gaan jullie bij elkaar op bezoek?
- Ondersteunen je ouders jou? Waarmee helpen ze je?
- Help jij je ouders? Waarmee?
- Waar wonen je ouders? Kun je daar gemakkelijk naartoe? Doe je dat ook?

Algemeen overige familie en vrienden, kennissen en collega's
De sector 'overige familieleden' bestaat uit schoonouders, broers, zussen, zwagers, schoonzussen, grootouders, ooms, tantes, neven en nichten.
De vragen aan de overige familieleden komen vrijwel overeen met die van de sector vrienden, kennissen en collega's.

Omvang overige familie en vrienden, kennissen en collega's
- Met wie van de familieleden heb je contact?
- Heb je vrienden? Hoe heten ze? Waar staan ze ten opzichte van jou op dit papier?

Gevarieerdheid overige familie en vrienden, kennissen, collega's
- Welke opleiding heeft ... gedaan?
- Heeft hij werk? Zo ja, wat voor werk?
- Uit welk land komt hij? Is hij hier of daar geboren?
- Woont hij alleen of samen? Is hij getrouwd? Heeft hij kinderen?
- Heeft hij hetzelfde geloof als jij?

Bereikbaarheid overige familie en vrienden, kennissen, collega's
- Waar woont ...?
- Kun je hem gemakkelijk bereiken?

De mate van contact overige familie en vrienden, kennissen, collega's
- Hoe ziet het contact tussen ... en jou eruit? Hoe vaak zie je hem?
- Bij virtuele contacten: hoe vaak hebben jullie via internet contact?
- Hoelang kennen jullie elkaar?
- Wie neemt meestal het initiatief tot contact?

Inhoud van het contact overige familie en vrienden, kennissen, collega's
- Met wie deel je dezelfde interesses of onderneem je activiteiten?
- Ondernemen ... en jij samen uitstapjes? Hebben jullie dezelfde interesses?
- Gaan jullie bij elkaar op bezoek?
- Heb je het gevoel dat je erbij hoort?
- Hebben jullie ongeveer dezelfde leeftijd? Hoe oud is hij?
- Delen jullie ook problemen met elkaar?

Emotionele steun overige familie en vrienden, kennissen, collega's
- Krijg je waardering van ...? Voel je je veilig en vertrouwd bij hem?
- Biedt hij jou raad en troost?
- En hoe is dat omgekeerd? Wat heb jij te bieden? Wat waardeer jij in hem? En voelt hij zich veilig/vertrouwd bij jou?
- Geeft het contact je energie of kost het je energie? En hoe denk je dat dat voor de ander is?

Praktische steun overige familie en vrienden, kennissen, collega's
- Wie helpt jou wel eens met praktische zaken zoals het invullen van formulieren, het vertalen van brieven, op de kinderen passen, een boodschap doen, een klusje in huis, jou met de auto wegbrengen etc.?
- Doet die persoon dat spontaan? Moet je er een paar keer om vragen?
- Help jij je vrienden met praktische zaken? Aan wie geef je welke hulp?
- Is wat je doet voor die ander en wat de ander doet voor jou ongeveer in evenwicht?
- Voel jij je in het krijt staan omdat de ander veel voor je doet? Of heb je het gevoel dat jou tekortgedaan wordt?

Materiële steun overige familie en vrienden, kennissen, collega's
- Bij wie kun je terecht als je geld nodig hebt? Wie geeft of leent dat aan je?
- Leen je wel eens geld uit? Aan wie?
- Bij wie kun je terecht voor eten als je even geen geld hebt?
- Geef je wel eens geld voor eten? Aan wie?
- Wie geeft jou wel eens iets, bijvoorbeeld kleding voor je kinderen?
- Geef je de kleding van je kinderen aan iemand anders door? Aan wie?

Voorkeur overige familie en vrienden, kennissen, collega's
- Als je ergens mee zit, naar wie ga je dan als eerste?
- Is het contact met je vrienden/familie een keuze of gewoonte? Voor wie geldt wat?
- Zijn er mensen in dit netwerk met wie je graag meer contact zou hebben?

Wederkerigheid overige familie en vrienden, kennissen, collega's
De wederkerigheid is al in de vragenlijsten hierboven verwerkt. De rode draad is steeds:
- Wat geeft/doet de cliënt? Wat geeft/doet een ander aan/voor de cliënt?
- Wat zou de cliënt kunnen geven/doen? Wat zou een ander aan/voor de cliënt kunnen geven/doen?

Helpend – in relatie tot het doel dat de cliënt wil bereiken
- Welke mensen in je familie helpen je? Wie zijn dat en waar helpen ze je mee?
- Wie uit je vriendenkring helpt je om je doel te bereiken? Waarmee?
- Zijn er nog andere mensen die je daarbij ondersteunen? Waarmee?
- Wie helpen je nu niet, maar zouden wel in staat en bereid zijn je te helpen? Waarmee?

Belemmerend – in relatie tot het doel dat de cliënt wil bereiken
- Zijn er mensen in je familie die je belemmeren?
- Wie zijn dat en waarin belemmeren ze je?
- Zijn er in jouw vriendenkring of op je werk mensen die je belemmeren?
- Waarin voel je je belemmerd?
- Zijn er mensen in je vriendenkring, collega's of kennissen met wie je het contact zou willen verminderen?
- Welke andere factoren zijn belemmerend om je doel te bereiken? (Hier kun je denken aan roddelen, een hoge mate van sociale controle, normen en waarden in de thuissituatie, man of vrouw zijn, religie etc.)

'Slapend' netwerk
Bij mensen met een erg klein netwerk kun je ook vragen stellen over contacten die zij hadden voordat de problemen begonnen. Mogelijk kunnen die contacten weer geactiveerd worden.
- Met wie had je contact voordat de problemen begonnen? (omvang)
- Waar kennen jullie elkaar van? (basis van het contact)
- Hoe zag dat contact eruit? Wie nam er gewoonlijk contact op? Jij of de ander? (mate van contact)
- Wat deelden jullie met elkaar? (inhoud van het contact)
- Wil je graag opnieuw contact met hem? (inhoud van het contact)

■ Sector maatschappelijke diensten

Omvang

- Heb je contact met andere hulpverleners? Met welke hulpverleners?

De inhoud van het contact

- Op welke plaats staat … ten opzichte van jou in het ecogram? Hoe belangrijk is deze hulpverlener voor jou? Wat is het doel van zijn hulpverlening? Hoe vaak zie je hem? Waarbij helpt hij jou?
- Heb je contact met je huisarts? Hoe vaak kom je bij je huisarts? Weet de huisarts van de situatie waar je nu in verkeert?
- Heb je contact met de wijkagent? Is hij wel eens bij je thuis geweest? Wat was hier de reden voor?
- Door welke persoon of dienst voel je je het meest geholpen? Waarmee word je geholpen?
- Door welke persoon of dienst voel je je tegengewerkt? Op welke manier word je tegengewerkt?

4.3.2   Fase 2: Analyseren van de mogelijkheden van het sociaal netwerk

Door het invullen van het ecogram en het verwerken van de overige informatie op het intakeformulier worden de relaties van de cliënt met zijn netwerk zichtbaar. Dit kan voor de cliënt nieuwe inzichten opleveren, maar ook confronterend zijn. Er staat nu zwart op wit dat hij geen contact meer heeft met familie, of dat hij geen vrienden heeft. Het gewicht dat hij daaraan toekent, bepaalt hoe pijnlijk dit voor hem is.

Je werkt vanuit empowerment en daarom stel je *geen* diagnose. De cliënt maakt met jouw ondersteuning de balans op. Samen met hem en op voet van gelijkwaardigheid kijken jullie terug op de informatie en komen jullie tot gezamenlijke bevindingen. Het ecogram laat goed zien welke hulpbronnen en belemmeringen er zijn om de doelen van de cliënt te bereiken, en waar reparatie of versterking van het netwerk noodzakelijk is.

Als de cliënt in de vorige fase een vertrouwenspersoon had meegenomen naar het gesprek met jou, dan kan deze bij het analyseren – en in de volgende fase bij het opstellen van het werkplan – ook aanwezig zijn. Dit kan zelfs ondersteunend zijn voor de cliënt. Er komen misschien meer mogelijkheden naar voren en deze vertrouwenspersoon heeft natuurlijk ook zijn eigen netwerk waar hij uit kan putten.

Wanneer is er sprake van een vitaal netwerk?

Nu je het netwerk met de cliënt gaat analyseren, vraag je je misschien af: wat is een vitaal netwerk? Daar bestaan echter geen eenduidige richtlijnen voor. Twee netwerken kunnen er heel verschillend uitzien en toch beide vitaal zijn. Zo zijn er mensen met grote netwerken en mensen met kleine netwerken. Er zijn netwerken die vooral bestaan uit familie en netwerken die vooral bestaan uit vrienden en vriendinnen. Het belangrijkste is hoe de cliënt zijn netwerk zelf typeert, of hij voldoende steun ervaart in moeilijke situaties, en of hij tevreden is met de contacten die hij nu heeft.

Dat netwerken er zo verschillend uit kunnen zien, komt doordat iedereen zijn netwerk op een eigen wijze vormgeeft. Op de vormgeving van een netwerk zijn verschillende factoren van invloed, zoals etniciteit, cultuur, klasse, religie, normen en waarden, leeftijd etc. Dit zijn eigenlijk al die factoren die ook ons referentiekader vormen. Afhankelijk van de (culturele) achtergrond wordt bijvoorbeeld meer of minder belang aan familiecontacten gehecht, meer of minder belang aan contacten met buren en kennissen, meer of minder belang aan zakelijke netwerken etc.

Daarnaast hebben ook technologische ontwikkelingen invloed op de vormgeving van netwerken. Veel mensen hebben bijvoorbeeld via Hyves of Facebook een digitaal netwerk opgebouwd. Zij delen met hun contacten op internet vaak meer dan er in een visueel contact uitgewisseld zou worden. Ook hier kunnen zich hulpbronnen bevinden die de cliënt kunnen ondersteunen op weg naar 'meer autonomie'. Denk daarbij ook aan lotgenotencontacten en hulpverlening via internet.

Toch valt er in grote lijnen wel iets te zeggen over de vraag of een netwerk vitaal is of niet. Mueller (1980) heeft aangetoond dat de omvang van een netwerk van gezond functionerende mensen uit 35 tot 55 personen bestaat. Baars (1994) gaat uit van gemiddeld 30 personen: 12 verwanten, 13 personen in de sector vriendschappelijke betrekkingen en 5 personen die de maatschappelijke instituties vertegenwoordigen.

Verder kun je stellen dat een netwerk dat voornamelijk uit professionals bestaat, niet vitaal is. Ook een netwerk waarin de professionals meer betekenen voor de cliënt dan de familie en vrienden, duidt op een niet-vitaal ondersteuningssysteem.

Een netwerk dat vooral bestaat uit familieleden kan heel kwetsbaar zijn, omdat onderlinge loyaliteiten bij onvrede en ruzies de cliënt direct kunnen isoleren. Ook kan zo'n netwerk door sociale controle, normen en waarden beklemmend zijn. In sommige culturen hebben vooral meisjes en vrouwen hier last van.

Verder is heterogeniteit belangrijk in een netwerk. Een netwerk moet het liefst personen met uiteenlopende kwaliteiten bevatten, zodat de cliënt verschillende mogelijkheden heeft en niet alles aan één of twee personen hoeft te vragen.

De ervaring leert ten slotte dat de omvang van het netwerk niet zo'n grote rol speelt. Een klein netwerk waarin alles in wederkerigheid gebeurt, is misschien wel kwetsbaar, maar ook effectief. Een groot netwerk waarbij de cliënt in cruciale situaties niet ondersteund wordt, is op zo'n moment niet vitaal. Het gaat dus meer over de kwaliteit dan over de kwantiteit.

De mogelijkheden van het netwerk zichtbaar maken

In het ecogram heb je de omvang van het netwerk en de gehechtheid van de contacten in kaart gebracht. Nu is het tijd dat de cliënt de balans opmaakt van zijn netwerk. Jullie zetten samen alle mogelijkheden op een rij vanuit de doelen die de cliënt zichzelf heeft gesteld. Hiervoor is het schema 'Mogelijkheden sociaal netwerk' ontwikkeld. Je vindt dit schema in bijlage 3. Vooral als de situatie voor de cliënt onoverzichtelijk dreigt te worden, is dit schema een handig hulpmiddel. In het schema kun je samen met de cliënt voor elk netwerklid aangeven of er sprake is van steun, wederkerigheid, een belemmering etc. Het schema kan inzicht geven in de mogelijkheden van netwerkleden en gebruikt worden bij het invullen van het werkplan.

Verder kun je bij het analyseren van het netwerk gegevens uit de reguliere intake betrekken en de mogelijkheden die jij zelf ziet in zowel het sociaal netwerk van de cliënt als het professionele netwerk.

In het proces van analyseren bespreek je allereerst de huidige situatie van de cliënt. Hoe kijkt hij daarnaar en welke wensen heeft hij? Tijdens het gesprek zal ook duidelijk worden of de cliënt genoeg gevoel van eigenwaarde heeft om contacten aan te gaan. Hoe is zijn zelfbeeld? Daarover kun je vragen stellen. Vervolgens kijk je met de cliënt naar de toekomst. Met wie wil hij meer contact en wie kan hem helpen? Wie ervaart hij als belemmerend en wil hij het contact met die persoon afbouwen? Vervolgens bespreek je met de cliënt wat hem te doen staat.

Of er voldoende hulpbronnen aanwezig zijn, is afhankelijk van de doelen die de cliënt zich heeft gesteld en zijn behoefte aan ondersteuning daarbij. Wanneer je ziet dat de cliënt te vaak dezelfde persoon uit zijn netwerk om hulp moet vragen, kun je de belasting voor deze persoon ter sprake brengen. Overvraagde mensen haken immers af. Je kunt dit echter niet altijd vooraf beoordelen, omdat je de bereidheid van de netwerkleden nog niet kent. Maar stel dat je toch kunt beoordelen dat de cliënt een netwerklid overvraagt, dan is het nog maar de vraag of je dat direct moet bespreken. Het kan ook goed werken als de cliënt hier tijdens het proces zelf achterkomt. Zo raakt hij namelijk gemotiveerd om zijn netwerk uit te breiden.

Ga ook met de cliënt na of er mensen in zijn netwerk zijn in een vergelijkbare situatie, bijvoorbeeld met kinderen van dezelfde leeftijd, met dezelfde achtergrond of dezelfde opleiding. Verder kun je zoeken naar mensen met dezelfde

interesses en hobby's. Houd ten slotte in gedachten dat een gevarieerder netwerk de cliënt meer kansen biedt.

'Je zegt dat je Sander waardeert, maar ertegenop ziet om hem te vragen jou te
helpen. Wat denk je dat Sander van jouw situatie vindt? Heeft Sander zelf wel eens
hulp van iemand nodig? Hoe denk je dat hij dat aan zou pakken? Weet je of iemand hem geholpen heeft? Wat denk je dat hij ervan vindt als je hem vraagt jou
te helpen?'

Aandachtspunten voor de hulpverlener

Bij de analyse van het netwerk kun je de lijst 'Aandachtspunten analyse netwerk' in bijlage 7 bij de hand houden. De aandachtspunten die hierin staan,
helpen je om de mogelijkheden en belemmeringen in het netwerk samen met
de cliënt zichtbaar te maken. Maar ook om aandacht te besteden aan de belemmerende en bevorderende factoren van de cliënt zelf. Inzicht in beide zijn
belangrijk om de cliënt te ondersteunen bij het opstellen van zijn werkplan.

4.3.3 Fase 3: Opzetten van een werkplan

Als de netwerkanalyse onderdeel uitmaakt van de intake, koppelt het werkplan de uitkomsten van het intakegesprek aan de uitkomsten van de netwerkanalyse. Daarmee ontstaat er één geïntegreerd werkplan dat aansluit op de
wensen van de cliënt en de mogelijkheden van zijn netwerk.
Wanneer de netwerkanalyse later in het hulpverleningsproces plaatsvindt,
zul je zien dat er overeenkomsten zijn tussen de informatie die je tijdens de
intake hebt verkregen en de informatie die uit de netwerkanalyse volgt. Als
een cliënt tijdens de intake te kennen heeft gegeven dat hij de relatie met zijn
moeder wil verbeteren, dan komt dit ook naar voren in de netwerkanalyse.
Als een cliënt tijdens de intake vertelde dat hij door een scheiding veel contacten heeft verloren, zal de netwerkanalyse dit bevestigen.

Mochten er al netwerkleden betrokken zijn bij de cliënt (dat is vaak het geval
bij mensen met een beperking of psychische stoornis), dan kun je die personen uitnodigen mee te helpen om het werkplan in te vullen. Dat heeft als
voordeel dat zij zelf kunnen aangeven wat zij voor de cliënt willen en kunnen
betekenen. En bovendien kennen zij misschien weer andere mensen die de
cliënt ergens mee kunnen helpen.

In bijlage 4 vind je het formulier 'Werkplan' dat je samen met de cliënt invult.
Hierin beschrijf je:
- wat het probleem en de hulpvraag zijn;
- welke wensen en doelen de cliënt heeft;
- wie wat doet en wanneer.

Probleem en hulpvraag

De eerste stap bij het opstellen van een werkplan is het overnemen van de problemen en hulpvragen vanuit de reguliere intake. Vervolgens voeg je hier de vragen vanuit de netwerkanalyse aan toe. Daarmee wordt het voor de cliënt overzichtelijk waar hij aan wil werken.

Wensen en doelen

Uit de reguliere intake weet je wat de cliënt aan zijn *persoonlijke situatie* wil veranderen. Tijdens de netwerkanalyse (fase 2) is je duidelijk geworden welke wensen hij *met betrekking tot zijn netwerk* heeft. Nadat je deze wensen met de cliënt op papier hebt gezet, kun je overgaan tot het vaststellen van zijn doelen.

De doelen bij punt 3 van het formulier zijn de einddoelen van de cliënt. Die zijn misschien niet in één keer te bereiken en daarom kan de cliënt ze opsplitsen in werkdoelen, die je bij punt 5 noteert.

Bij de formulering van de werkdoelen moet je goed de mogelijkheden van de cliënt en die van zijn netwerk in de gaten houden. De mogelijkheden van de cliënt hebben te maken met zijn draaglast en draagkracht; de mogelijkheden van het netwerk zijn in de netwerkanalyse naar voren gekomen.

Verder is het belangrijk dat de werkdoelen concreet en haalbaar zijn (of nog beter: 'smart'). Dat zorgt er namelijk voor dat de cliënt duidelijke successen kan behalen, en successen houden de moed erin, zowel bij de cliënt als bij jou. Als het ene doel is geslaagd, kan het andere ook lukken! Bovendien kan de cliënt met concrete doelen zijn ontwikkelingen beter volgen en gerichter mensen uit zijn netwerk om hulp vragen.

Ten slotte moet je bij het formuleren van de werkdoelen je realiseren dat het erom gaat oplossingen te vinden binnen het referentiekader van de cliënt. Dat betekent, zoals eerder beschreven, dat je je eigen plan los moet laten en mee moet gaan in de denkwijze en oplossingsrichtingen van de cliënt, zonder de eigen deskundigheid uit het oog te verliezen.

Wie doet wat en wanneer?

Elk werkdoel wordt uitgewerkt in te nemen stappen. Bij elke stap maak je met de cliënt afspraken over wie welke inspanning levert en voor welke aanpak gekozen wordt. Sommige stappen onderneemt de cliënt zelf, sommige onderneem jij en voor sommige stappen vraagt de cliënt iemand in zijn netwerk om hulp. Het benaderen van specifieke personen uit het netwerk maakt dus ook onderdeel uit van het werkplan. Hoe kleiner en concreter de verschillende stappen zijn geformuleerd, hoe makkelijker het voor de cliënt is om iemand uit zijn netwerk te vragen hem te helpen. Dit werkt ook andersom zo. Mensen geven makkelijker beperkte hulp dan hulp waar in hun ogen geen einde aan komt.

Het schema 'Mogelijkheden sociaal netwerk' dat je tijdens de netwerkanalyse hebt ingevuld, kun je gebruiken om een realistische match te vinden tussen netwerkleden en de hulpvraag. In dit schema staan immers de namen van de netwerkleden en de steun die ze zouden kunnen bieden. Onderstreep de personen die bij de betreffende hulpvraag in aanmerking komen. Het is van belang om in deze fase ook de wederkerigheid te betrekken. Voor wie van de onderstreepte personen kan de cliënt iets betekenen? Dat levert een sterretje op achter de naam.

Zo bespreek je achtereenvolgens met de cliënt elk werkdoel, de vereiste stappen en de hulp die hij hierbij wenst. Het kan ook goed werken om steeds maar één werkdoel uit te werken en de cliënt daarmee aan de slag te laten gaan. Als hij dit werkdoel heeft behaald, maak je de overstap naar het volgende werkdoel. Zo kan hij de opgedane ervaring van eerdere werkdoelen gebruiken bij het uitwerken van nieuwe werkdoelen.

Stel ten slotte met de cliënt vast welke werkdoelen prioriteit hebben. In het formulier is er ruimte om aan de hand van data een planning vast te leggen. De cliënt neemt een exemplaar van zijn werkplan mee naar huis. Hij heeft dan de te nemen acties op papier en kan daarin, naast de afspraken die hij met jou heeft gemaakt, zijn eigen tempo aanbrengen. Naarmate het traject vordert, zul je zien dat de cliënt steeds meer zelf oppakt.

Versterking van het netwerk

Bij sociaal geïsoleerde cliënten ontbreekt vaak een netwerk. Andere cliënten, bijvoorbeeld dak- en thuislozen, hebben geen netwerkleden die geschikt blijken te zijn om ondersteuning te bieden. Weer anderen hebben hun netwerk al langdurig overvraagd, waardoor ook zij geen helpende hand meer kunnen krijgen. In al deze gevallen ga je samen met de cliënt op zoek naar andere mogelijkheden. Hierbij kun je denken aan vrijwilligers, maatjesprojecten, steunsystemen, lotgenotengroepen en andere initiatieven op het terrein waar de cliënt behoefte aan heeft. In overleg met de cliënt neem je in het werkplan op dat deze het initiatief neemt om nieuwe contacten te leggen die zijn netwerk versterken. Daar waar de cliënt nog te weinig zelfvertrouwen en/of sociale vaardigheden heeft, stel je voor om dit samen te doen of in het uiterste geval doe jij dat in eerste instantie voor de cliënt. Waarna je hem later begeleidt om zelf deze contacten te gaan leggen. De cliënt zit immers in een leerproces. Zo werk je stapsgewijs aan het versterken van de zelfregie (empowerment) van de cliënt. Hij leert hiermee immers vaardigheden die belangrijke voorwaarden voor hem zijn om, ook op langere termijn, zelfredzaam te blijven. Dit aangaan van contacten is voorwaardenscheppend om zijn einddoel te bereiken.

4.3.4   Fase 4: Uitvoeren van het werkplan

De cliënt gaat aan de slag om de doelen in zijn werkplan te bereiken. Hij stelt zelf de prioriteiten. Zijn keuzes daarin breng je alleen ter sprake als je schadelijke gevolgen voorziet. De cliënt werkt aan zijn doelen op de manier die hij in overleg met jou heeft afgesproken. Dit is een cyclisch proces. In elk gesprek kijk je met de cliënt even terug naar de afspraken en ondernomen stappen, en stel je deze waar nodig bij. Hierbij heeft de cliënt een leidende rol (zie paragraaf 2.2.1). Het is zijn proces, en jij sluit daarop aan. Jouw taak is om de cliënt bij de uitvoering van zijn werkplan te stimuleren, ondersteunen en coachen. Ook houd je de verhouding tussen zijn draaglast en draagkracht in het oog en bespreekt deze als hij overbelast dreigt te raken. Hij kan zijn stappen dan aanpassen.

Jouw precieze rol tijdens de uitvoering van het werkplan hangt af van de vraag hoeveel ondersteuning de cliënt nodig heeft. Sommige cliënten hebben voldoende vaardigheden om zelf de verschillende stappen uit te voeren. Als zij ergens hulp bij nodig hebben, vragen zij zelf hulp aan een netwerklid. Dit zijn vaak de cliënten die na de inventarisatie al spontaan begonnen zijn met contact opnemen. Jij coacht de cliënt. Je stimuleert en bekrachtigt hem door gerichte positieve feedback te geven en je begeleidt hem bij het steeds opnieuw zelf zetten van stappen.
Er zijn ook cliënten die meer ondersteuning nodig hebben. Je kunt hen dan bijvoorbeeld helpen bij de voorbereiding van het zelfstandig contact opnemen met netwerkleden. Het is daarbij belangrijk dat je vanuit een onbevooroordeelde houding aansluit bij de mogelijkheden en de belevingswereld van de cliënt. Je werkt vanuit empowerment (zie hoofdstuk 2) met aandacht voor diversiteit (zie hierna paragraaf 5.4).

Interactie tussen de cliënt en zijn netwerk
Het is belangrijk dat de cliënt duurzame relaties opbouwt, zodat hij ook in de toekomst een vitaal netwerk om zich heen heeft, waarin gelijkwaardigheid en wederzijds contact is en voorziet in wederzijdse behoeften. Dat betekent dat je aandacht moet besteden aan de wijze van contact leggen, de copingstijl van de cliënt en wederkerigheid.

Contact leggen
Jij ondersteunt en stimuleert de cliënt om contact op te nemen met netwerkleden. Lukt het de cliënt niet om zelf contact met iemand op te nemen, dan kun jij daar een rol in spelen door:
- het contact met de cliënt voor te bereiden (de situatie samen oefenen);
- te zoeken naar situaties waarin het de cliënt wel lukt om contact te leggen en gezamenlijk te ontdekken hoe hij dit voor elkaar krijgt (bewustwording) en hoe hij deze ervaringen ook in nieuwe situaties in kan zetten;

- samen met de cliënt het contact te leggen;
- zelf het betreffende netwerklid te bellen;
- zelf op huisbezoek te gaan.

Voordat jij zelf contact gaat leggen, is het belangrijk om te onderzoeken waarom het de cliënt niet lukt. Heeft dit te maken met zijn copingstijl, met een verstandelijke of lichamelijke beperking, met een stoornis of ernstige psychische problemen? Aan de hand van de uitkomst hiervan overleg je samen met de cliënt hoe het traject wordt vormgegeven.

Copingstijl als belemmering
Vormt de copingstijl van de cliënt een beperkende factor, dan is het zaak om de cliënt hier inzicht in te geven. Als hij bijvoorbeeld steeds de schuld bij anderen neerlegt, neemt hij geen verantwoordelijkheid voor zijn eigen gedrag en verwacht hij waarschijnlijk dat anderen het probleem voor hem gaan oplossen. Ook cliënten die als overleving in de slachtofferrol zitten, nemen geen verantwoordelijkheid voor zichzelf en hun situatie. Zij leggen de oorzaak van hun situatie bij een ander neer. Zij 'kunnen er niets aan doen'. Het is hen 'aangedaan' of 'overkomen'. Dit type cliënt stelt zich afhankelijk op van de hulpverlener en personen in zijn omgeving. De ervaring leert dat mensen in de slachtofferrol in het begin meer aandacht krijgen van anderen; dat is hun 'ziektewinst'. Na verloop van tijd roept dit gedrag echter irritaties op en haken netwerkleden af.

Het gegeven dat jij een dergelijk mechanisme met hem bespreekt betekent 'contact maken en houden', iets waar doorgaans anderen in de sociale omgeving van de cliënt voor weglopen. Als jij in staat bent om door het irritante van het gedrag van de cliënt heen te kijken, kun je contact met hem maken. Probeer daarvoor het leed te zien dat er de oorzaak van is dat de cliënt dat gedrag vertoont. Stel je daarvoor deze vraag: 'Op welk gebied voel ik compassie met deze cliënt? Waar lijdt hij in wezen aan?' Het antwoord helpt jou om vanuit dat gevoel van compassie in verbinding te blijven met de cliënt en je weerstand te overwinnen. Vanuit die verbinding ontstaat vanzelf belangstelling, waardoor de cliënt zich gezien en gehoord voelt. Als dat gebeurt in jouw relatie met de cliënt, dan overkomt hem iets wat hem waarschijnlijk maar zelden gebeurt: hij wordt serieus genomen in plaats van gemeden. Door uit te gaan van de compassie die je voor de cliënt voelt, wordt een diepere laag in jouw attitude aangesproken. Het is 'werken met je hart' in plaats van alleen met je hoofd.

Hoe moeilijk het ook is voor de cliënt, het is belangrijk dat hij zich bewust wordt van – en inzicht krijgt in zijn gedrag. Hij moet gaan inzien wat zijn gedrag bij anderen oproept en hoe hij daardoor het tegengestelde bereikt van wat hij eigenlijk wil.
Je kunt de cliënt op verschillende manieren helpen dit inzicht te verwerven:

- Je kunt de cliënt spiegelen met zijn gedrag en vragen wat dit gedrag bij hem zelf oproept.
- Je kunt vragen of anderen wel eens iets over zijn gedrag hebben gezegd. Wat vinden zijn partner of vrienden van dit gedrag? Wil hij hiermee doorgaan of wil hij verandering?
- Je kunt onderzoeken of zijn gedrag aan een bepaalde situatie is verbonden. Waar vertoont hij dit gedrag en waarom? Wat heeft hij hier in het verleden mee bereikt? Wat is nu het effect? Zijn er ook situaties waarin hij dit gedrag niet vertoont?

Het is cruciaal dat de cliënt zelf een antwoord op jouw vragen geeft en vervolgens zelf een beslissing neemt. Als hij besluit te willen veranderen, kun je hem daar op de volgende manieren bij ondersteunen.

- Help de cliënt steeds herinneren aan zijn besluit.
- Vraag hem welke alternatieven hij voor zijn gedrag heeft in bepaalde situaties.
- Vraag hem hoe hij zich gedraagt in situaties waarin het contact wel goed loopt. Hiermee vergroot je zijn bewustzijn omtrent wat hij nu al doet. Hij kan zich dan gaan realiseren dat hij zelf alternatief gedrag aan het ontwikkelen is.
- Als zijn gedrag gedurende een gesprek verandert, kun je ontsluitende vragen stellen, zoals:
  - Wat was daar de aanleiding van?
  - Wat raakte je? Wat gebeurde er precies? Komen er herinneringen naar boven? (Erken de misschien pijnlijke herinnering en geef er ruimte voor. Dit kan ontlading van gevoelens en emoties brengen en daardoor ruimte scheppen.)
  - Wat doet dat met jou?
  - Hoe heb je je hersteld?
  - Wat heb je daarvoor gedaan?

Maak er een creatief proces van. Alles mag gezegd worden, hoe onwaarschijnlijk ook. Uiteindelijk kiest de cliënt dat gedrag uit dat hem het beste ligt. Hij spreekt vervolgens met jou af in welke situatie en met wie hij dit nieuwe gedrag gaat oefenen. Leg de cliënt uit dat nieuw gedrag aanleren met vallen en opstaan gaat en dat vaak oefenen de beste manier is om het nieuwe gedrag eigen te maken. De cliënt kan aan netwerkleden met wie hij redelijk vertrouwd is, vertellen dat hij aan het oefenen is. Hij kan hen zelfs vragen hem hierbij te helpen. Verder is het goed om eerst veel in nieuwe situaties te oefenen. Bij oude contacten kunnen namelijk allerlei emoties meespelen. Als de cliënt voldoende vertrouwen heeft opgebouwd, kan hij ook proberen oude contacten te herstellen. Lukt hem dit niet alleen, dan kun jij aanbieden hem daarbij te helpen. Dit kan door het gesprek met de cliënt voor te bereiden of aanwezig te zijn bij het gesprek en stil te staan bij de wijze van communiceren.

Gedrag waarbij de cliënt geen verantwoordelijkheid neemt voor de eigen situatie, belemmert overigens niet alleen de interactie met zijn netwerk, maar is ook rechtstreeks van invloed op de doelen die hij wil bereiken.

Om de cliënt te helpen zijn verantwoordelijkheid op te pakken kun je samen met hem naar de gemakkelijkste en de moeilijkste situatie zoeken en vervolgens daartussen een rangorde aanbrengen. Stap voor stap ondersteun je de cliënt bij het nemen van eigen verantwoordelijkheid, op basis van zijn stappen in het werkplan. De schaalvraag (paragraaf 2.4.4) kun je gebruiken om voor de cliënt zijn stappen en vorderingen inzichtelijk te maken en steeds weer nieuwe stappen te bedenken.

Wederkerigheid

Relaties zijn altijd gebaseerd op wederkerigheid. Mensen haken af als je alleen maar vraagt en nooit iets teruggeeft. Volgens Komter en Schuijt (1993) is wederkerigheid het cement van de samenleving dat een enorm krachtenveld inhoudt waarin mensen zich tot elkaar verhouden. Mensen die zelf veel te geven hebben, blijken ook degenen te zijn die veel ontvangen. In de hulpverlening kom je echter vaak mensen tegen die al langer in een isolement verkeren en daardoor noch geven, noch ontvangen.

Daarom hecht de sociaal netwerkmethodiek bij het opbouwen en versterken van een netwerk veel belang aan de *wederkerigheid* in relaties. Je kunt de cliënt helpen in te zien dat hij zelf iets te bieden heeft, door vragen te stellen als:

- Als jij van iemand hulp hebt gekregen, wat zou jij dan voor die ander kunnen doen?
- Hoe zou je hem kunnen bedanken?
- Waar zou je hem een plezier mee doen?
- Zou je meer met deze persoon willen doen? Wat dan? Heb je daar met hem over gesproken? Weet je waar zijn interesses liggen?

Je kunt ook circulaire vragen stellen. Dat zijn vragen waarbij de cliënt zich inleeft in de ander en door de ogen van die ander naar zichzelf gaat kijken. Dat levert vaak verrassende antwoorden op. Deze vragen hebben als doel de relatie tussen de cliënt en het netwerklid te verstevigen. Voorbeelden:

- Wat denk jij dat vriend A in jou waardeert?
- Hoe denk je dat hij naar je probleem kijkt?
- Denk je dat vriendin B een idee heeft hoe jij je probleem het beste kunt aanpakken? Hoe dan?
- Heb je er een idee van hoe je vriendin meent dat jij over haar denkt?

Wederkerigheid voorkomt afhankelijkheid en brengt meer gelijkwaardigheid in de relatie: er is meer evenwicht tussen geven en ontvangen. Er ontstaat een sterker netwerk, waarin contacten geïntensiveerd kunnen worden. Niet zelden komen daar vriendschappen uit voort. De cliënt krijgt ook meer eigenwaarde en zelfvertrouwen. Bovendien zorgt aandacht voor wederkerigheid ervoor dat de cliënt nadenkt over wat hij zelf te bieden heeft. Daardoor beseft hij dat hij iets voor anderen kan betekenen en stapt hij uit de slachtofferrol (als hij daarin zat). Vervolgens gaat hij meer eigen verantwoordelijkheid nemen.

Als er te weinig aandacht is voor wederkerigheid, leert de praktijk dat een cliënt zich op den duur uit schuldgevoel terugtrekt uit de relatie, omdat hij het gevoel heeft niet voldoende terug te kunnen geven. Ook is mogelijk dat de ander zich gebruikt gaat voelen.

Voorbeeld van opbouwen wederkerigheid

Jan, een 38-jarige man met ernstige psychische problemen, die alleen achterbleef in de woning na het overlijden van zijn ouders, ontving dagelijks een pannetje eten van de buurvrouw. Hij voelde zich schuldig omdat hij niets kon bedenken om terug te geven. Hierdoor dreigde hij het nog kwetsbare contact met de buurvrouw te verbreken. In overleg met de maatschappelijk werker kwam hij op het idee één keer per week de tuin van deze buurvrouw te verzorgen. Beetje bij beetje groeide het vertrouwen en na een halfjaar verzorgde hij niet alleen de tuin, maar schoof hij een paar keer per week aan tijdens het avondeten.

Interventies ter (re)vitalisering van het netwerk van de cliënt, die al naargelang de doelen die de cliënt zich gesteld heeft kunnen worden ingezet zijn:

- versterking van het netwerk;
- een netwerk uitbreiden of opnieuw opbouwen;
- reorganiseren van het beschikbare netwerk;
- een beroep doen op het netwerk;
- de inzet van professionals;
- het organiseren van netwerkberaden.

Versterking van het netwerk

Bestaande relaties verdiepen

Een netwerk versterken kan allereerst door de bestaande relaties te verdiepen. De cliënt kan bijvoorbeeld meer activiteiten met anderen ondernemen. Denk aan naar de film gaan, een voetbalwedstrijd gaan zien, koffiedrinken, boodschappen doen, wandelen, fietsen, met de kinderen naar het park of naar de speeltuin gaan etc. Het is belangrijk om samen met de cliënt te bepalen welke activiteiten het beste aansluiten bij zijn behoeften. Vervolgens kun je concrete plannen opnemen in het werkplan.

Praktijkvoorbeeld: intensiveren van contacten
Anna is 58 jaar. Haar man Klaas is enkele maanden geleden onverwachts overleden. Anna heeft geen kinderen.
Anna's hulpvraag: ik wil mijn leven weer oppakken en het verdriet een plaats kunnen geven.
Tijdens een van de gesprekken neemt de hulpverlener het ecogram erbij. Samen bekijken ze wie Anna's vrienden en kennissen zijn en wat zij voor haar betekenen in deze moeilijke periode.

Corrie: Je hebt het over je vriendinnen gehad. Wat betekenen ze voor je?
Anna: Toen Klaas nog leefde gingen we één keer per maand met elkaar uit eten.
Corrie: Hoe is dat nu?
Anna: Ze bellen me op of komen langs. Dat vind ik fijn, maar ik voel me erg alleen. Ik kom uit mijn werk en dan is er niemand. Toen Klaas nog leefde was hij er altijd.
Corrie: Wat mis je als je thuiskomt het meest?
Anna: Iemand om mijn verhaal tegen te vertellen.
Corrie: Wat doe je nu als je thuiskomt?
Anna: Ik zet de radio of de tv aan, zodat ik stemmen hoor. Dan lijkt het minder alleen.
Corrie: Helpt je dat?
Anna: Ja, dat helpt meestal wel, maar als het erg hoog zit, bel ik een van mijn vriendinnen.
Corrie: Hoe is het met je na het telefoongesprek?
Anna: Dan ben ik opgelucht...

Ze vervolgen het gesprek en onderzoeken wat haar vriendinnen nog meer kunnen betekenen voor haar.

Corrie: Wat zou je nog meer willen met je vriendinnen?
Anna: Ik zou willen dat ik hen vaker zie.
Corrie: Is dat een mogelijkheid?
Anna: Ik denk van wel, ik ga het hen vragen.
Corrie: Wat wil je dan?
Anna: Het lijkt me erg fijn als we wekelijks na het werk in het winkelcentrum een hapje gaan eten. Dan heb ik toch iets om naartoe te leven en dat breekt de week. Ik kan dan ook over Klaas praten. Ze hebben hem ook gekend.
Corrie: Hoe ga je dit aanpakken?
Anna: Ik ga hen bellen.

In een vervolggesprek met Anna blijkt dat de contacten met deze vriendinnen zijn geïntensiveerd. Iedere donderdag gaan ze met elkaar eten. Ze ondernemen ook andere activiteiten of helpen haar met het schoonhouden van haar huis of met werk in de tuin.

Activeren van een 'slapend' netwerk

Om een netwerk te versterken kun je ook op zoek gaan naar netwerkleden met wie er een goed contact was voordat de problemen begonnen. Je activeert dan een 'slapend netwerk'.

Voorbeeld

Door de echtscheiding van hun ouders – en de ruzies die daarmee gepaard gingen – hebben de volwassen kinderen uit een gezin nauwelijks nog contact met elkaar. Zij werden geacht partij te kiezen voor ofwel vader ofwel moeder zodat deze gemakkelijker onderling contact konden vermijden. Een van de dochters is inmiddels zelf gescheiden waardoor ze het gevoel heeft er alleen voor te staan in het nemen van beslissingen omtrent de kinderen, financiën, een verhuizing en het zoeken naar werk. Tijdens een gesprek komt de relatie met haar broer en twee andere zussen aan de orde. In eerste instantie legt ze contact met een zus met wie zij zich altijd het meest verbonden heeft gevoeld en met wie ze nooit ruzie heeft gehad. Gaandeweg het traject blijken ook de andere zus en broer weer open te staan voor contact en uiteindelijk steunen ze elkaar weer, maar genieten ze ook weer van elkaars aanwezigheid.

Een netwerk uitbreiden of opnieuw opbouwen

Sommige cliënten hebben een netwerk dat onvoldoende mogelijkheden biedt, bijvoorbeeld doordat de draagkracht ervan overeenkomt met hun persoonlijke situatie, of nog slechter is. Dat wil niet zeggen dat er daarom geen hulp beschikbaar is vanuit dat netwerk, maar het is er slechts in beperkte vorm. Tevens is de kans groot dat je er direct verschillende cliënten bij krijgt als je dit netwerk bij de hulpverlening betrekt, want eigenlijk heeft het hele netwerk ondersteuning nodig. In zo'n situatie kun je de casus het beste op teamniveau met je collega's bespreken. Met de cliënt zelf ga je bekijken of hij zijn netwerk met nieuwe contacten kan uitbreiden.

Er zijn ook cliënten die zelfs een compleet nieuw netwerk moeten opbouwen om hun leven weer op orde te krijgen. Een cliënt die bijvoorbeeld verslaafd is geweest, wil na behandeling geen contact meer met zijn oude maten. Hij moet een nieuw netwerk opbouwen. Ook voor mensen die totaal vereenzaamd zijn of cliënten met een psychiatrische stoornis of verstandelijke handicap is het opbouwen van een nieuw netwerk soms aan de orde. Hun bestaande netwerk kan overbelast zijn, en de leden ervan kunnen zich uit teleurstelling en machteloosheid hebben teruggetrokken. Ten slotte kunnen ook verhuizing en immigratie redenen zijn dat iemand een nieuw netwerk moet opbouwen.

Bij het uitbreiden of opnieuw opbouwen van een netwerk ga je samen met de cliënt op zoek naar aanknopingspunten. Als de cliënt nog een netwerk heeft, kun je onderzoeken of de netwerkleden vrienden of kennissen hebben die de cliënt kunnen ondersteunen. Verder kun je denken aan een lotgenoten-groep, als de cliënt de behoefte heeft om met mensen in contact te komen die hetzelfde hebben meegemaakt als hij. Bij verschillende projecten wordt het werken aan empowerment gekoppeld aan het versterken van het sociaal net-werk van de cliënt. En worden cliënten actief betrokken bij de vormgeving en invulling van deze initiatieven.

Een heel bijzonder experiment is opgezet door de Stichting Wegwijs te Utrecht. Het heet Familie Buur en biedt mensen die in de marge van de samenleving staan en sociaal isolement ervaren, een vorm van langdurig, vanzelfsprekend en infor-meel sociaal contact in nieuw gecreëerde 'families'.

Familie Buur
Citaat uit het projectplan Familie Buur: 'Familie Buur is een project waarbij (ex-) ggz-cliënten een soort van (familie)kring kunnen opbouwen. Leeftijd, sekse, geloof en huidskleur vormen geen belemmering om deel te gaan nemen in een groep. Wat doe je in zo'n groep? Alles wat je in een "normale" familie ook doet. Lachen, huilen, praten, ruzie maken, samen dingen doen. Familie Buur biedt bij uitstek de mogelijkheid om ergens bij te horen. Het geeft op een speelse wijze een kader om sociale contacten te leggen. Binnen Familie Buur is het mogelijk om naar behoefte onderlinge contacten te leggen en te onderhouden. Op groepsbasis gebeurt dat bij familiebijeenkomsten zoals feestjes en de familieraad. Op individuele basis gebeurt dat bij contacten tussen "familieleden" onderling' (Pennix, 2005, blz. 30).

Ouder-kindcentra
In verschillende steden in Nederland zijn in de afgelopen jaren Moedercentra, Ou-der-kindcentra of centra voor Jeugd en gezin geopend. Het idee van het Ouder-kindcentrum is twintig jaar geleden in Duitsland ontstaan en tien jaar later in Ne-derland opgepakt. Dit idee blijkt vooral voor vrouwen van onschatbare waarde te zijn. Het Ouder-kindcentrum vormt voor hen een brug naar meer contact in de wijk en een springplank naar meer deelname aan het sociale en maatschappelijke leven.

Sinds 1993 zijn er in Nijmegen Ouder-kindcentra. In de wijken Oud-west, Willems-kwartier, Hatert, Neerbosch-Oost/Heseveld en De Meijhorst is er een plek waar vrouwen respect, ontmoeting, vriendschap, steun, een luisterend oor en uitdaging vinden. Ze delen er zorgen en plezier in de opvoeding van hun kinderen, ze kunnen er terecht voor creatieve en sportieve activiteiten en ontdekken er hun persoon-lijke kwaliteiten.
Voor sommige vrouwen is een Ouder-kindcentrum het middel om los te komen van een geïsoleerd bestaan, anderen gaan vrijwilligerswerk doen, sommigen vinden

> in het Ouder-kindcentrum een betaalde baan als gastvrouw of stromen door naar regulier werk.
> Niet in de laatste plaats speelt een Ouder-kindcentrum een belangrijke rol in de integratie van allochtone vrouwen.
> Bron: www.tandemwelzijn.nl (2009).

De cliënt kan zijn netwerk ook uitbreiden – dan wel opnieuw opbouwen – door deel te nemen aan activiteiten, zodat hij andere mensen tegenkomt met wie hij contact kan leggen. Je kunt daarbij denken aan scholing, (vrijwilligers) werk, activiteiten in een buurthuis of een cursus volgen. Voor vrijwilligerswerk bekijk je met de cliënt wat hij goed kan en waar zijn interesses liggen. Je kunt bij het zoeken naar activiteiten je eigen sociale kaart ter beschikking stellen. Wijs de cliënt op de mogelijkheden en waar hij informatie kan vinden. Het opzoeken van informatie is overigens al een goede eerste stap. Als de cliënt iets gevonden heeft, maak je concrete afspraken over vervolgstappen.

Praktijkvoorbeeld: vrijwilligerswerk als ingang
Annette is 45 jaar en zit in een rouwproces, omdat haar moeder bijna een jaar geleden is overleden. Zij is veel thuis en piekert. Dit gaat gepaard met huilen en intens verdrietig zijn. Zij heeft een scheur in haar schouderblad en moet binnenkort geopereerd worden. Ze geeft echter te kennen dat ze een paar uurtjes per dag buitenshuis iets zou willen doen. Ze is dan even van huis en leert zo andere mensen kennen. Annette heeft een groot netwerk maar ze vindt de kwaliteit daarvan onvoldoende, omdat ze bij niemand terechtkan als ze wil praten.

De hulpverlener bespreekt met haar verschillende mogelijkheden: gastvrouw in een buurthuis, koffie en thee rondbrengen in een verzorgingshuis, vrijwilligerswerk in een ziekenhuis of met gehandicapten. Annette kiest voor gastvrouw in een buurthuis. De hulpverlener geeft haar informatie en verschillende adressen van buurthuizen.

Annette gaat naar het buurthuis dat bij haar in de buurt is. Ze vraagt of zij daar kan komen helpen. Dat kan en zij gaat er koffie en thee schenken. Dit geeft haar regelmaat en het gevoel dat ze ertoe doet. Bovendien vindt zij daar iemand met wie het goed klikt.

Verder kan de hulpverlener zelf de verbindende schakel zijn tussen de cliënt en nieuwe netwerkleden. In het volgende voorbeeld heeft de maatschappelijk werker gekeken naar haar eigen cliëntenbestand.

Praktijkvoorbeeld: de maatschappelijk werker als verbindende schakel
Ilona: 'Ik had twee Italiaanse cliënten. De ene cliënt sprak goed Nederlands maar verzorgde zichzelf slecht. De andere Italiaan verzorgde zichzelf goed en kon goed koken, maar sprak geen Nederlands. Ik wist dat zij beiden in dezelfde flat woonden en dat zij in hetzelfde Italiaanse café kwamen.
Ik heb hen beiden gepolst en gevraagd of ik dit aan de ander door mocht geven. Zo heb ik hen op elkaar attent gemaakt. Ik heb tegen de ene cliënt gezegd dat zijn bovenbuurman hem misschien kon helpen met zijn papieren en voorgesteld dat hij de ander als tegenprestatie kan helpen met zijn huishouden.
Deze twee mensen hebben op eigen initiatief contact met elkaar opgenomen en hebben daar veel aan.'

Het contact is tot stand gekomen op initiatief van de hulpverlener. Een duwtje in de rug was voor beiden kennelijk genoeg om zelf contact te leggen.
Ten slotte kan de ondersteuning van een vrijwilliger de cliënt helpen om een netwerk op te bouwen of uit te breiden. Deze vrijwilligers vind je bij een maatjesproject, vriendendienst, steunpuntmantelzorg etc. Ook welzijnsinstellingen hebben steeds vaker een vrijwilligerspool. Zoek iemand die aansluiting heeft bij de cliënt en met wie de cliënt een 'relatie' wil opbouwen.
Het contact met de vrijwilliger dient twee doelen: enerzijds is het bedoeld om het sociaal isolement te doorbreken en anderzijds om de cliënt te empoweren en hem te ondersteunen bij het opbouwen van een eigen sociaal netwerk. Hierbij gaat het in eerste instantie om vertrouwen op te bouwen door het ondernemen van alledaagse activiteiten als koffiedrinken, spelletjes doen, naar de film gaan en wandelen. Ook kan de vrijwilliger de cliënt meenemen naar activiteiten en cursussen in buurthuizen. Hij kan de cliënt over de drempel helpen om contact te maken met anderen, en hem stimuleren om zelf activiteiten te ondernemen. Het gaat niet om dagelijks contact maar om één keer per week of één keer per twee weken. Benadruk bij de vrijwilliger dat het voor de cliënt gaat om het herwinnen van zelfvertrouwen, het ontdekken waar zijn interesses liggen en steeds meer zelfstandig kunnen doen. Vrijwilligers mogen de cliënt met raad terzijde staan, maar ze moeten ervoor oppassen om dingen over te nemen. Je kunt de vrijwilliger hierbij coachen.
Het contact met de vrijwilliger is geen hulpverleningscontact. Dat betekent dat jouw hulpverlening aan de cliënt niet automatisch is afgerond als je de cliënt met een vrijwilliger in contact hebt gebracht. Zeker bij cliënten met een psychiatrisch probleem is het belangrijk om contact te houden. Houd dan bovendien in de gaten of het contact voor de vrijwilliger niet te intensief is. Sommige cliënten met een psychiatrisch probleem kunnen onvoorspelbaar gedrag vertonen, sterk wisselen van stemming en ook tegen het maatje bot zijn. In zo'n geval kun je de cliënt ook aan twee maatjes koppelen. Zij hebben dan steun aan elkaar, de contacten zijn minder intensief en de regelmaat blijft behouden. Deze maatjes hebben ook weer een achterwacht nodig. Dat kan de vrijwilligersorganisatie zijn, als zij daarbij zijn aangesloten, maar ook jij

als hulpverlener van de cliënt. Mocht het spaak lopen, dan kun je direct een driegesprek organiseren.

Reorganiseren van het beschikbare netwerk

Versterken van het netwerk hoeft niet per se uitbreiden van het netwerk te betekenen. Volgens Van Riet (1996) kan het zelfs verkleinen van het netwerk betekenen, door de contacten met de netwerkleden die de cliënt belemmeren af te bouwen. Zo kan het goed zijn om het contact met vrienden die veel op de cliënt leunen, maar die hem niets teruggeven, af te bouwen. Ook cliënten in de jeugdhulpverlening, reclassering en de verslavingszorg versterken vaak hun netwerk door het te verkleinen. Zij willen zodra zij weer in de maatschappij terugkeren, geen contact meer met oude maten die een negatieve invloed op hen kunnen hebben. Bij hernieuwd contact met deze oude contacten is de valkuil van terugkeren in oud gedrag namelijk levensgroot aanwezig.

De ervaring leert dat het ook bij verstikkende familierelaties nuttig kan zijn om de betreffende familieleden meer op een afstand te plaatsen. Soms blijkt dat in de familie van de cliënt er veel sociale controle is en dat alles met elkaar wordt besproken, terwijl de cliënt zich daar verre van gelukkig bij voelt. Hij kan dan besluiten het contact met zijn familie te verminderen. Let wel: verminderen, niet verbreken. De familie krijgt iedereen gratis mee bij zijn geboorte, en die kan men niet makkelijk afschudden. Van den Eerenbeemt (2008) beschrijft dit als volgt: 'Zolang de mens leeft, blijft hij verbonden met zijn oorsprong. Wat er ook voorgevallen mag zijn na de geboorte van een kind, wat ook de aard en de mate van ouderlijke verantwoordelijkheid is geweest, de relatie van het kind tot zijn ouders blijft bestaan.' Door een bloedband en loyaliteit blijven familieleden met elkaar verbonden. Wanneer iemand breekt met zijn familie, zal hij hoogstwaarschijnlijk ooit toch weer naar zijn familie toe gaan. Wat zal hij doen als hij hoort dat zijn moeder op sterven ligt? Het raakt hem ondanks dat hij haar misschien jaren niet meer heeft gezien. Soms keren mensen dan op stel en sprong terug naar 'huis'.

Als iemand zich aan de verstikking van de familierelaties kan onttrekken, zichzelf kan ontwikkelen en toch contact weet te houden, kan dat maken dat hij sterker uit de 'strijd' naar voren komt. Dan vormt iets wat in eerste instantie een belemmering was, nu juist een kracht bij het volgen van de eigen weg. 'Loskomen van je ouders kan niet. En het is ook helemaal niet nodig, zolang je er maar voor zorgt dat de verbondenheid je niet met ondergrondse kabels in een verstikkende greep houdt, maar met zichtbare draden die je, zonder door te snijden, zelf kunt aanhalen of laten vieren. Op die manier kun je je levenskoers bepalen. Echt vrij maak je je juist door te verbinden' (Eerenbeemt, 2008, blz. 36). Dat lukt volgens haar het beste als je je bewust bent van de band met je ouders en daar zelf actief vorm aan geeft.

Wanneer een persoon belemmerend is, vraagt dit eerst om nader onderzoek. Mogelijke vragen die je de cliënt kunt stellen, zijn:

- Waarin en wanneer is deze persoon belemmerend voor jou geworden?
- Heb je enig idee waarom hij belemmerend is?
- Wat is er gebeurd?
- Heb je er wel eens met hem over gesproken?
- Leverde dat wat op?
- Wat houdt je tegen om erover te praten?
- Wat is er nodig om deze persoon in ieder geval minder belemmerend te laten zijn?
- Heb je enig idee wat hij van jou nodig heeft om zijn belemmerende houding te laten varen?

Als deze vragen geen aanknopingspunten bieden, kan de cliënt besluiten om het contact meer op een afstand te plaatsen of af te bouwen. Afbouwen van een relatie kan door afspraken verder vooruit te zetten in de agenda. Een keer afbellen dat je niet kunt. Minder lange afspraken maken en even wachten met mailtjes beantwoorden. Een assertieve, directe aanpak ('Ik wil niet. Ik doe het niet meer.') is niet voor iedere relatie de beste aanpak. Vertragen of een smoesje kan ook helpen om minder geclaimd te worden.

Een beroep doen op het netwerk
Als een cliënt, al dan niet met ondersteuning van jou, een beroep wil doen op iemand uit zijn netwerk, moet hij ten eerste een concrete vraag formuleren. In het werkplan zijn de werkdoelen vertaald naar concrete stappen en acties. Daar kun je dus gemakkelijk een concrete vraag uit halen.

Vervolgens moet de cliënt de juiste persoon vinden. Daarvoor moet je je afvragen wat voor soort steun hij nodig heeft. Gaat het om emotionele steun? Heeft hij iemand nodig om bij uit te huilen, troost te ontvangen of zijn verhaal kwijt te kunnen? Of gaat het om praktische steun, zoals het vertalen van brieven, de kinderen meenemen naar een activiteit, ze af en toe opvangen, 's ochtends even aanbellen zodat ze op tijd op school komen, meegaan naar een instelling of een schilderijtje ophangen? Of heeft de cliënt behoefte aan materiële steun, bijvoorbeeld tweedehandskinderkleren of -meubels?
Ook is van belang of de betreffende persoon beschikbaar is en of hij dicht genoeg in de buurt woont. Het schema 'Mogelijkheden sociaal netwerk' kan behulpzaam zijn om de beste match te vinden.

Ten slotte moet de cliënt daadwerkelijk om hulp vragen. Vaak is dat niet eenvoudig. De cliënt wil niet belastend zijn voor mensen om zich heen of afhankelijk van hen zijn. Vooral van ouderen hoor je vaak dat ze hun kinderen niet willen belasten.

Daarnaast kunnen schaamte en schuldgevoelens maken dat de cliënt het moeilijk vindt om hulp te vragen. Het vraagt geduld en tact om hem dan toch te motiveren het netwerk te betrekken bij het uitvoeren van een werkdoel. Steun hem bij het zoeken naar kleine praktische zaken; dat kan de drempel verlagen. Ten slotte kan de cliënt belemmerd worden door een gebrek aan sociale vaardigheden. Hoe leg je contact? Hoe vraag je om hulp? Dit kan in gesprekken geoefend worden en door deelname aan socialevaardigheidstrainingen. Als cliënten de stap naar een socialevaardigheidstraining hebben gezet, zijn ze vaak opgelucht. Ze zien dat er nog meer mensen zijn met vergelijkbare moeilijkheden bij het leggen van contact. Tevens leren ze in de training andere mensen kennen. De ervaring leert dat er na afronding van de bijeenkomsten een aantal relaties blijven bestaan. Soms blijft een groep nog een tijdje met elkaar doorgaan. Een ander gunstig effect van een socialevaardigheidstraining is dat mensen er meer zelfvertrouwen door krijgen. Ze ervaren daar dat zij geaccepteerd worden, meetellen en in de gesprekken ook voor anderen wat kunnen betekenen.

Sociale vaardigheden kunnen ook aangeleerd worden door in een beschermde omgeving vrijwilligerswerk te doen. Dit betekent dus leren 'on the job'. Je kunt daarbij denken aan praktische klusjes uitvoeren in een wijkgebouw, gezondheidscentrum of verzorgingshuis, zoals koffie en thee zetten, kopjes klaarzetten, boodschappen doen, kopieerwerk etc.
Ook de gesprekken met jou zijn een oefenplek. Jij kan de cliënt attent maken op succesvolle contactmomenten in jullie communicatie en de bijdrage van de cliënt daaraan.

De inzet van professionals
Jij kunt ook vanuit jouw professionele netwerk mensen inzetten ter ondersteuning van de cliënt. Denk hierbij aan situaties waarin (tijdelijk) extra ondersteuning nodig is, bijvoorbeeld bij pathologische rouw, een zware depressie, trauma of psychische stoornis. Je overlegt dan met de cliënt voor een verwijzing naar de ggz. Bij het aanbrengen van structuur in het huishouden kun je denken aan de thuiszorg en bij opvoedingsproblemen of multiprobleemgezinnen aan een gezinscoach. Bij een lichamelijke of verstandelijke beperking is MEE de aangewezen organisatie. Zij verstrekken deze specialistische hulp. In eerste instantie biedt dit professionele netwerk een breed scala aan ondersteuning, die het sociaal netwerk op dit moment nog niet kan bieden, maar gaandeweg is het de bedoeling dat door versterking van de zelfregie van de cliënt (empowerment) en versterking van zijn netwerk (zie paragraaf 4.3.4) hij steeds meer zelf (samen met zijn netwerk) op zal pakken. De professional is er idealiter maar tijdelijk.

Om mensen met ernstige psychische beperkingen volwaardig te kunnen laten deelnemen aan de maatschappij, moet een maatschappelijk steunsysteem (MSS) worden opgezet. Een MSS is een netwerk van voorzieningen (geestelijke gezondheidszorg, gemeenten, maatschappelijk werk, welzijnswerk etc.) dat mensen met psychische beperkingen op verschillende leefgebieden ondersteunt om zo volwaardig lid te kunnen zijn van de maatschappij.

Maatschappelijke steunsystemen

In verschillende steden zijn maatschappelijke steunsystemen ontwikkeld. Dit is een gecoördineerd netwerk van personen, diensten en voorzieningen, waarvan mensen met ernstige psychische stoornissen zelf deel uit maken, en dat hen op vele manieren ondersteunt in hun pogingen in de samenleving te participeren. Het is dus een breed samenhangend geheel van zorg, ondersteuning en dienstverlening. Verschillende instellingen zijn hierbij betrokken, zoals: ggz-instellingen, dagactiviteitencentra, werkprojecten, Regionale Instellingen voor Beschermd Wonen (RIBW's), ouderenzorg, gehandicaptenzorg, tbs-instellingen, enzovoort. Maar ook maatschappelijke diensten zijn vertegenwoordigd, zoals woningcorporaties, club- en buurthuiswerk, de sociale dienst, politie, maatschappelijke opvang, arbeidsvoorzieningen en onderwijsorganisaties (Van Zuthem, 2003).

In het Brabantse MSS-project (Maatschappelijke Steunsystemen voor mensen met psychische handicaps) is aan de hand van de praktijk bekeken hoe een combinatie van zorg en steun ervoor kan zorgen dat de maatschappelijke en persoonlijke problemen afnemen.
In Den Bosch is een bemoeizorgteam actief geweest met een bundeling van activiteiten voor 'zorgmijders'. Het doel was eerder en beter te kunnen ingrijpen bij verloedering en overlast. Ook kwam er een vriendendienst voor jongeren met ernstige psychische problemen in samenwerking met studenten van hogeschool Fontys. Elders in het land zijn ook goede ervaringen opgedaan: in de Vogelbuurt in Dordrecht werden overlast en geweld aangepakt door betere samenwerking tussen ggz, politie, buurtcomité en woningbouwvereniging. In Amsterdam Westerpark en Utrecht functioneren eveneens goede maatschappelijke steunsystemen, evenals in het buitenland, waar vooral in de Verenigde Staten goede ervaringen zijn opgedaan met Community Support Systems. Het onderzoek ernaar is echter nog schaars en het betreft moeilijk te onderzoeken materie. Het belang ervan neemt echter toe nu de nieuwe Wet maatschappelijke ondersteuning ervoor moet gaan zorgen dat mensen met psychische handicaps 'mee kunnen doen' (aldus het ministerie van VWS).
Bron: http://www.nieuwsbank.nl. Zie 'congres maatschappelijke steunsystemen over relatie zorg en steun'. Vele websites van maatschappelijke steunsystemen, opgericht in diverse dorpen en steden door geheel Nederland, komen naar voren als je bij Google 'maatschappelijke steunsystemen' intoetst.

Het organiseren van netwerkberaden

Netwerkberaad
In plaats van de cliënt met iedereen van zijn netwerk individuele afspraken te laten maken om zijn doel te bereiken, kan het in verschillende situaties effectiever zijn om de betrokken netwerkleden (familie e.a.) gezamenlijk uit te nodigen voor een beraad. Hierbij denk ik aan situaties als opvoedingsproble-

men, huiselijk geweld, een familielid met een verstandelijke en/of lichamelijke beperking of psychische stoornis, of andere situaties waarin de problemen de cliënt boven het hoofd dreigen te groeien.

Bij een netwerkberaad worden betrokken netwerkleden uitgenodigd die met elkaar een plan maken ter ondersteuning van de cliënt en samen een oplossing voor het probleem bedenken. Zo'n beraad activeert het netwerk rondom een gezin zodat dit minder afhankelijk is en wordt van professionele hulpverlening.

Het overleg kan zich beperken tot alleen maar contacten uit het persoonlijke of juist uit het professionele netwerk, maar er kan ook een combinatie van persoonlijke en professionele contacten zijn. Alles is mogelijk. De enige constante is de cliënt: die is hoe dan ook altijd bij deze overleggen aanwezig.

De cliënt beslist zelf wie er uitgenodigd worden, waar het netwerk bij elkaar komt en welke zaken er besproken moeten worden. Netwerkberaden kunnen ook buiten het kantoor en buiten werktijd plaatsvinden, bijvoorbeeld 's avonds bij de cliënt thuis. Dit is helemaal afhankelijk van de voorkeur van de cliënt. Ook met elkaar eten behoort tot de mogelijkheden. Jij hebt bij deze beslissingen in principe slechts een ondersteunende rol.

Voor de cliënt kan het een te grote opgave zijn om al deze mensen persoonlijk uit te nodigen en de bedoeling van de bijeenkomst uit te leggen. In dat geval kun je in overleg met de cliënt, gezamenlijk of zelf, contact leggen met de betreffende personen en hen uitnodigen voor het netwerkberaad. Je kunt het initiatief ook overnemen als de netwerkleden moeilijk te activeren zijn. Je neemt dan zelf contact op om informatie te geven over het probleem, het doel van de bijeenkomst uit te leggen en te vragen of die persoon bereid is om te helpen.

Tijdens het netwerkberaad maken de aanwezigen geheel zelfstandig met de cliënt een plan waarin staat wie welke bijdrage levert. Deze bijdrage kan uiteenlopen van tijdelijke klussen tot langdurige betrokkenheid. Daarbij is het uitgangspunt dat het netwerklid het leuk vindt om te helpen en in staat is dit vol te houden. Ook wordt in dit beraad besproken wat de cliënt zelf oppakt en wat hij te bieden heeft aan de anderen (wederkerigheid), in de hoop dat hier waardevolle, persoonlijke contacten ontstaan of blijven voortbestaan.

Tijdens de bijeenkomst ben je niet meer dan een procesbegeleider die het vooraf met de cliënt besproken probleem en gemeenschappelijke doel van de bijeenkomst formuleert. De eventueel overige aanwezige professionals vertellen wat zij te bieden hebben in deze situatie en verlaten dan het overleg. Jij brengt het gesprek op gang en geeft waar nodig nog aanvullende informatie. Vervolgens gaan de cliënt en zijn netwerk met elkaar aan de slag om een plan op te stellen. Je bemoeit je niet met de inhoud van het op te stellen plan, waarin staat wie wat gaat doen. Daarin heeft de cliënt de belangrijkste rol. Hij kent tenslotte zijn netwerk en hij kent de gevoeligheden en de kracht van de netwerkleden daarom het beste. Wel kun je ondersteunen bij het vastleggen van de plannen. Het voordeel van jouw aanwezigheid is de mogelijkheid om bij te sturen als er familievetes of andere strubbelingen naar voren komen die niets met het probleem van de cliënt te maken hebben. Daarnaast heb je zicht op de machtsverhoudingen. Bij een negatieve invloed van een van de aanwezigen, die ten koste gaat van de cliënt of het proces, kun jij dit waar nodig op tafel leggen. Bij een positieve invloed van een van de aanwezigen, kun je daar later juist misschien nog eens gebruik van maken. Ook heb je de mogelijkheid om de bijeenkomst na afloop met je cliënt door te nemen en kun je zowel de netwerkleden als de cliënt, waar nodig, ondersteunen in het verdere proces.

Al naargelang het aantal personen dat wordt uitgenodigd, kan het organiseren van een netwerkberaad heel veel tijd vragen. Instellingen kunnen hiervoor ook een beroep doen op de organisatie van Eigen Kracht-conferenties: zie voor meer informatie daarover www.eigen-kracht.nl.

Tussentijdse evaluaties
Tijdens de uitvoering van het werkplan is het belangrijk om tussentijds met de cliënt de voortgang te evalueren en de behaalde successen te benoemen. Hiervoor vind je in bijlage 5 een tussenevaluatieformulier. Samen met de cliënt besluit je om op de ingeslagen weg voort te gaan of om veranderingen aan te brengen. De veranderingen geef je aan op het werkplan.

4.3.5 Fase 5: Eindevaluatie en het consolideren van de bereikte resultaten

Na afronding van de hulpverlening heeft de cliënt een passend vitaal netwerk, waarin gelijkwaardigheid en wederkerigheid de basis vormen en waarin zowel hij als zijn netwerkleden een vangnet vormen voor eventuele toekomstige problemen van hem of andere mensen in zijn netwerk. Dat is gelijkwaardigheid; de cliënt heeft voldoende in huis om iets voor anderen te kunnen betekenen. Ook heeft hij voldoende vaardigheden opgebouwd om actief te participeren in de maatschappij.

Eindevaluatie
Zodra de cliënt het idee heeft dat hij zijn doelen in voldoende mate heeft bereikt, bespreekt hij dit met jou. Ook jij kunt dit onderwerp inbrengen. Je kunt de cliënt vragen naar wat er veranderd is in zijn situatie en wat hij geleerd heeft tussen nu en toen hij voor de eerste keer kwam. Ook kun je vragen wat hij nog van jou als hulpverlener nodig heeft. Om de cliënt steeds meer te laten steunen op zijn eigen verworven vaardigheden en zijn zelfvertrouwen daarin te vergroten, kun je in overleg met hem de afstand tussen de afspraken verlengen, zodat hij ook zelf ervaart dat hij veel meer zelfregie over zijn leven heeft en een vitaal netwerk om zich heen. Dan komt de afronding van het hulpverleningstraject als een logische volgende stap. In bijlage 6 vind je het eindevaluatieformulier aan de hand waarvan jij samen met de cliënt terug-

kijkt op het hulpverleningsproces. Als er vrijwilligers in het hulpverlenings-traject betrokken waren, is het nuttig om ook met hen erbij een afrondend gesprek te houden.

Consolideren

De afronding van de hulpverlening moet zorgvuldig gebeuren. Je wilt immers dat de cliënt de bereikte resultaten vasthoudt en op de ingeslagen weg voort-gaat. Dit noemen we het consolideren van de resultaten. Daarvoor is het goed om ook na de eindevaluatie niet direct volledig buiten beeld te raken. Je kunt bijvoorbeeld een afspraak plannen voor over drie maanden. Is de afspraak niet nodig, dan kan de cliënt deze afbellen en is de hulpverlening afgerond. Bij cliënten in heel kwetsbare situaties kun je ook min of meer op afstand ondersteuning blijven bieden zodat het proces van versterken van het net-werk doorgaat en je bij terugval direct ondersteuning kunt bieden om erger te voorkomen. Zeker bij cliënten die in kwetsbare omstandigheden leven, kan dit een groot verschil maken. Je rondt het hulpverleningstraject af, maar maakt de cliënt duidelijk dat hij in de toekomst een beroep op je kan blijven doen. Mochten er nog vrijwilligers of andere hulpverleners betrokken zijn, dan houd je als casemanager een vinger aan de pols.

Er zullen mensen blijven bij wie het niet lukt om zelfstandig andere contacten aan te gaan of een netwerk op te bouwen. Zij blijven afhankelijk van vrijwilli-gers. Bij cliënten die psychiatrische stoornissen hebben kan het voor het con-solideren van de vrijwilligersondersteuning noodzakelijk zijn dat de vrijwil-ligers een beroep op jou of de vrijwilligersorganisatie kunnen blijven doen.

4.4   Attitude van de hulpverlener

Bij het inzetten van de sociaal netwerkmethodiek, is werken vanuit empo-werment een voorwaarde. Er wordt immers veel van de cliënt gevraagd. Je gaat uit van de kracht van de cliënt en begeleidt hem bij zijn leerproces en het nemen van beslissingen. De cliënt heeft een leidende rol. In paragraaf 3.4 is al beschreven welke houdingsaspecten bij empowerment horen (bijvoor-beeld de houding van niet-weten). Deze paragraaf bespreekt nog enkele an-dere aandachtspunten, die specifiek zijn voor de sociaal netwerkmethodiek.

4.4.1   Zie de cliënt in de context van zijn omgeving

Een uitgangspunt van de sociaal netwerkmethodiek is dat je de cliënt altijd in de context van zijn omgeving moet zien (systeemgericht kijken). Er vindt im-mers een voortdurend proces van wederzijdse beïnvloeding plaats tussen de cliënt en zijn omgeving. Mensen zijn sociale wezens en daarom aangewezen op elkaar. De ervaring leert dat er bij problemen vaak meerdere mensen uit een gezin of familie betrokken zijn. Hoe de cliënt en zijn netwerkleden met

elkaar omgaan, wordt mede bepaald door cultuur, religie en de daaruit voort-
komende normen en waarden. Meer hierover kun je lezen in de hoofdstukken
3 en 5.

4.4.2 Terughoudendheid betrachten in het daadwerkelijk hulp bieden

Als jij als hulpverlener de sociaal netwerkmethodiek toepast, moet je zeer terughoudend zijn met zelf daadwerkelijk hulp te verlenen. Het gaat er namelijk
niet om wat jíj kunt bieden, maar wat de cliënt vraagt en wie in zijn netwerk
hem daarbij kan helpen. Door deze benadering versterk je de zelfredzaamheid van de cliënt op de langere termijn. Jij biedt alleen de helpende hand bij
(acute) problemen die de cliënt zelf nog niet aankan en ook niet door leden
van zijn netwerk opgepakt kunnen worden. Hierbij kun je denken aan praktische problemen (vooral bij het begin van de hulpverlening), relatieproblemen, verwerkingsproblemen, financiële problemen en identiteitsproblemen.

4.4.3 Inzicht in de verschillende rollen van de hulpverlener

In de verschillende fasen van de hulpverlening heb je verschillende rollen, namelijk die van hulpverlener, casemanager, coach, bemiddelaar en organisator.
Jij bent daadwerkelijk *hulpverlener* als het gaat om procesmatige begeleiding
bij psychosociale problemen en bij materiële hulpverlening. Jij hebt immers
de deskundigheid in huis die aansluit op deze hulpvragen van de cliënt en je
bent tevens een onderdeel van zijn netwerk.

In situaties waarin meerdere instanties en hulpverleners betrokken zijn bij
de cliënt (en zijn gezin), neem je de rol van *casemanager* op je. Als casemanager roep je de hulpverleners bij elkaar en ga je met hen, in aanwezigheid van
de cliënt (empowerment), in overleg om een samenhangend plan te maken.
Goudriaan (1989) zegt hierover: 'Het gaat daarbij niet alleen om de coördinatie en afstemming van de hulp bij gelijktijdige hulpverlening door verschillende disciplines en/of voorzieningen, maar ook om de continuïteit van de hulp
als die in verschillende perioden plaatsvindt.' In het kader van de sociaal netwerkmethodiek horen daar ook de betrokken netwerkleden van de cliënt bij.
Als *coach* stimuleer je de cliënt om stap voor stap zijn doelen te bereiken en
zich persoonlijk te ontwikkelen. Daarbij geef je de cliënt positieve feedback,
erkenning, waardering en bevestiging, vooral voor stappen in de interactie
met netwerkleden.

Zo nodig ben je *bemiddelaar* tussen de cliënt en leden van zijn sociaal netwerk
of andere personen. 'Jij hebt dan een (tijdelijke) brugfunctie, zodat mensen
elkaar (weer) kunnen bereiken en samen tot een oplossing kunnen komen'
(Ravelli, 2009, blz. 152).

Ten slotte kun je ook de rol van *(mede)organisator* vervullen bij het opzetten
en begeleiden van netwerkberaden.

4.5   De sociaal netwerkmethodiek en communityempowerment

Uit het al eerder aangehaalde rapport van het Verweij-Jonker Instituut (paragraaf 2.3.2) blijkt dat zowel voor de wijkaanpak als voor de ABCD-benadering
het moeilijk is om de verschillende doelgroepen te bereiken. De informele
sociale infrastructuur blijft meestal buiten beeld evenals wat de inbreng van
individuele bewoners kan zijn.

De eerste fase van de sociaal netwerkmethodiek is het inventariseren van het
netwerk van de cliënt. Deze fase kun je, iets aangepast, ook gebruiken om de
informele contacten in een wijk zichtbaar te maken. Daarvoor benader je een
aantal bewoners en maak je met elk van hen een 'wijkecogram'. Dit is een persoonlijk ecogram, maar toegespitst op de contacten in de wijk. Zie paragraaf
4.5.1 voor de precieze uitwerking daarvan.

Om de kleinst mogelijke netwerken, activiteiten en initiatieven in de wijk
zichtbaar te maken, is het belangrijk niet alleen bewoners via de bekende weg
(bewonersorganisaties, winkeliersverenigingen, sportclubs en dergelijke) te
benaderen. Dan bereik je namelijk alleen de mensen die al georganiseerd ergens aan meedoen. Betrek daarom ook het algemeen maatschappelijk werk,
het ouderenwerk, ouderenadviseurs, opvoedsteunpunten en dergelijke bij de
inventarisatie. Zij kunnen bewoners benaderen die bij hen bekend zijn, en
met hen het wijkecogram maken. Als zij dan meerdere personen uit dezelfde
wijk benaderen en van elke persoon het netwerk in de wijk inventariseren,
dan zie je direct de dwarsverbanden en informele netwerken. Je hebt dan via
via direct een flink aantal mensen in beeld die elkaar kennen en elkaar uit
kunnen nodigen om bijvoorbeeld een activiteit op te zetten. Wanneer je ook
vragen laat stellen over het geboorteland van de mensen en van hun ouders,
kom je bovendien te weten in welke mate migranten en autochtonen onderling met elkaar geïntegreerd zijn in de wijk. Ook kunnen de hulpverleners
die jou helpen met het inventariseren van de contacten in de wijk, hun cliënten polsen of zij het leuk vinden om andere wijkbewoners aan de hand van
vragenlijsten te interviewen over hun mogelijkheden, kennis en kwaliteiten.
Zo'n interview kan ook over de belangstelling van wijkbewoners gaan. Waar
liggen hun interesses? Waar willen ze bij betrokken worden als het hun wijk
aangaat? Zijn er al initiatieven die ze misschien willen uitbouwen?
De cliënten die deze interviews op zich nemen, kunnen zo ondanks al hun
problemen een rol vervullen. Zij kunnen heel laagdrempelig eerst met leden
van hun informele netwerk een vragenlijst invullen, en vervolgens anderen
benaderen. Dit kan opnieuw zin geven aan hun leven. Zij zijn tot nut. Bovendien werkt het heel empowerend om met anderen vragenlijsten in te vullen
waarbij het er alleen om gaat wat mensen wél kunnen.

Als je de sociaal netwerkmethodiek op bovenstaande wijze inzet, dan ben je
eigenlijk bezig met stap 1 (maken van een wijkkaart) en stap 2 (bouwen aan
relaties tussen de bronnen in de buurt) van de ABCD-benadering voor com-

munityempowerment. Een uitgebreide beschrijving van de ABCD-benadering vind je op internet, onder andere op: www.verwey-jonker.nl. Het Landelijk Samenwerkingsverband Aandachtswijken is in Nederland de drijvende kracht achter de introductie en de uitvoering van ABCD. Zie: www.lsabewoners.nl.

4.5.1   Het wijkecogram

In het wijkecogram zijn alle vragen gericht op contacten *in de wijk*. Net zoals bij het gewone ecogram verdeel je deze contacten over drie sectoren (1. familie, 2. vrienden, kennissen en buren en 3. maatschappelijke diensten). Ook geef je aan wie dichtbij staan en wie veraf. De onderlinge contacten en gezamenlijke activiteiten die relevant zijn voor de sociale cohesie, schrijf je op een apart vel papier. Denk bij de activiteiten aan koffiedrinken, bridgen, op elkaars kinderen passen, samen naar de speeltuin gaan, meedoen met opzoomeren etc.

Door het inzetten van het wijkecogram via verschillende kanalen, kom je in alle lagen van de bevolking en bereik je alle doelgroepen. Binnen informele netwerken kunnen mensen immers elkaar benaderen en met elkaar een stap zetten. Daarmee zijn ook taalproblemen te overbruggen.

Op de volgende bladzijde staat dezelfde vragenlijst als in paragraaf 4.3.1, maar nu aangepast aan de inventarisatie van de informele contacten in de wijk. Stel alleen die vragen die voor de betreffende cliënt relevant zijn in het kader van sociale cohesie.

Vragenlijst inventariseren sociaal netwerk cliënt van de cliënt in de wijk

- ## Sector familie en de sector vrienden, kenissen en buren

Algemeen
- Wonen er familieleden van jou in dezelfde wijk waarin jij woont?
- Wie zijn dat?
- Waar staan zij ten opzichte van jou in de cirkel?
- Heb je vrienden in de wijk? Hoe heten ze? Waar staan ze ten opzichte van jou op dit papier?
- Heb je contact met je buren? Met wie? Waar staan zij ten opzichte van jou op dit papier?
- Ken je nog meer mensen in de wijk? Waar ken je hen van? Waar staan zij ten opzichte van jou op dit papier?
- Ben je tevreden met het aantal contacten dat je in de wijk hebt?
- Zou je graag meer mensen willen leren kennen in de wijk?
- Heb je enig idee hoe je dat kunt bereiken?

Gevarieerdheid
- Is ... hier of elders geboren?
- Uit welk land komt hij/komen zijn ouders?

Inhoud van het contact
- Hoe ziet het contact met ... eruit?
- Met wie deel je dezelfde interesses of onderneem je activiteiten?
- Welke activiteiten ondernemen jullie?
- Nemen jullie deel aan activiteiten in de wijk?
- Ondernemen jullie zelf activiteiten in de wijk?
- Gaan jullie bij elkaar op bezoek?
- Heb je het gevoel dat je erbij hoort?

Praktische steun
- Wie helpt jou wel eens met praktische zaken zoals het invullen van formulieren, het vertalen van brieven, op de kinderen passen, een boodschap doen, een klusje in huis, jou met de auto wegbrengen etc.?
- Help jij anderen met praktische zaken? Aan wie geef je welke hulp?

Materiële steun
- Leen je wel eens spullen (kleding, ladder, stoelen, tafel, eten e.d.)? Van wie? Aan wie?
- Geef of krijg je wel eens iets, bijvoorbeeld kleding voor de kinderen?

Belemmerend – in relatie tot de sociale cohesie in de wijk

- Zijn er mensen hier in de wijk die je belemmeren? Waarin voel je je belemmerd?
- Welke andere factoren zijn belemmerend voor de sociale cohesie? (Hier kun je denken aan roddelen, een hoge mate van sociale controle, normen en waarden in de thuissituatie, man of vrouw zijn, religie etc.)

'Slapend' netwerk

Bij mensen met een erg klein netwerk kun je ook vragen stellen over contacten die zij hadden in de wijk voordat de problemen begonnen. Mogelijk kunnen die contacten weer geactiveerd worden.

- Met wie had je contact voordat de problemen begonnen?
- Waar kenden jullie elkaar van?
- Wat deelden jullie met elkaar?
- Zou je graag opnieuw contact met hem willen hebben?

Sector maatschappelijke diensten

Omvang

- Welke instellingen ken je hier in de wijk?
- Heb je contact met deze instellingen?
- Weet je welke activiteiten zij organiseren of wat zij in en voor de wijk doen?
- Heb je wel eens deelgenomen aan door hen georganiseerde activiteiten?
- Zo ja, welke?
- Heeft een van deze instellingen jou wel eens geholpen?
- Ken je mensen die in die instellingen werken? Heb je wel eens contact met hen?
- Zo ja, met wie?

Mogelijke betrokkenheid bij de wijk

- Wil jij wel eens aan activiteiten deelnemen, maar komt het er niet van?
- Heeft dat een speciale reden?
- Vind je het leuk als anderen jou uitnodigen om aan een activiteit deel te nemen?
- Nodig jij anderen wel eens uit?
- Organiseer je zelf wel eens een activiteit, of help je anderen daarmee?
- Zou je het leuk vinden om meer betrokken te zijn bij de wijk?
- Zou jij bijvoorbeeld andere mensen die je kent, of juist niet kent, willen interviewen? Het gaat daarbij om hun ideeën over de wijk en wat ze voor de wijk willen of kunnen betekenen. Er is een kant-en-klare vragenlijst.

Aandachtspunten

Hieronder volgen enkele aandachtspunten bij het inzetten van het wijkecogram.

- Zorg voor een goede introductie waarin je uitlegt wat het doel van de inventarisatie is.
- Probeer de betreffende cliënt te motiveren om actief te worden. Dit kan soms prima aansluiten bij zijn persoonlijke werkdoelen.
- Vraag aan de cliënt of je zijn naam mag doorgeven aan jouw collega van het opbouwwerk, of dat hij het prettiger vindt eerst in het bijzijn van jou kennis met de opbouwwerker te maken. Motiveer de cliënt om daarbij mensen uit zijn netwerk mee te nemen. Het feit dat ze niet alleen zijn, kan de drempel verlagen om het contact ook na deze kennismaking voort te zetten. Voor cliënten die graag hun netwerk willen uitbreiden, kan deze werkwijze een eerste stap zijn om anderen te ontmoeten. De ABCD-benadering, of een andere wijkaanpak, kan daar prima op aansluiten.
- Voor de mensen die zich hebben teruggetrokken uit de samenleving en echt alleen zijn is een outreachende benadering nodig.
- Stel je eisen niet te hoog. Alle mensen betrekken is niet haalbaar. Bedenk dat mond-tot-mondreclame ook zijn tijd nodig heeft.
- Sluit aan bij de bewoners en faciliteer. Ondersteun kleine initiatieven.
- Maak duidelijk wat je voor de bewoners kunt betekenen. Wees nieuwsgierig naar hun verhalen en ervaringen in de wijk. Onderzoek wat hun wensen en ideeën zijn en sluit daarbij aan.

4.5.2   De verschillende rollen bij communityempowerment

Als je aan communityempowerment werkt, heb je verschillende rollen. Ten eerste ben je *facilitaiter* van bewonersinitiatieven. Jij kent de weg naar instanties en bent daardoor een schakel tussen bewonersinitiatieven en de systeemwereld. Jij bent bijvoorbeeld thuis in de wereld van subsidies en allerlei gemeentelijke potjes voor bewoners en de wijze waarop ze hier een beroep op kunnen doen. Jouw hulp hierbij heeft dan niet alleen effect op de korte termijn, namelijk voor de betreffende activiteit, maar zorgt er ook voor dat bewoners de wegen leren kennen.

Je bent niet alleen een *verbinder* en *schakel* tussen bewoners en gemeentelijke instellingen, maar ook tussen bewoners onderling door hen met elkaar in contact te brengen.

Ook ben je *ondersteuner* van activiteiten die bewoners opzetten. Je ondersteunt hen bij het inzetten van hun eigen kwaliteiten en vaardigheden. Indien nodig zet je samen stappen om hen op weg te helpen.

Verder ben je *medeorganisator* waarbij je gebruik kunt maken van je eigen netwerk. Je zet je in om meerdere bewoners bij een activiteit te betrekken, of om de juiste mensen voor de activiteit te vinden, bijvoorbeeld winkeliers, de brede school, een vadercentrum, moedercentrum, buurthuis, sportclub, etc.

Ten slotte ben je een *signaleerder*. Je signaleert waar het goed gaat en waar het stagneert. Je pakt op wat bij jou hoort en speelt de overige signalen door naar de juiste instanties.

Opdrachten

1   In paragraaf 4.2.3 staat de functie van het sociaal netwerk beschreven aan de hand van vier behoeften. Welke van jouw netwerkleden vervullen één of meerdere van die behoeften?

2   Voer deze opdracht met een medestudent uit die je 'hulpverlener' is. Draai daarna de rollen om.
- Vul samen je eigen sociaal netwerk in met behulp van het ecogram.
- Vul vervolgens samen het schema 'Mogelijkheden sociaal netwerk' in.
- Bedenk een situatie waar je hulp bij nodig hebt (of hebt gehad of mogelijk zult hebben). Als je niets weet, bedenk dan een situatie die in jouw leven zou kunnen voorkomen.
- Vul samen het werkplan in aan de hand van die situatie en met inachtneming van het ecogram en het schema 'Mogelijkheden sociaal netwerk'.
- Bespreek na wat je in dit proces beiden hebt ervaren: jij als 'cliënt' en je medestudent als 'hulpverlener'.

De sociaal netwerkmethodiek en etnisch-culturele diversiteit 5

In hoofdstuk 3 ('Empowerment en etnisch-culturele diversiteit') zijn de begrippen cultuur, identiteit en beeldvorming uitgelegd in relatie tot interculturele hulpverlening. Vervolgens is daar aandacht besteed aan onder andere de invloed van het geloof op het leven van migranten, de zoektocht naar hoe zij kunnen omgaan met verschillen en de zoektocht naar hoe zij voor zichzelf op kunnen komen met inachtneming van de loyaliteit voor de familie. Tevens besteedde hoofdstuk 3 aandacht aan de attitude van de hulpverlener bij interculturele hulpverlening. Daarbij werd duidelijk gemaakt dat de unieke persoonlijkheid van de cliënt hierin vooropstaat.

Alle theorie, inzichten, vaardigheden en houdingsaspecten die bij werken vanuit empowerment horen, zijn ook van toepassing op de sociaal netwerkmethodiek. Daarom is dit hoofdstuk een aanvulling op hoofdstuk 3. Het gaat alleen in op onderwerpen van etnisch-culturele diversiteit die specifiek zijn voor de sociaal netwerkmethodiek en nog niet zijn behandeld in het kader van empowerment. Aan de hand van de eerste vier fasen van de sociaal netwerkmethodiek worden aandachtspunten en interventies beschreven waarmee je optimaal kunt aansluiten bij de leef- en belevingswereld van migranten.

5.1 Fase 1: Inventariseren van het netwerk

5.1.1 Vertrouwen opbouwen

Migranten die voor de eerste keer bij een hulpverlener komen, weten niet goed waar de hulpverlening voor staat en hebben daardoor soms een verkeerd verwachtingspatroon. Sommige doelgroepen associëren vanuit hun eigen referentiekader, dat zij ontlenen aan hun land van herkomst, de hulpverlening met juridische dienstverlening of met de overheid. Bovendien is het voor hen ook veel minder vanzelfsprekend dat zij recht op hulp hebben dan voor autochtone Nederlanders. Een groot deel van deze cliënten komt dan ook te laat naar de hulpverlening. Verder beheersen sommige cliënten de Nederlandse taal niet voldoende en kennen ze vaak nog niet de weg in zorg en welzijn. Dan is het niet aan de orde om een uitgebreide intake te doen, laat staan het ecogram in te zetten. De ervaring leert dat veel niet-westerse migranten van de eerste generatie niet begrijpen waarom er zo veel vragen gesteld worden. Zij vinden het ongepast en bovendien begrijpen ze niet waarom ze niet gewoon geholpen worden.

Voor jou is daarom het eerste aandachtspunt om vertrouwen op te bouwen. Dat betekent dat je eerst ingaat op de hulpvraag waarmee de cliënt bij je komt, ook al vermoed je dat daar nog een andere vraag achter schuilgaat. Je inventariseert samen met de cliënt de praktische problemen en klachten waar hij op dat moment mee zit. Je vraagt wat de cliënt zelf al gedaan heeft. Je geeft informatie en advies, bemiddelt voor de cliënt en vult formulieren in. Alles is gericht op het oplossen van praktische problemen.

Op deze manier kun je enerzijds de spanningen voor de cliënt weer hanteerbaar maken en anderzijds vertrouwen opbouwen. Want alleen met praten voelen veel migranten zich niet geholpen. Als er vertrouwen is opgebouwd, kunnen ook achterliggende zaken naar voren komen. Dan is de tijd rijp om daar vragen over te stellen en de totale situatie van de cliënt in kaart te brengen, inclusief het inventariseren van het netwerk.

5.1.2 Inzetten van het ecogram

In eerste instantie hebben veel migranten moeite met het invullen van het ecogram. Ze hebben twijfels: waarvoor dient het? Behalve dat ze de vuile was niet buiten willen hangen, iets waarvan veel mensen in alle culturen last hebben, kunnen bij niet-westerse migranten ook schaamte, schuldgevoelens, familie-eer en taboes een rol spelen. Men kan bang zijn voor roddels en om uitgestoten te worden. Dat betekent dat je je in deze situatie proactief moet opstellen. Je benadrukt de vertrouwelijkheid van het gesprek en vertelt de cliënt dat er niets gebeurt zonder zijn toestemming. Vervolgens kun je een proefecogram invullen als voorbeeld en situaties van andere cliënten vertellen waarin het netwerk tot steun is geweest. Deze voorbeelden kunnen enerzijds herkenning opleveren en anderzijds kan de cliënt vragen stellen over deze voorbeelden; dat is veiliger. Tevens kan voor jou hiermee duidelijk worden waar de twijfels zitten bij de cliënt. Aangepast op zijn situatie kun je dan nog andere voorbeelden geven. Dat werkt drempelverlagend.

Hoewel de sociaal netwerkmethodiek veel mogelijkheden biedt, zit er ook een grens aan. Deze grens wordt bepaald door het belang dat de cliënt erin ziet. Als hij, om wat voor reden dan ook, na goede uitleg en veel voorbeelden, hieraan niet mee wil werken, is dat de grens.

5.1.3   De vragenlijst

Door de manier aan te passen waarop je je vragen stelt, kun je beter aansluiten bij de leef- en belevingswereld van niet-westerse migranten. Zo staan in de vragenlijst in paragraaf 4.3.1 veel vragen die gericht zijn op de ondersteuning die de cliënt van zijn netwerk krijgt, zoals:

- Helpen je ouders jou? Waarmee?
- Zijn er andere mensen in jouw familie die je helpen?
- Wie zijn dat en waar helpen ze je mee?

Vaak geven migranten hier echter geen antwoord op. Dat komt doordat zij in hun opvoeding hebben meegekregen dat ze moeten geven en voor anderen moeten zorgen. Bij migranten stel je de vragen daarom precies andersom. Je vraagt eerst naar wat de cliënt geeft aan zorg en wat hij voor de ander doet. Dus:

- Hoe help jij je ouders?
- Wat doe je allemaal voor hen?
- Hoe help jij je zus?
- Wie help jij nog meer?

De ervaring leert dat als je met deze vragen begint, er hele verhalen loskomen (mobiliserende werking). Bij doorvragen blijkt dan dat veel cliënten niet op het idee komen om hulp te vragen. Ze hebben het altijd zo gedaan.

Voorbeeld

Een hulpverlener sprak met een hoog opgeleide Hindoestaanse vrouw. Ze liep tegen een burn-out aan, maar toch bleef zij maar zorgen en rennen voor haar gezin en familie. Ze nam geen rust. Tot een van haar zussen het heft in handen nam en haar verbood ook maar iets te doen voor hun gezamenlijke uitstapje. Dit was de eerste keer dat zij zelf niets had voorbereid. En tot haar verwondering kon ze er echt van genieten. Na deze ervaring is zij met haar man gaan praten. En die zei haar: 'Je hoeft het niet te doen, maar je doet het zelf.' Dit was confronterend voor haar. Nu zij meer ruimte voelt en stilstaat bij haar grenzen, kan ze die ook aangeven. De taken zijn nu beter verdeeld in huis en ze neemt af en toe rust.

Door te praten over onderwerpen als familierelaties, vriendschappen, verantwoordelijkheid en de wens zichzelf te ontwikkelen kunnen ondersteuningsvragen aan het licht komen. Als je hiernaar vraagt, brengen migranten vaak voor de eerste keer onder woorden dat anderen maar erg weinig voor hen doen. Je kunt dan vragen stellen als:

- Als jij het voor het zeggen had, hoe zou je het dan willen?
- Wat wil jij geven?
- Wat wil je graag voor jezelf doen?

▪ Wie kan jou daarbij helpen?

Als de ondersteuningsvragen bekend zijn, zien cliënten beter het nut in van het inventariseren van hun netwerk. Dat kan betekenen dat je bij migranten het ecogram pas inzet als de hulpverleningsdoelen zijn verkleind tot heldere en concrete werkdoelen.

5.2 Fase 2: Analyseren van de mogelijkheden van het sociaal netwerk

Vraag bij het analyseren van het netwerk van de cliënt in het bijzonder naar opa's en oma's, ooms en tantes en andere belangrijke personen in de gemeenschap. De betekenis van deze personen voor de cliënt en de mogelijkheden die hij ziet, zijn hierbij belangrijk. Zijn ook de Nederlandse buren bij het inventariseren van het netwerk genoemd? Ondanks dat Nederlandse buren vaak helpen, worden zij niet door de cliënt genoemd als zijnde een netwerklid of behorende tot zijn gemeenschap. Buren zijn vaak een hulpbron bij kleine praktische problemen.

Houd er bij het analyseren van het netwerk rekening mee dat een sociaal isolement bij migranten van niet-westerse culturen vaak minder zichtbaar is dan bij mensen van westerse culturen. Sommige mensen denken zelfs dat werken met het sociaal netwerk voor mensen met een niet-westerse culturele achtergrond overbodig is. Het beeld is namelijk dat migranten elkaar helpen en dat iedereen een netwerk om zich heen heeft. Vaak is dat ook zo, maar zelfs met een netwerk om zich heen kunnen migranten in een sociaal isolement verkeren. 'In migrantenculturen ziet sociaal isolement er anders uit dan wat in de Nederlandse cultuur onder sociaal isolement wordt verstaan, namelijk dat iemand in een sociaal isolement vaak geen netwerk om zich heen heeft. Soms is juist de familie zelf de veroorzaker van het sociaal isolement,' vertelde een allochtone hulpverlener. Wanneer de familie in een familielid is teleurgesteld, dan kan het zijn dat deze persoon wordt gedoogd in plaats van geaccepteerd. Ook kunnen normen en waarden van de familie eenzaamheid in de hand werken als de betreffende persoon andere keuzes wil maken. Daarnaast spelen schaamte en taboes een rol in de onderlinge contacten. Volgens Simsek (2006) gaat schaamte altijd over een fundamenteel tekortschieten, en dat geeft een gevoel van falen. Als je niet voldoet aan het beeld dat je van jezelf hebt of waarvan je denkt dat anderen dat van je hebben, ontstaat er een gevoel van diepe schaamte. Het zelfbeeld wordt geschonden. En dan wordt het wel erg ingewikkeld om daar met familie of anderen over te praten. Tevens heeft schaamte binnen de familiekring ook een relatie met trots en eer.

5.3 Fase 3: Opzetten van een werkplan

Bij een aantal problemen is het inschakelen van een bemiddelaar een manier om een verandering tot stand te brengen. Deze problemen zijn vaak ontstaan omdat er geen rechtstreeks gesprek is gevoerd, bijvoorbeeld bij een partner-keuze die de familie niet accepteert of bij huiselijk – en eergerelateerd geweld. Als bemiddelaar kun je denken aan personen met aanzien binnen de eigen kring zoals religieuze sleutelfiguren (imam, priester, dominee, pandit). Ook familieleden, ooms, tantes en grootvaders die aanzien hebben in de familie, kunnen in aanmerking komen als zij erkend worden als bemiddelaar en zich kunnen verplaatsen in beide partijen. Bemiddelaars kunnen met mandaat on-derhandelen en nieuwe wegen proberen te vinden, zodat de communicatie weer op gang komt. Het gaat er uiteindelijk om dat iemand de rust kan vinden om een keuze te maken en/of dat het geweld stopt en dat wordt voorkomen dat familiebanden definitief worden verbroken.

5.4 Fase 4: Uitvoeren van het werkplan

5.4.1 Uitbreiden en opnieuw opbouwen van een netwerk

Bij het uitbreiden of opnieuw opbouwen van een netwerk zoek je naar activi-teiten waarbij de cliënt zich snel op zijn gemak voelt. Elk mens voelt zich eer-der op zijn gemak bij zijn eigen gemeenschap, omdat hij dan de codes en ge-bruiken herkent en dezelfde taal spreekt. Bij migranten is het dus belangrijk dat je een activiteit zoekt waaraan mensen uit de eigen gemeenschap deelne-men of mensen met eenzelfde etnisch-culturele achtergrond.

In verschillende dorpen en steden zijn projecten opgericht om migranten te betrekken bij de samenleving en hen zo uit hun isolement te halen. Als hulp-verlener moet je daarvan goed op de hoogte zijn zodat je de cliënt daarop attent kunt maken. Indien nodig ga je met de cliënt mee langs buurthuizen om kennis te maken met het programma van activiteiten en de mensen die de activiteiten begeleiden. Ook kun je de eerste keer met de cliënt meegaan naar de activiteit. Cliënten met kinderen kun je wijzen op de koffieochtenden op de basisschool.

Het komt nog steeds voor dat mannen het moeilijk vinden als hun vrouw activiteiten buitenshuis onderneemt. Zij zijn bang dat hun vrouw beïnvloed wordt en zich anders gaat gedragen. Soms verbieden zij hun vrouw om bui-tenshuis activiteiten te ondernemen. Daarom zijn er allerlei projecten gestart om vrouwen de gelegenheid te bieden en te motiveren om activiteiten bui-tenshuis te ondernemen.
Zo is onder andere bij STIOM in Den Haag het project 'Bewegen op recept' ontwikkeld, overigens voor zowel mannen als vrouwen. De huisartsen kun-

nen patiënten verwijzen naar een sportcentrum. Hij schrijft bij lichamelijke klachten 'gewoon' een recept uit om te bewegen, net zoals ze dat doen bij medicijnen. Met dit recept kunnen patiënten zich melden voor een intake en een conditietest zodat het programma goed kan worden afgestemd op de individuele gezondheidssituatie en wensen. Naast sporten is er in het programma ook veel aandacht voor leefstijladviezen (voor meer informatie zie www.stiom.nl). Vrouwen kunnen met dit recept voor sporten aan hun man laten zien dat de huisarts het voorgeschreven heeft. Door het vertrouwen in de huisarts mogen vrouwen, zo is de ervaring, met dit recept in de hand wel van hun man gaan sporten. Op deze manier komen zij toch buiten de deur en doen zij tijdens het sporten sociale contacten op.

5.4.2 De inzet van professionals

Houd bij de inzet van professionals rekening met de wens van de cliënt. De ene cliënt zal het op prijs stellen een hulpverlener met dezelfde etnisch-culturele achtergrond te hebben, een ander wil dat juist niet, vaak uit angst voor roddels.

Hulpverleners uit eigen kring hebben een meerwaarde. Zij spreken de taal, kennen de codes en het gebruik van spreuken en gezegden. Ze kennen de waarden en normen van de betreffende cultuur en zijn op de hoogte van familierelaties, zoals de verschillende rolpatronen van mannen, vrouwen, jongens en meisjes. Zij kennen vaak uit eigen ervaring de rol van religie in de opvoeding en leefgewoonten en kunnen daar gebruik van maken. Er ontstaat ook een meerwaarde omdat men elkaar sneller begrijpt. Het vermogen van de hulpverlener om in twee culturen te leven is al een meerwaarde bij zijn hulpverlening. De hulpverlener met een allochtone achtergrond heeft geleerd om rekening te houden met normen en waarden van mensen met verschillende etnisch-culturele achtergronden. Hij kan compromissen sluiten tussen twee waardensystemen. Dat heeft hij immers ook gedaan om zijn eigen leven vorm te geven.

5.4.3 Vrijwilligers

Bij het samenbrengen van een vrijwilliger met de cliënt kan het relevant zijn iemand te zoeken die bij de familie past doordat hij de familiecodes kent en dezelfde etnisch-culturele achtergrond heeft. In principe geeft de vrijwilliger alleen ondersteuning aan de cliënt, afgestemd op zijn niveau en leefwereld. Maar niet zelden heeft een maatje bij migranten ook met de familie te maken. Soms wordt hij een vraagbaak voor het hele gezin en krijgt hij als eerste de overige problemen van de familie te horen. Daarom is het zo belangrijk dat je contact houdt met de cliënt en zijn maatje en dat het maatje door de vrijwilligersorganisatie of een professional wordt ondersteund.

5.4.4 Het organiseren van netwerkberaden met niet-westerse deelnemers

Het organiseren van netwerkberaden biedt de familie en andere betrokken leden uit de gemeenschap de mogelijkheid om met elkaar een oplossing voor de problemen te zoeken. Het voordeel is dat ze, als dat nodig is, in de eigen taal met elkaar kunnen spreken. Ze zijn vertrouwd met elkaar, waardoor schuld en schaamtegevoelens minder op de voorgrond treden. Ze hebben een gemeenschappelijke achtergrond en mogelijk dezelfde soort oplossingen voor ogen. Ze willen geen gezichtsverlies binnen de gemeenschap en blijven daardoor gemotiveerd om een oplossing te vinden. Ze hoeven niet op te boksen tegen hulpverleners die hen niet begrijpen, er zijn geen communicatieproblemen.

Hoewel het de bedoeling is dat de deelnemers geheel zelfstandig met elkaar een plan van aanpak maken, blijf jij als hulpverlener waarmee iedereen vertrouwd is, bij het gehele proces aanwezig. Als een netwerkberaad moeilijk op gang komt, kun je gebruik maken van voorbeelden. Dit kan door voorbeelden van andere gezinnen aan te halen en door voorbeelden te geven in de vorm van verhalen. Deelnemers herkennen de situatie en het gesprek komt makkelijker op gang. Het gaat misschien eerst over het voorbeeld, maar kan dan omgebogen worden naar de situatie van de cliënt en zijn netwerk. De aanwezigen krijgen zo een beeld van wat er van hen wordt verwacht.

Door jouw aanwezigheid krijg je zicht op onderlinge relaties en machtsstructuren. Want voornoemde voordelen willen niet zeggen dat in alle situaties alleen positieve krachten aan de orde zijn. Familieverhoudingen kunnen ook zijn vastgeroest of disfunctioneel zijn. Je kunt ter sprake brengen als een cliënt bijvoorbeeld onder druk wordt gezet om zich weer te conformeren aan de normen, waarden en wil van de gemeenschap. En er geen tussenweg mogelijk lijkt. Jij hebt met iedereen voorheen contact gehad. Dit contact en de mogelijkheden die toen besproken zijn, kun je nu inzetten. De gezaghebbers in het netwerk komen in beeld. Zij kunnen de cliënt en familie ondersteunen en ook in dit proces een bemiddelende rol vervullen. Dat is tevens belangrijke informatie omdat zij als bemiddelaars ook bij andere problemen misschien een rol kunnen vervullen.

Opdrachten

1 Stel je komt zelf bij een hulpverlener. Deze hulpverlener wil met jou je persoonlijk sociaal netwerk inventariseren.
   - Wat heb jij van die hulpverlener nodig om hieraan mee te werken?
   - Wat zou jij tegen een cliënt zeggen die twijfels heeft aan het inventariseren van zijn netwerk?
   - Hoe vanzelfsprekend vind jij het als een netwerk van de cliënt er anders uitziet dan jij gewend bent?

2 Neem een cliënt in gedachten of neem een casus uit hoofdstuk 7.
   - Hoe kun je die cliënt stimuleren en ondersteunen om mensen uit zijn netwerk erbij te vragen?
   - Wie zou jij als hulpverlener vanuit jouw professionele netwerk erbij betrekken?

3 Je hebt je aangemeld bij een instelling voor hulp en je krijgt een hulpverlener met een andere etnisch-culturele achtergrond dan jijzelf hebt.
   - Hoe is dat voor jou?
   - Heb jij hierin een voorkeur? Zo ja, waar bestaat die uit?
   - Kun je je antwoord motiveren?

Cliëntprofielen

6

Een dwarsdoorsnede van de bevolking komt in aanraking met hulpverlening. Hierbij is de groep met een lage sociaaleconomische status weliswaar over-vertegenwoordigd, maar dat neemt niet weg dat je veel verschillende cliënten met evenzoveel verschillende problemen tegen zult komen. Bij al deze cliënten kun je de principes van empowerment en de sociaal netwerkmethodiek uit hoofdstuk 2 tot en met 5 inzetten.

Om de theorie van dit boek op een overzichtelijke manier te kunnen uitwerken in de casussen van hoofdstuk 7, heb ik een wat kunstmatige indeling gemaakt in vijf cliëntprofielen. In de praktijk zullen de verschillende kenmerken en problematieken van de profielen door elkaar heen lopen en zijn veel verschillende combinaties mogelijk. De vijf cliëntprofielen zijn:

- *cliëntprofiel 1*
  cliënten met een tijdelijke tegenslag maar met een vitaal netwerk;
- *cliëntprofiel 2*
  cliënten met een copingstijl ontwikkeld vanuit overleving en congruent aan hun netwerk;
- *cliëntprofiel 3*
  cliënten met een chronische problematiek en een daaraan gerelateerd netwerk;
- *cliëntprofiel 4*
  de eerstegeneratiemigranten op zoek naar een eigen leefwijze;
- *cliëntprofiel 5*
  jongeren op zoek naar hun eigen identiteit.

Dit hoofdstuk geeft voor elk cliëntprofiel een omschrijving, de specifieke kenmerken en de mogelijke krachtbronnen waar je op kunt aansluiten. In feite is de eerste krachtbron bij elke cliënt die om hulp en ondersteuning komt vragen, het feit dat hij komt.

6.1 Cliëntprofiel 1: cliënten met tijdelijke tegenslag maar vitaal netwerk

6.1.1 Profielbeschrijving

Cliënten van profiel 1 redden zich normaal gesproken prima in de maatschappij, maar hebben door omstandigheden tijdelijk ondersteuning nodig. Door de problemen waarin zij verzeild zijn geraakt, zijn ze het zicht op hun mogelijk-heden en vaardigheden even kwijt. Het lijkt alsof ze overspoeld worden door hun problemen, waardoor ze in zichzelf zijn gekeerd. Ze hebben veel energie nodig om het hoofd boven water te houden en daardoor zijn hun sociale con-tacten op een wat lager pitje terechtgekomen. De problemen waar zij mee komen, zijn vaak sociaalmaatschappelijk (problemen met huisvesting, werk en dergelijke) of psychosociaal (relatieproblemen, opvoedingsproblemen en dergelijke) van aard. Soms zie je dat deze cliënten net zo lang naar verschil-lende hulpverleners stappen tot ze gekregen hebben wat ze nodig hebben. Zij hebben vaak geen structurele problemen en een voldoende constructieve copingstijl. Ook hebben zij voldoende vaardigheden om hun netwerk zelf te mobiliseren. Van jou hebben zij dus vooral een steuntje in de rug nodig.

Hieraan kun je nog mensen met een lichamelijke of verstandelijke beperking toevoegen, die over het algemeen alles op orde hebben, maar die door veran-dering van omstandigheden tijdelijk het overzicht kwijt zijn.

Enkele concrete voorbeelden van cliënten die tot dit profiel behoren, zijn:

1 Een mantelzorger die zowel voor zijn ouders als voor zijn kinderen zorgt, problemen op het werk heeft en bovendien niet zo goed in zijn vel zit. Hij is tijdelijk overbelast geraakt.
2 Een cliënt die veel pech heeft gehad in zijn leven: hij werd vroeger op school gepest, kon niet zo goed mee komen op school, had leuk werk maar werd ontslagen en kreeg bovendien relatieproblemen. Hij ziet het even niet meer zitten.
3 Een cliënt die psychisch overbelast is: hij kan er niets meer bij hebben en is het geloof in zijn eigen kunnen kwijtgeraakt.

6.1.2   Aandachtspunten voor de hulpverlening

Mensen van profiel 1 hebben vaak een duidelijke hulpvraag en kennen hun problemen. Zij weten uit ervaring dat het ook anders kan en hebben een beeld bij hoe hun leven er zonder de genoemde problemen uitziet.

De ervaring leert dat zowel met zelfregieversterkend werken (empower-ment) als met het inzetten van de sociaal netwerkmethodiek goede resulta-ten zijn te behalen. Deze cliënten geef je een tijdelijke ondersteuning gericht op het oplossen van de problemen en het hernieuwen en intensiveren van contacten. Ook het versterken van het netwerk kan hierbij aan de orde zijn.

6.1.3   Kenmerken

De belangrijkste kenmerken van cliëntprofiel 1 zijn:

- De eigenwaarde en zelfvertrouwen van de cliënt hebben een flinke deuk opgelopen.
- De cliënt is negatief over zichzelf gaan denken.
- De cliënt ervaart de wereld tijdelijk als te snel of overweldigend.

- De cliënt had voordat de problemen zich aandienden, een stabiele basis in relaties, werk en vrije tijd.
- De cliënt spreekt de Nederlandse taal.
- De cliënt heeft voldoende communicatieve vaardigheden en stapt makkelijk op mensen af.
- De cliënt heeft een stabiele woonsituatie.
- De cliënt is gemotiveerd om zelf de draad weer op te pakken.

6.1.4 Krachtbronnen

Mogelijke krachtbronnen zijn:
- De cliënt heeft inzicht of kan inzicht ontwikkelen in zijn situatie en mogelijkheden.
- De cliënt staat open voor hulp en is gemotiveerd.
- De cliënt heeft een vitaal netwerk.
- De cliënt is gemotiveerd voor het aangaan van nieuwe contacten.
- De cliënt is (evenals in het verleden) bereid anderen iets te vragen.
- De cliënt heeft talenten en vaardigheden om ook iets voor de ander te betekenen.

6.2 Cliëntprofiel 2: cliënten met copingstijl ontwikkeld vanuit overleving en congruent aan hun netwerk

6.2.1 Profielbeschrijving

Cliënten van profiel 2 hebben door een langdurige probleemsituatie een bepaalde copingstijl ontwikkeld om te overleven. Dit overlevingsgedrag kan zich op verschillende manieren bij hen uiten: manipuleren van de feiten, anderen manipuleren, boos zijn op iedereen die hen teleurstelt, de slachtofferrol aannemen, de schuld buiten zichzelf neerleggen, zich sterk afhankelijk opstellen, ongenaakbaar zijn, zich eisend opstellen of weinig geduld hebben (kort lontje). Ook kunnen zij zich moeilijk inleven in een ander. Om te overleven hebben zij zichzelf (en/of hun gezin) centraal gesteld.

Deze copingstijl heeft hen gebracht tot waar ze nu zijn, maar zal hen niet meer helpen als zij hun problemen willen oplossen. Zij zijn zich echter niet altijd bewust van hun gedrag, omdat zij in hun omgeving vaak hetzelfde zien of het nu eenmaal zo geleerd hebben. De leden van hun sociale netwerk zijn ook vaak boos op mensen en organisaties die hen teleurstellen, en machteloos om hun situatie te veranderen. Hierdoor wordt het gedrag versterkt.

Cliënten van dit profiel hebben veel teleurstellingen moeten verwerken. Het leven was lang te zwaar, ze durven vaak hun situatie niet echt onder ogen te zien, zijn machteloos geworden, weten het niet meer, zijn vaak doodmoe, twijfelen, zijn onzeker of zijn bang. Zij hebben eigenlijk geen grip meer op hun leven om veranderingen tot stand te brengen. Hun enige kracht bij aanmelding is vaak de drang om te overleven.

De problemen waar zij mee komen zijn bijvoorbeeld relatieproblemen (partners, buren, collega's en dergelijke), problemen met instanties, financiële problemen, sociale problemen (weinig sociale contacten, isolement), opvoedingsproblemen, psychische problemen, woonproblemen en problemen op het terrein van dagbesteding. De problemen worden groter door hun niet constructieve copingstijl. Daardoor haken goedwillende mensen en ook hulpverleners af. Mensen met psychosomatische klachten die het verband tussen hun lichamelijke klachten en hun leefstijl niet kunnen of willen zien, behoren ook tot dit profiel. Zij willen per se medicijnen van de huisarts om hun klachten op te lossen. Tevens gaat het om mensen die sterk op zichzelf zijn en nauwelijks of geen netwerk hebben om op terug te vallen.

6.2.2 Aandachtspunten voor de hulpverlening

Voor mensen met een van de hierboven beschreven copingstijlen is het van belang dat zij inzicht krijgen in hun gedragspatronen, ofwel in hun overlevingsmechanismen. Bij cliënten die bijvoorbeeld somatiseren is het belangrijk dat zij gaan ontdekken wat het verband is tussen hun lichamelijke klachten en hun psychische problemen. Tot waar heeft het gedrag hen geholpen en wat is het effect van dit gedrag in de huidige situatie? Wat willen zij bereiken en welk gedrag helpt hen daarbij?

In paragraaf 4.3.4 is beschreven hoe je de cliënt kunt ondersteunen bij het veranderen van zijn copingstijl. Uiteindelijk gaat het erom dat hij zelf verantwoordelijkheid neemt voor zichzelf en de gewenste verandering in zijn situatie. Je laat hem zijn kracht inzetten bij het oefenen met nieuw gedrag, bij het ter hand nemen van zijn problemen en bij het versterken van zijn netwerk. Hoewel het gedrag van de cliënt een groot obstakel kan zijn om contacten aan te gaan, kan zijn netwerk tegelijk een hulpbron zijn bij het veranderen van zijn gedrag.

6.2.3 Kenmerken

De belangrijkste kenmerken van cliëntprofiel 2 zijn:
- De cliënt heeft overlevingsgedrag ontwikkeld dat hem nu belemmert in het aangaan van nieuwe contacten.
- De cliënt heeft onvoldoende inzicht in dit overlevingsgedrag.
- De cliënt heeft onvoldoende inzicht in de relatie tussen het eigen gedrag en de situatie waarin hij zich bevindt.
- De cliënt is onmachtig om zijn gedrag en situatie te veranderen.
- De cliënt legt de verantwoordelijkheid buiten zichzelf.
- De cliënt is snel boos en stelt zich eisend of ongenaakbaar op.
- De cliënt stelt zich afhankelijk op als slachtoffer.
- De cliënt heeft een beperkt netwerk, vaak met gelijkgestemden.

6.2.4 Krachtbronnen

Mogelijke krachtbronnen zijn:
- De cliënt heeft doorzettings- en uithoudingsvermogen.
- De cliënt heeft vaardigheden ontwikkeld om het vol te houden.
- De cliënt heeft lef.
- De cliënt die zijn gezin centraal stelt, geeft veel om hen (loyaal).
- De cliënt die zijn gezin centraal stelt, is zorgzaam.
- De cliënt die zijn gezin centraal stelt, voelt zich verantwoordelijk voor hen.

6.3 Cliëntprofiel 3: cliënten met een netwerk gerelateerd aan hun levensomstandigheden

6.3.1 Profielbeschrijving

Cliëntprofiel 3 staat in het teken van een bedreigd bestaan door een psychische beperking en/of een verslaving. Bij een psychische beperking kun je denken aan een chronische stoornis uit het spectrum van autisme, schizofrenie, een affectieve stoornis zoals depressie, een angststoornis, een persoonlijkheidsstoornis zoals borderline, of in een aantal gevallen ook een organische aandoening, dementie of ernstige emotionele instabiliteit. Ook kan het om mensen gaan die trauma's uit hun jeugdjaren hebben en die onvoldoende basisvertrouwen hebben om langer durende contacten aan te kunnen gaan. Mensen met dit profiel hebben vaak geleerd om in de moeilijkste omstandigheden te overleven en hebben de daarvoor benodigde vaardigheden en eigenschappen ontwikkeld. Tegelijk ervaren ze vaak belemmeringen in het aangaan en onderhouden van contacten.

Vaak hebben cliënten van profiel 3 geen stabiele woonsituatie. Ze kunnen verblijven in verschillende instellingen, zoals psychiatrische ziekenhuizen, tehuizen voor alcohol- en drugsverslaafden, dag- of nachtopvang, crisisopvang voor gezinnen of begeleid wonen. Proberen zij zelfstandig in de samenleving te overleven, dan bestaat het gevaar dat zij zichzelf (lichaam en kleding) niet goed verzorgen. Ook treden er vaak problemen op met de buren door hun 'eigen' manier van leven die niet aansluit op de buurt waar zij in wonen. Overlast en vervuiling zijn daar mede debet aan. Dit kan tot uithuiszetting leiden. De problemen zijn dus vaak complex. 'Bij vele psychische problemen spelen zowel biologische, psychologische als sociale factoren een rol. Bovendien zijn deze problemen vaak met elkaar verweven en aanwezig op verscheidene levensgebieden zoals wonen, werk, sociale contacten, financiën en gezondheid' (Beenackers & Swildens, 2003, blz. 30).
Mensen met een verstandelijke beperking, waaronder ook mensen met een niet-aangeboren hersenletsel (NAH), kunnen vaak niet goed meekomen in de

149

maatschappij. Ze snappen alle regels en bureaucratie niet en hun taalbegrip is zwak. Ze zijn vaak makkelijk beïnvloedbaar. Ze vinden het moeilijk om vooruit te kijken en leven bij de dag. Daardoor hebben zij wisselende contacten, die niet allemaal even ondersteunend zijn. Dit kunnen mensen zijn die tussen de wal en het schip vallen. Ze zijn niet 'beperkt' genoeg om in aanmerking te komen voor extra hulp, maar hebben te weinig bagage om zich echt staande te houden. Bij deze mensen lijkt het net alsof het niet voor lange tijd goed mag gaan. Elke keer is er iets.

Door de hiervoor beschreven mogelijke omstandigheden is het onderhouden van langdurige contacten een groot probleem. De mensen uit het sociaal netwerk van de cliënt, die zich aanvankelijk betrokken voelden, zijn vaak overbelast en soms uit onmacht afgehaakt. De levenswijze van de cliënt kan ook structurele belemmeringen bevatten voor het aangaan van contacten met anderen, vooral bij diegene die geen vaste verblijfplaats hebben of door psychiatrische stoornissen moeilijk te bereiken zijn. De problematiek roept over het algemeen in de omgeving veel onbegrip op. Het inschakelen van netwerkleden is daarom vaak lastig.

6.3.2   Aandachtspunten voor de hulpverlening

De ervaring leert dat gezien de problematiek er vaak een professioneel netwerk vanuit verschillende disciplines actief is. Instellingen bieden begeleiding waarbij een van de instellingen de casemanager levert. In deze situatie kan het aanboren van nieuwe hulpbronnen uitkomst bieden. Hierbij kun je denken aan een maatjesproject of een vrijwilliger uit de pool van een van de betrokken organisaties. Betrek bij het zoeken naar een vrijwilliger niet alleen de cliënt, maar ook de (overbelaste) netwerkleden. Zo geef je hun erkenning voor alle zorg die zij de cliënt hebben geboden. Zij voelen zich serieus genomen en zijn dan misschien bereid om opnieuw een kleine gerichte taak op zich te nemen, naast de hulp die de vrijwilliger zal gaan leveren.
Het kan meerwaarde hebben om twee vrijwilligers aan de cliënt te koppelen. Beide vrijwilligers kunnen dan met elkaar overleggen en elkaar aflossen, waardoor zij het langer vol kunnen houden in moeilijke situaties.
Ook na stabilisering van de situatie zal er een professional betrokken moeten blijven bij de cliënt. De cliënt is zeer snel uit het evenwicht en kan veel van het uithoudingsvermogen van de netwerkleden vragen. De professional fungeert als achterwacht en neemt af en toe contact op met de cliënt en zijn netwerk. Omgekeerd hebben de netwerkleden ook altijd de mogelijkheid om met de professional contact op te nemen. Op deze manier kan voorkomen worden dat de cliënt buiten beeld raakt.

In verschillende steden zijn voor deze groep cliënten maatschappelijke steunsystemen opgericht (zie paragraaf 4.3.4). De cliënt wordt dan geholpen bij het dagelijks functioneren en zijn persoonlijke ontwikkeling. De ondersteuning is gericht op herstel, probleemvermindering en probleemhantering. Deze maatschappelijke steunsystemen creëren de juiste randvoorwaarden. En gezien de complexiteit van de problematiek is er coördinatie aanwezig.

6.3.3 Kenmerken

De belangrijkste kenmerken van cliëntprofiel 3 zijn:
- De cliënt heeft geen hulpvraag of een hulpvraag die te groot is voor de reguliere hulpverlening.
- De cliënt vertoont onvoorspelbaar gedrag en sterk wisselende emoties. Denk aan risicozoekend gedrag, impulsief gedrag en een lage zelfbeheersing.
- De cliënt is verongelijkt.
- De cliënt heeft een beperkt begrippenkader door een laag IQ.
- De administratie is een chaos (achterstanden in betalingen en behandeling van de post).
- De cliënt heeft hoge schulden en vaak geen geregelde inkomsten via uitkering of arbeid.
- De cliënt heeft psychische problemen of een psychische stoornis.
- De cliënt leeft in een sociaal isolement.
- De cliënt heeft problemen met instanties en met de toegang tot de voorzieningen van deze instanties.
- Er zijn problemen met de familieleden, die vaak langdurig overbelast zijn geweest. Ook kan het contact met de familieleden verbroken zijn.
- De cliënt heeft een verslaving.
- De cliënt heeft geen vaste, eigen woonruimte.
- De cliënt vormt een bedreiging voor zijn eigen veiligheid en die van anderen (fysieke en verbale bedreiging van anderen, kleine criminaliteit).

6.3.4 Krachtbronnen

Mogelijke krachtbronnen zijn:
- De cliënt is inventief en creatief.
- De cliënt is een doorzetter.
- De cliënt pakt alles op om zijn doel (eten, slapen) te bereiken.
- De cliënt kan roeien met de riemen die hij heeft.
- De cliënt heeft lef.
- De cliënt heeft vaardigheden en eigenschappen ontwikkeld om in moeilijke omstandigheden te overleven.
- De cliënt heeft behoefte aan sociale contacten en intieme relaties (Pijnenburg, 2001).
- De cliënt heeft behoefte aan een zinvolle dagbesteding.
- De cliënt heeft behoefte om een 'normaal' leven te leiden.

6.4   Cliëntprofiel 4: eerstegeneratiemigranten op zoek naar eigen leefwijze

6.4.1   Profielbeschrijving

Het is moeilijk een onbeladen term voor dit vierde cliëntprofiel te vinden. Mij leek de term migrant het minst beladen. Tevens is het natuurlijk ondoenlijk om onder dit cliëntprofiel alle typeringen te beschrijven. Immers zoveel migranten, zoveel verschillen. Zij brengen met elkaar vele verschillende achtergronden met zich mee. Toch kun je een grove indeling maken, enerzijds in migranten met een westerse achtergrond en migranten met een niet-westerse achtergrond, en anderzijds in migranten van de eerste generatie en migranten van een latere generatie. In dit profiel beperken we ons tot de eerstegeneratiemigranten met een niet-westerse achtergrond. Het gaat hier dus om volwassen mensen die in een niet-westerse cultuur zijn opgegroeid, nog weinig bekend zijn met de Nederlandse cultuur en maatschappij, de Nederlandse taal nog niet goed spreken en zich nog niet thuis voelen in Nederland.

Cliënten van dit profiel kunnen om verschillende redenen bij de hulpverlening komen. Ten eerste kunnen zij als het ware tussen twee culturen leven en daardoor een dubbel gevoel hebben over het opbouwen van een leven in Nederland. Verder kunnen zij het gevoel hebben er alleen voor te staan, doordat ze geen netwerk hebben of doordat ze een grote drempel ervaren om in hun netwerk iemand om hulp te vragen. Dit kan te maken hebben met schaamte, schuldgevoelens en taboes (bijvoorbeeld rondom seksualiteit, handicap en psychische problemen). Als zij met hun problemen naar buiten stappen, kan dat als schande en aantasting van de familie-eer worden opgevat. Door een sterke sociale controle zijn zij bovendien kwetsbaar voor roddels.
Ten slotte kan het bij dit profiel om oudere migranten gaan, die voor hen specifieke problemen hebben. Zij zijn opgevoed met een ander beeld over oud worden. Zij kennen de familiezorg en de eerbied voor ouderen. Hier in Nederland doet de samenleving echter al een ander beroep op hun kinderen, waardoor deze niet altijd uitgebreide mantelzorg kunnen geven. Daardoor neemt de kans op eenzaamheid voor oudere migranten toe.

6.4.2   Aandachtspunten voor de hulpverlening

Mensen die beperkt Nederlands begrijpen en spreken, ervaren beperkingen in de hulpverlening. Je kunt daarom overwegen tolken in te zetten evenals vertrouwde – of juist onafhankelijke – intermediairs. Verder is het belangrijk dat je goed aansluit bij de leef- en belevingswereld van de cliënt. Dit vraagt enige cultuursensitiviteit van jou (zie paragraaf 3.4). Steeds opnieuw moet je nieuwsgierig zijn naar de betekenis die de cliënt zelf geeft aan zijn leven en zijn situatie. Wat zijn zijn hulpvragen en wat bedoelt hij hier precies mee? Ga er niet te snel van uit dat je dat wel begrijpt als de cliënt een andere etnisch-culturele achtergrond heeft dan jijzelf. Vraag je af wat voor hem belangrijke normen en waarden zijn, wat de invloed van het geloof en de gemeenschap is, en hoe de familierelaties eruitzien.

Bij werken vanuit empowerment speelt het belang van loyaliteit met de familie en gemeenschap een rol (zie paragraaf 3.4.5).

Bij netwerkgericht werken is het van belang goed af te stemmen met de cliënt over wat hij wel en niet wil bespreken met zijn familie en de andere netwerkleden. Wanneer bemiddeling aan de orde is, zoek dan naar een persoon die gezag heeft in de familie (zie paragraaf 5.3).

In intramurale settings, zoals een verzorgingshuis, is het van belang om spanningen te signaleren die te maken hebben met etnisch-culturele verschillen en de normen en waarden die daarbij betrokken zijn. Het is dan zoeken naar werkvormen die de migranten in contact brengen met de Nederlandse cultuur en vice versa.

In het opbouwwerk zijn allerlei projecten opgezet om migranten te ondersteunen hun plek in de Nederlandse samenleving ook echt in te nemen. Zo zijn er maatjesprojecten, moedercentra en vadercentra. Er worden koffieochtenden en gespreksgroepen georganiseerd. Op deze manier worden migranten geholpen hun capaciteiten en zelfredzaamheid te vergroten. Impliciet komen ze hierdoor ook steeds meer in contact met de Nederlandse cultuur.

6.4.3 Kenmerken

De belangrijkste kenmerken van cliëntprofiel 4 zijn:
- De cliënt heeft geen of slechts een beperkte beheersing van de Nederlandse taal, waardoor hij onzeker is en bang om niet begrepen te worden.
- Het is moeilijk om te communiceren met de cliënt. Op zijn beurt kan de cliënt niet met instanties communiceren en kan hij geen brieven lezen. Vaak is hij analfabeet.
- Het kost heel veel tijd om het verhaal en vooral de hulpvraag helder te krijgen. Soms gaat dit woord voor woord, net als in de communicatie met een kind (Jip-en-Janneketaal). Vaak moet je via omwegen proberen te achterhalen welke betekenis de cliënt aan zijn verhaal geeft.
- Er is vaak sprake van complexe, meervoudige problemen, omdat de cliënt in een sociaaleconomisch kwetsbare positie verkeert die een verhoogd risico geeft op zowel psychische als materiële problemen.
- Veel cliënten somatiseren hun problemen. Dit komt doordat zij niet willen aanvaarden dat zij psychische problemen hebben, die vaak geassocieerd worden met 'gek zijn'. Bovendien hebben zij in hun moedertaal vaak maar heel weinig woorden voor psychische problemen.
- Veel Marokkaanse cliënten schrijven hun psychische klachten toe aan het bovennatuurlijke: een demon, djinn en dergelijke. Zij zien het verwaarlozen van religieuze voorschriften en traditionele rituelen als oorzaak daarvan. In dat geval gaan zij naar een imam. Als zij 'het getroffen zijn'

door een geest als oorzaak zien, gaan zij veelal naar een traditionele genezer (Lamdaoir, 2005).

- Ook al komt de cliënt uiteindelijk bij de reguliere hulpverlening, dan blijft hij soms toch vasthouden aan zijn eigen ideeën, terwijl hij die niet uitspreekt (Lamdaoir, 2005).
- De cliënt zoekt te laat hulp. Zijn situatie is dan al behoorlijk gedestabiliseerd en complex door bijvoorbeeld hoge schulden, deurwaarders aan de deur, een paar maanden geen inkomen, boetes, afsluiting van gas en licht etc. Hij is dan de wanhoop nabij.
- De cliënt kent de weg niet voldoende in de Nederlandse samenleving en is niet bekend met de mogelijkheden van en verschillen tussen de diverse hulpverleningsinstanties. Tevens kent hij allerlei regelingen niet, zoals huurtoeslag, voorlopige teruggave en schuldregelingen. Mede daardoor zit hij soms in grote problemen.
- De cliënt heeft een verwachtingspatroon dat niet overeenkomt met de Nederlandse hulpverlening. Sommigen associëren hulpverleningsinstanties vanuit hun referentiekader, dat zij ontlenen aan hun land van herkomst, met juridische dienstverlening of met de overheid.
- De cliënt ziet de hulpverlener als deskundige van wie hij eerder concrete en praktische hulp verwacht dan gesprekken over zijn gevoelens en zijn netwerk. Daardoor neemt hij een eisende, resultaatgerichte houding aan (Vanderhaeghe, 2008).
- Oudere cliënten die ziek worden, vallen eerder terug op oude systemen van gezondheidszorg, zoals kruiden en wijsheden, uit hun land van herkomst.
- De cliënt kan een beperkend, controlerend, normatief netwerk hebben dat botst met persoonlijke ambities en nieuwe contacten lastig maakt (Brink, 2008, blz. 15).
- De cliënt heeft geen netwerk of een klein netwerk dat langdurig overbelast is.
- De cliënt twijfelt tussen hier blijven of teruggaan. Partners denken hier vaak verschillend over.

6.4.4 Krachtbronnen

Mogelijke krachtbronnen zijn:
- De cliënt heeft al veel kracht getoond: hij heeft het aangedurfd om naar een vreemd land te gaan. Misschien heeft hij moeten vluchten en heeft hij daarbij een moeilijke weg afgelegd.
- De cliënt is inventief: hij heeft zich staande gehouden en zich een weg gezocht in een vreemd land.
- De cliënt heeft doorzettingsvermogen: hij heeft vele tegenslagen overwonnen en leeft in moeilijke omstandigheden met discriminatie en zich niet gewenst voelen.
- Als de cliënt religieus is, kan hij steun aan zijn geloof hebben.
- Mensen uit de familie en gemeenschap kunnen tot steun zijn.

6.5   Cliëntprofiel 5: jongeren op zoek naar eigen identiteit

6.5.1   Profielbeschrijving

In cliëntprofiel 5 onderscheiden we drie categorieën.

In de eerste categorie gaat het om jongeren met psychische, sociale of pedagogische problemen waarbij cultuurverschillen een rol spelen. Het kan gaan om jongeren met psychiatrische stoornissen die hun ontwikkeling ongunstig beïnvloeden en om jongeren met een verstandelijke, lichamelijke of meervoudige beperking (wel of niet aangeboren). Deze jongeren wonen zelfstandig, bij hun ouders of opvoeders, in begeleid wonen (een woonvorm aangepast aan hun mogelijkheden) of in een jeugdzorginstelling. In dit laatste geval gaat het om jongeren in bijvoorbeeld behandelinstellingen voor ernstige gedrags- en psychiatrische problemen. Zij wonen daar omdat een kinderrechter heeft uitgesproken dat zij behandeling nodig hebben. Afhankelijk van de hulpnoodzaak en hulpvraag wonen zij in een gesloten groep of in een observatiegroep. Bij al deze jongeren wordt toegewerkt naar een zo zelfstandig mogelijke woonvorm, waarbij de ontwikkeling van hun eigen identiteit een rol speelt.

De tweede categorie wordt gevormd door jongeren die tussen twee culturen leven: thuis de cultuur van de ouders uit het land van herkomst en op school en op straat de Nederlandse cultuur. Het normenstelsel van het gezin en de gemeenschap waarin zij opgroeien, verschilt van het normenstelsel in de Nederlandse samenleving. Hierdoor zitten zij in een bijna constant loyaliteitsconflict. Dit 'permanente culturele conflict' kan pijnlijk en verwarrend zijn en leiden tot problemen in de identiteitsvorming en tot een verslechtering van de band met de ouders. Zeker wanneer integreren met de Nederlandse samenleving, waar zij dag in dag uit in (moeten) verkeren, door hun ouders wordt afgekeurd. Verder worden deze jongeren geconfronteerd met discriminatie en vernedering. Dit neemt toe naarmate ze dichter bij de volwassenheid komen. Al deze zaken leiden ertoe dat kinderen van migranten in meer dan gewone mate belast worden met angst, onvrijheid en onzekerheid over hun toekomst. Veel van deze jongeren hebben daarom identiteitsproblemen. Zij passen zich aan en afhankelijk van de situatie houden zij een deel van zichzelf achter. 'Wanneer je als allochtoon het gevoel hebt dat je in twee culturen leeft, ontstaan er vele vragen en begint een lange weg. Enerzijds moet je voorkomen dat je jezelf ontkent, anderzijds moet je zorgen dat niet alleen de gemeenschap waartoe je behoort je blijft accepteren, maar ook de wereld waarin je dagelijks verkeert, zoals werk en school' (Lamdaoir, 2005, blz. 11).

De derde categorie ten slotte bestaat uit jongeren die voornamelijk op straat (over)leven, en verslaafd zijn aan soft- of harddrugs. Ooit waren hun problemen hetzelfde als de problemen die onder cliëntprofiel 2 vallen, maar bij afwezigheid van hulp en onmacht van ouders zijn zij op straat beland.

6.5.2 Aandachtspunten voor de hulpverlening

Sluit aan bij de belevingswereld van jongeren. Spreek dezelfde 'taal', probeer hun situatie te begrijpen en neem die situatie als uitgangspunt. Houd er ook rekening mee dat jongeren meestal niet van lange gesprekken houden. Wees duidelijk in wat je wel en niet van ze accepteert. Luister en kijk goed en stem je interventies af op wat je waarneemt. Soms kan tijdelijke repressie, hard aanpakken, nodig zijn.

Verder kun je aan jongeren vragen waar zij goed in zijn. Maak daarvoor een lijst met kwaliteiten en vraag hen aan te strepen welke kwaliteiten zij in zichzelf herkennen. Zorg voor positieve bevestiging en schenk aandacht aan wat er goed gaat, zodat ze precies weten waarvoor ze een compliment krijgen. Dat helpt hen om een positiever beeld van zichzelf te krijgen.

In de hulpverlening aan jongeren besteed je aandacht aan de jongere als individu, zijn plaats in het gezin en zijn plaats in de samenleving. Houd hen steeds opnieuw de vraag voor wat ze van het leven willen maken. Wat willen ze worden? Hoe willen zij dat hun ouders naar hen kijken? Waar zijn hun ouders trots op ten aanzien van hen? Wat maakt dat zij zich zo gedragen en hoe denken zij dat te veranderen? Hoe kijken ze aan tegen de verschillen die ze thuis, op school, in het werk en op straat tegenkomen?

Bij jongeren is vaak een gezinsgerichte aanpak geïndiceerd, omdat in het gezin de basis ligt van elk kind. En hoe je het ook wendt of keert, ouders blijven ouders. Daarom is het essentieel dat je de ouders op een of andere manier bij de hulpverlening betrekt en weet wat hen beweegt.

Bij gezinsbegeleiding kun je denken aan Families First, videohometraining, praktisch pedagogische gezinsbehandeling of intensieve ambulante gezinsbegeleiding, maar ook aan een dagbehandeling zoals in Boddaertcentra. Verder werken op scholen zorgcoördinatoren en schoolmaatschappelijk werkers. In wijkcentra kun je jongeren recreatie en educatie aanbieden, samen met hen evenementen organiseren, etc.

6.5.3 Kenmerken

De belangrijkste kenmerken van de jongeren in cliëntprofiel 5 zijn:
- Zij staan vaak onder invloed van de peergroep. Afhankelijk daarvan blijven zij op het goede pad of niet.
- Zij zijn teleurgesteld en afgehaakt: 'Het maakt toch allemaal niets uit.'
- Zij zijn niet meer gemotiveerd, wat tot uiting komt in spijbelen en ordeverstoring.
- Zij hebben overlevingsgedrag ontwikkeld om zich staande te houden.
- Als zij een verstandelijke beperking hebben, moet soms nog naar een aanpassing van de leefsituatie worden gezocht.

- Als zij makkelijk beïnvloedbaar zijn, kunnen zij door anderen onder druk gezet worden.
- Zij komen vaak uit problematische gezinssituaties, waardoor zij 'het goede voorbeeld' niet hebben meegekregen en waarden en normen niet direct op de voorgrond staan.
- Zij kunnen verongelijkt gedrag laten zien.
- Zij hebben soms geen inzicht in de relatie tussen hun gedrag, hun problemen en de omstandigheden.
- Zij leven van dag tot dag en zijn niet bezig met hun toekomst.
- Zij leven soms tussen twee culturen.

6.5.4 Krachtbronnen

Mogelijke krachtbronnen van deze jongeren zijn:
- Zij hebben al heel wat moeilijkheden getrotseerd.
- Zij hebben veel overlevingskracht.
- Zij hebben doorzettingsvermogen.
- Zij hebben vaak een grote mond, maar een klein hartje.
- Zij eren hun vader en moeder.
- Zij willen ergens bij horen.
- Zij zijn ontvankelijk voor respect, waardering en gezien worden.
- Zij zijn makkelijk beïnvloedbaar, wat ook in de positieve richting kan uitwerken.

Casussen

In dit hoofdstuk staan de casussen die achtereenvolgens passen bij de cliënt-profielen uit hoofdstuk 6. Bij het beschrijven van de casussen zijn zo veel mogelijk de woorden van de cliënt gebruikt. De eerste casus is helemaal uit-gewerkt volgens de werkwijze in dit boek, namelijk werken vanuit empo-werment en fase 1 tot en met 5 van de sociaal netwerkmethodiek. Alle ove-rige casussen zijn niet uitgewerkt, maar worden gevolgd door opdrachten. Natuurlijk kun je bij elke casus als oefening zelf een ecogram maken, het in-takeformulier en het schema 'Mogelijkheden sociaal netwerk' invullen en een werkplan opzetten.

De in hoofdstuk 6 beschreven cliëntprofielen maken duidelijk dat de hulp- en ondersteuningsvragen zeer divers kunnen zijn en dat er per situatie vaak meerdere problemen spelen. In de praktijk zul je daarom op veel terreinen hulp verlenen en daarmee aansluiten op verschillende prestatievelden van de Wmo (zie paragraaf 1.6). Hieronder kun je zien met welke prestatievelden de casussen in dit hoofdstuk samenhangen:

- casus Rob: prestatievelden 2, 3 en 7;
- casus Anita: prestatievelden 1, 2, 5 en 7;
- casus Roos: prestatievelden 1, 2, 4, 8 en 9;
- casus Merjam: prestatievelden 1, 2, 4 en 5;
- casus Reijn: prestatieveld 3 en 5.

7.1 Casus bij cliëntprofiel 1: Rob

De casus in deze paragraaf hoort bij cliëntprofiel 1: cliënten met een tijdelij-ke tegenslag maar met een vitaal netwerk. Deze casus wordt vanaf paragraaf 7.1.2 helemaal uitgewerkt.

7.1.1 Situatieschets

Korte samenvatting
Rob (42) draagt een groot geheim met zich mee. Hij wordt door zijn vrouw mishandeld. Verschillende jaren heeft hij dit ondergaan, maar nu komt hij in verzet. Hij duwt haar van zich af en als dat niet helpt, slaat hij terug. Relatie-gesprekken hebben niet geholpen en hij maakt zich zorgen om hun zoontje Michel.

Uitgebreide beschrijving

Rob wordt lichamelijk en psychisch mishandeld door zijn vrouw. Zijn vrouw slaat hem met een parfumfles. Door haar schelden voelt hij zich nog meer vernederd. Hij is bang en onzeker geworden. Hij zegt zelf: 'Ik ben een bang hondje in een hoekje van de kamer.' Hij schaamt zich voor het feit dat hij door zijn vrouw geslagen wordt. Daarom kruipt hij steeds meer in zijn schulp en komt hij steeds meer in een isolement terecht.

Rob heeft een ICT-opleiding gevolgd en had daarin een goede baan bij een groot bedrijf. Hij is een paar jaar geleden getrouwd met een Italiaanse vrouw, Fabiola. Zij heeft een baan met een contract voor twee jaar. Bovendien is ze bezig met een studie.

Rob en Fabiola hebben een zoon van 16 maanden oud, Michel. Het apparte-ment waar zij woonden werd te klein toen zij Michel kregen en daarom zijn ze een jaar geleden verhuisd naar een gezinswoning.

Eerst maakten ze zich zorgen over de baan van Fabiola en nu over het werk van Rob. Rob is sinds kort namelijk ontslagen doordat hij niet meer goed kon functioneren op zijn werk. Door de slechte relatie met zijn vrouw is hij gestrest. Hij ging met tegenzin naar zijn werk en heeft last van rugklachten. Daarvoor gaat hij naar de huisarts. Hij heeft nu een uitkering van het UWV.

Volgens Rob wil zijn vrouw in alles haar gelijk halen, ze wijkt niet af van haar standpunt. Alles wat zij zegt is waar. Ze luistert niet naar hem. Om het minste of geringste krijgen ze ruzie, wat uitmondt in geweld. Sinds een jaar probeert hij zich te verdedigen ten opzichte van zijn vrouw: hij duwt en slaat haar af en toe.

Rob maakt zich zorgen om zijn zoon. Hij vindt dat Michel een normale gezins-situatie moet krijgen. Hij durft geen acties te ondernemen, omdat hij bang is voor de reacties van zijn vrouw. Door de problemen in huis vlucht hij weg. Hij gaat meestal naar het strand. Een andere manier van vluchten is de deur hard dichtslaan en op de slaapkamer blijven. Vluchten is voor hem op dit moment de enige oplossing. Rob vertelt dat hij slecht eet en de laatste tijd 's avonds een paar glazen bier drinkt. Dit doet hij bijna dagelijks. Rob vertelt dat hij verslaafd is aan de televisie. Nu hij werkloos is, brengt hij zijn zoontje naar de crèche en zorgt hij voor hem.

Hij heeft samen met zijn vrouw relatiegesprekken gehad bij het Riagg. Daar-mee kon een scheiding echter niet worden voorkomen. Beide partners zijn nu naarstig op zoek naar een eigen woonruimte, los van elkaar om een rustig klimaat te creëren voor henzelf met Michel. Dit is een voorwaarde van Bureau Jeugdzorg, want anders wordt de Raad voor de Kinderbescherming ingescha-keld. Fabiola gaat vanuit haar werk vaak naar een vriendin en blijft daar dan ook slapen.

Bij het consultatiebureau zag Rob folders van het Steunpunt Huiselijk Geweld. Hij heeft dit steunpunt gebeld. Vanuit het steunpunt is hij na twee gesprekken bij het maatschappelijk werk aangemeld.

Probleem

Als slachtoffer van huiselijk geweld, door schaamte overmeesterd, komt Rob tot niets meer.

Vraag

Hoe kan Rob zijn leven weer naar volle tevredenheid vormgeven?

Robs hulpvragen

- Als ik van het huiselijk geweld aangifte zou doen bij de politie, wat betekent dit dan voor mij en voor mijn vrouw?
- Wat zijn de consequenties van de aangifte voor mijn vrouw?
- Hulp en begeleiding inzake huiselijk geweld.
- Hulp bij de praktische zaken.

In het vervolg van deze paragraaf wordt deze casus in detail uitgewerkt. Je leest welke gesprekken de hulpverlener met Rob voert en hoe ze de formulieren invult. Om te oefenen kun je de formulieren eerst zelf proberen in te vullen voordat je verder leest. De (lege) formulieren zijn te vinden in bijlage 2.

7.1.2   Fase 1: Inventariseren van het netwerk

Het ecogram

Bij het inventariseren van zijn netwerk blijft Rob in eerste instantie hangen bij familie en schoonfamilie. De hulpverlener heeft de genoemde personen op de plaats die Rob aanwijst, in het ecogram gezet. Ook heeft zij vragen over de mate en inhoud van het contact gesteld. Zij is echter benieuwd of Rob nog meer mensen kent, dus besteedt zij met de vragenlijst in haar achterhoofd (zie paragraaf 4.3.1) extra aandacht aan de sector vrienden en kennissen. Zij vraagt of hij nog mensen kent vanuit zijn studie en werk, mensen die hij al kende voordat de problemen met Fabiola begonnen. Daarbij vraagt zij weer naar de mate en de inhoud van het contact. Zij vraagt bijvoorbeeld: 'Wat betekenden deze mensen voor jou? Hoe vaak had jij contact met hen? Wat deelden jullie met elkaar? Hoe ziet hun leefsituatie eruit?'

Dan ziet zij een andere Rob: hij begint levendig te vertellen over de autoclub en de weekenden die hij daarvoor organiseerde. Natasja en Marian kent hij vanuit die club. Ook de namen van Piet, Els, Gonny en Theo komen naar voren. Dat zijn de mensen die hem geholpen hebben met de verhuizing. Zij vraagt ook naar zijn studietijd: kent hij daar nog mensen van? Dan komen de namen Piet, Anton, Klaas en Anja naar voren. Vanuit zijn werk heeft hij nog contact met de secretaresse. Zij vraagt of hij weer opnieuw contact met hen zou willen. Dan betrekt zijn gezicht. Hij schaamt zich voor zijn situatie en heeft alle energie nodig om zaken te regelen. Dus nu even niet. Maar als hij straks in zijn eigen huis woont, is hij dit zeker van plan. Het thuiszitten ging hem vervelen, dus heeft hij contact gezocht met leden van de kerk om daar iets te kunnen gaan doen. Op de volgende bladzijde zie je hoe de hulpverlener samen met Rob het ecogram heeft ingevuld.

ECOGRAM

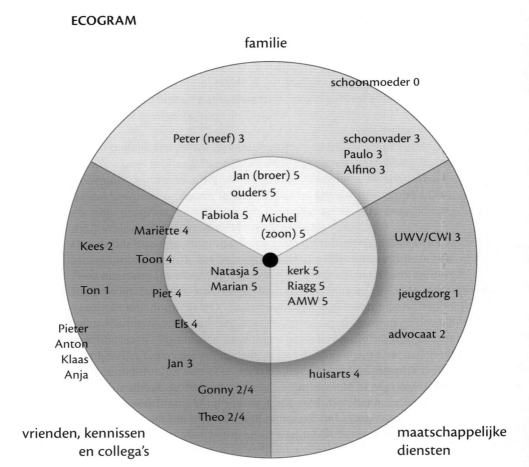

familie

schoonmoeder 0

Peter (neef) 3

schoonvader 3
Paulo 3
Alfino 3

Jan (broer) 5
ouders 5

Fabiola 5   Michel
Mariëtte 4   (zoon) 5

Kees 2   UWV/CWI 3

Toon 4

Natasja 5   kerk 5
Ton 1   Piet 4   Marian 5   Riagg 5   jeugdzorg 1
AMW 5

Els 4

Pieter   advocaat 2
Anton
Klaas   Jan 3
Anja   huisarts 4

Gonny 2/4

Theo 2/4

vrienden, kennissen   maatschappelijke
en collega's   diensten

Het intakeformulier

Nadat de hulpverlener met Rob het ecogram heeft ingevuld, verwerkt zij de extra informatie die hij heeft gegeven (door de mobiliserende werking) in het Intakeformulier sociaal netwerkmethodiek. Bij de doelstelling voegt zij ook de gegevens vanuit de reguliere intake toe. Op de volgende bladzijde zie je hoe de hulpverlener dit formulier heeft ingevuld.

INTAKEFORMULIER SOCIAAL NETWERKMETHODIEK

1 Proces inventariseren netwerk

1.1 Doelstelling van de cliënt

Ik wil graag weer een stuk van mijn leven terugkrijgen: een veilige plek om samen met Michel te wonen, een baan en meer structuur in mijn dag. Ik wil weer een sociaal leven, dingen organiseren en ondernemen.

1.2 Bijzondere informatie betreffende het persoonlijk sociaal netwerk. Wat valt op bij de verdeling per cluster?

Rob heeft een vitaal netwerk. Op dit moment heeft hij echter rust nodig en daarom neemt hij nauwelijks contact op met de netwerkleden. Zodra hij zich beter voelt, zal hij het netwerk vooral vanuit zijn werk weer inzetten.
Sinds hij met Fabiola getrouwd is en vader is geworden, ligt de wederkerigheid met zijn netwerkleden laag. Gevarieerdheid en wederkerigheid zijn wel aanwezig, maar worden pas weer geactiveerd als Rob zichzelf hier weer toe in staat acht.

1.3 De mobiliserende en reorganiserende werking

Mobiliserende werking: al pratende over zijn netwerk bleek dit groter te zijn dan hij bij aanvang deed overkomen. In eerste instantie kwamen alleen de namen van de personen met wie hij nu contact heeft. Bij de vraag over contacten in zijn oude woonplaats en uit zijn studententijd kwamen er meer namen en bijbehorende belevenissen naar voren.
Reorganiserende werking: de reorganiserende werking was vooral aanwezig in de plannen die hij heeft. Zodra hij weer een veilige woonplek heeft en alles geregeld is, wil hij weer contact met netwerkleden opnemen.

2 Verkregen informatie over de netwerkleden

2.1 Omvang en samenstelling

Bij het inventariseren van zijn netwerk blijkt dat Rob in *de sector verwanten* 10 personen benoemt. Met 9 personen heeft hij contact en met 1 persoon (zijn schoonmoeder) geen contact. In *de sector vrienden, kennissen en collega's* heeft hij 15 personen en in de *sector maatschappelijke diensten* 7 instellingen. Zie ook het ecogram.

2.2 Sector familie (hoeveel personen en wat valt je op?)

Vader en moeder wonen in een bejaardenhuis. Hij heeft de zorg voor hen.
Zijn broer Jan woont in een andere stad. Hij is er als hij in de problemen zit.
Sinds zijn verhuizing naar een eengezinswoning heeft hij veel contact met Peter (neef) omdat zij nu in dezelfde stad wonen. In nood kan Rob bij hem terecht. Door de afstand hadden zij elkaar uit het oog verloren.
De familie van Fabiola, zijn ex, woont in Italië. Hij heeft goed contact met haar vader. Hij kan goed met hem praten en ze snappen elkaar. Met haar moeder niet. Ze luistert niet. Met de twee broers van Fabiola heeft hij goed contact gehad, maar nu niet meer.

2.3 Sector vrienden, kennissen en collega's (hoeveel personen en wat valt je op?)

Vanuit zijn studie en werktijd heeft Rob veel contacten opgebouwd, zoals met Pieter, Anton, Klaas, Anja, Theo en Gonny. Theo en Gonny hebben hem geholpen met de verhuizing van het appartement naar het huis waar hij nu met Fabiola en Michel woont. Zij zijn ook van de autoclub. Met Kees en Ton was het contact eenrichtingsverkeer; Rob was degene die steeds het initiatief nam. En met de anderen heeft hij geen contact meer. Zij (mensen van zijn werk) weten niet dat hij in deze moeilijke periode verkeert met zijn vrouw. Met de meesten liep het contact tot twee jaar terug. Na zijn trouwen was er geen contact meer. Alleen Mariëtte is op de hoogte; hij heeft haar de situatie verteld. Het is echter eenrichtingsverkeer.

Zijn andere vrienden zijn van de autoclub. Natasja steunt hem, maar ook andersom. Ze kennen elkaar vijf jaar. Toon, de man van Natasja, is ook op de hoogte van zijn situatie. Piet en Els hebben hem ook geholpen met de verhuizing. Marian kent hij tien jaar. Zij is een steun voor hem (dag en nacht) maar ook andersom. Zij heeft haar man verloren toen zij zwanger was. Hij heeft Natasja leren kennen door Marian.

2.4 Sector maatschappelijke diensten (hoeveel personen, welke organisaties en wat valt je op?)

AMW (huidige hulpverlener)
Riagg (Riagg, relatietherapie, is afgerond)
Bureau Jeugdzorg (voor Michel die vaak in geweldssituaties verkeert)
kerk (contact met kerkleden)
UWV/CWI (in verband met werkloosheid)
advocaat (scheiding regelen)
huisarts (lichamelijke klachten Rob)

3 Gevarieerdheid (burgerlijke stand, opleiding, werk, hobby's)

Vanuit zijn ICT-opleiding heeft Rob veel contacten opgebouwd. Mensen met een beroepsopleiding hbo of mbo, alleenstaanden, echtparen en paren met kinderen, zoals het echtpaar Natasja en Toon met twee kinderen. Vanuit de autoclub heeft hij diverse contacten: twee vrouwen en een echtpaar. Verder zijn er zijn schoonfamilie in Italië en zijn broer, ouders en neef.

4 Bereikbaarheid (in welke mate zijn personen bereikbaar voor de cliënt?)

Zijn schoonfamilie woont in Italië. Hij heeft met zijn twee zwagers en schoonvader goed contact, door middel van telefoongesprekken en de mail. De bereikbaarheid met de andere leden van zijn netwerk is goed dankzij auto en telefoon.

5 Structuur van de betrekkingen (geen complete herhaling van het ecogram)

5.1 Mate van contact (frequentie, hoe vaak zien ze elkaar)

Sinds hij getrouwd is met Fabiola en verhuisd is, heeft hij minimaal contact met de mensen van zijn vorige werk en zijn studietijd. Met Natasja en Marian sms't en belt hij in moeilijke perioden; dat is de laatste tijd vaak. Zij bellen hem ook op als ze even niets gehoord hebben (minimaal één keer per twee weken).

Theo, Gonny, Piet en Els hebben hem geholpen met de verhuizing naar het huis waar ze nu wonen. Zij zijn ook van de autoclub. Op dit moment is er weinig contact.

Met Kees en Ton was er maandelijks contact op initiatief van Rob, maar hij heeft al twee jaar geen contact meer opgenomen. Met Mariëtte, de secretaresse van zijn oude werk, is het contact eenrichtingsverkeer. Hij belt haar ongeveer één keer per maand.

Hij heeft nu wel wekelijks contact met zijn broer Jan. Als het nodig is, is hij er voor hem. Zijn ouders wonen in een bejaardenhuis, en hij gaat minimaal één keer per week naar hen toe.

Met een neef, Peter, heeft hij contact sinds zij in dezelfde stad wonen. Die belt hem zo ongeveer één keer per twee of drie weken op, en Rob belt ook hem. Peter steunt hem.

Met de moeder van Fabiola heeft hij geen contact, met de rest van de familie normaal gesproken wel. Nu het echter niet goed gaat tussen Fabiola en Rob, heeft hij geen contact met haar broers.

Hij heeft nu via de kerk wat contacten gelegd. Hij is daar vrijwilliger en bouwt aan een nieuw netwerk.

5.2 Initiatief (wie neemt het initiatief?)

Het contact met Natasja en Marian is wederkerig. Zij steunen elkaar in moeilijke tijden. Ook met Toon, de man van Natasja, is het contact wederkerig.

De contacten met zijn neef Peter en broer Jan zijn ook wederkerig.

Bij zijn ouders gaat hij regelmatig op bezoek en hij zorgt voor hen. Hij neemt daartoe zelf het initiatief.

Met zijn schoonvader mailt hij regelmatig, ook dat is wederzijds. Met zijn zwagers is het contact verwaterd.

Het contact met Mariëtte komt alleen vanuit zijn kant.

Met de andere personen uit zijn netwerk heeft hij op dit moment weinig contact. Zodra hij meer rust heeft, gaat hij deze contacten weer versterken.

5.3 Lengte (hoelang kent de cliënt zijn netwerkleden al?)

De mensen vanuit zijn werk en studietijd kent hij tussen de 15 en 10 jaar.
Vanuit de autoclub: Marian 10 jaar, Natasja 5 jaar, schoonfamilie 6 jaar, de kerk 1 jaar.

5.4 Basis (op grond waarvan is het contact ontstaan?)

Vanuit zijn opleiding, het werk, de autoclub, schoonfamilie en de kerk.

5.5 Inhoud van het contact
Rob heeft in het ecogram mensen een cijfer gegeven. 1 staat voor 'betekent bijna niets voor me' en 5 voor 'is zeer belangrijk voor me'. Hij geeft aan dat Gonny en Theo eerst een 2 kregen, maar nu ze geholpen hebben met de verhuizing is dit een 4 geworden. Het kan wisselen.
Affectie / emotionele steun / waardering (voor welke personen geldt dit in hoge mate?)
Natasja en Marian: hij belt hen in moeilijke tijden. Broer Jan en neef Peter Zijn ouders Mariëtte: aan haar kan hij zijn verhaal kwijt; zij luistert goed.
Aansluiting / sociaal contact / leuke dingen doen (voor welke personen geldt dit in hoge mate?)
Op dit moment vooral met de mensen uit de kerk in het kader van het vrijwilligerswerk. Rob en zijn schoonvader begrijpen elkaar. Natasja, Marian, Jan, Peter en zijn ouders
Voorkeur / contacten die de cliënt prefereert (voor welke personen geldt dit in hoge mate?)
Natasja en Marian Broer Jan
Praktische steun (van welke personen in hoge mate?)
Theo, Gonny, Piet en Els hebben hem bij de verhuizing geholpen. Neef Peter en broer Jan Ouders
Materiële steun (van welke personen in hoge mate?)
Zijn ouders hebben hem geld geleend.
6 Belemmerend (welke personen en andere factoren zijn belemmerend voor de cliënt om zijn doel te bereiken?)
Fabiola, zijn ex-vrouw

Praktische zaken oppakken

De ervaring leert dat in de intakefase ook alvast een aanzet wordt gegeven tot het aanpakken van problemen. Zo ook in de casus van Rob. Aan het einde van het eerste gesprek hebben de hulpverlener en Rob afspraken gemaakt. Daarbij heeft de hulpverlener gevraagd wat Rob nu het meest urgent vindt in zijn situatie. Besloten is dat Rob nu eindelijk eens een afspraak bij de fysiotherapeut maakt en alvast naar huizen gaat kijken. Tijdens het vervolgintakegesprek blijkt dat Rob zich al wat beter voelt. Hij is opgelucht dat hij nu hulp krijgt. Rob maakt vervolgens een afspraak met de sociaal raadslieden voor informatie over de belastingaangifte van de afgelopen twee jaar. Verder maakt hij een melding bij de politie van het huiselijk geweld. Een aangifte vindt hij nog te ver gaan.

7.1.3 Fase 2: Analyseren van de mogelijkheden van het sociaal netwerk

Rob maakt samen met de hulpverlener de balans op. Zij vraagt hem: als je zo naar je ecogram kijkt, welke gedachten komen er dan bij je op? Rob is zelf verbaasd over het aantal mensen dat hij kent. Hij heeft geen behoefte aan uitbreiding van zijn netwerk. Maar als de problemen voorbij zijn, wil hij wel weer contact met oude vrienden en collega's opnemen. Hij heeft contact met 9 personen in de sector verwanten, 15 personen in de sector vrienden, kennissen en collega's, en 7 contacten in de sector maatschappelijke diensten. Dit is een vitaal netwerk en de hulpverlener begrijpt dat Rob hier tevreden mee is.

Vervolgens legt zij aan Rob uit dat ze nu samen gaan bekijken wie hem kan helpen om zijn doelen te bereiken. Ook zullen ze bekijken wat hij van de verschillende netwerkleden wil, als hij weer een sociaal leven gaat opbouwen.

Rob kijkt met haar naar het ecogram en wat zij heeft opgeschreven op het intakeformulier. Ze merkt dat Rob het overzicht kwijt is, doordat hij vragen stelt aan haar over de namen in het ecogram. Om de mogelijkheden vanuit het netwerk voor Rob inzichtelijk te maken vult Rob (met een beetje ondersteuning) het formulier op de volgende bladzijde in.

SCHEMA 'MOGELIJKHEDEN SOCIAAL NETWERK'

Ton	Kees	Anja	Anton	Klaas	Pieter	Toon	schoonvader	3 kerkleden	Piet en Els	Theo en Gonny	Mariëtte	Peter (neef)	Jan (broer)	ouders	Marian	Natasja	Fabiola	Cliënt/netwerklid	
												×	×	×				1 Affectie	
											×	×	×	×	×	×		2 Emotionele steun	
													×	×	×			3 Waardering	
						×	×					×	×		×	×		1 Aansluiting	
						×	×	×				×	×	×	×	×		2 Sociaal contact	
						×									×	×		3 Leuke dingen doen	
													×		×	×		Voorkeur voor ondersteuning	
														×				cliënt geeft	Praktische steun:
									×	×		×	×	×				cliënt ontvangt	Praktische steun:
																		cliënt geeft	Materiële steun:
														×				cliënt ontvangt	Materiële steun:
						×	×	×				×	×	×	×	×		Wederkerig	
																	×	Belemmerend	

Voor de moeilijkheden en problemen in zijn huidige situatie en de hulp die hij daarvoor nodig heeft, vraagt Rob hulp aan zijn broer Jan en neef Peter. Hij ziet nu echter ook mogelijkheden voor als hij weer moet gaan verhuizen. Verder ziet hij mogelijkheden voor het moment waarop hij verhuisd is en zijn eigen leven weer op orde heeft. Bij hem gaat het dus om een beroep doen op het beschikbare netwerk en het versterken van het beschikbare netwerk.

7.1.4 Fase 3: Opzetten van een werkplan

Voordat de hulpverlener met het opstellen van het werkplan begint, vraagt zij aan Rob: 'Hoe gaat het nu met je?' Daarmee geeft zij hem de ruimte om eerst te bespreken wat voor hem urgent is en daardoor creëert ze de rust om stil te staan bij wat zijn doelen zijn. Vervolgens vraagt zij hem naar zijn einddoel.

Hulpv.:	Wat wil jij uiteindelijk bereiken? (Bij Rob kan deze vraag makkelijk, want hij begrijpt zo'n vraag.)
Rob:	Ik wil een stukje van mijn leven terug, een veilige plek om te wonen samen met mijn zoontje Michel. Ik wil weer een baan.
Hulpv.:	Het leven terugkrijgen, Rob, wat bedoel je hiermee?
Rob:	Ik wil weer positief kunnen kijken, initiatieven nemen en dingen organiseren zoals ik dit vroeger deed in mijn werk. Ik wil niet meer bang en onzeker zijn, een sociaal leven opbouwen, contacten leggen en activiteiten ondernemen.
Hulpv.:	Dat is mooi. Je hebt een duidelijk beeld hierover. Zullen we ook eens kijken naar die veilige plek? Hoe ziet die veilige plek er volgens jou uit?
Rob:	Het moet een veilige plek zijn voor mijn zoon Michel.
Hulpv.:	Wat is dan veilig?
Rob:	Dat ik mijn spullen in de woning kan laten staan. Dat er een goed slot op de deur zit. Dat niemand in mijn spullen zit te snuffelen. Fabiola doet dat altijd. Ik moet me er thuis voelen.
Hulpv.:	Zijn dit voor jou voorwaarden die je aan je woonomgeving stelt? Wat doet dit met je?
Rob:	Ja, dit geeft mij rust en evenwicht, dat heb ik nodig. Als ik dit niet heb, dan raak ik gespannen en dat werkt ook door op Michel. Dat heb ik gemerkt toen ik een keer in paniek raakte.

Rob begint hoe langer hoe meer een duidelijk beeld te krijgen over hoe hij het wil hebben. Hij wordt energieker en gaat door met vertellen.

Rob:	Ik wil ook voor Michel een eigen kamer, een woning in een rustige omgeving, niet in de binnenstad, met een goede openbaarvervoerverbinding naar de kinderdagopvang.
Hulpv.:	Wat is er nodig om jouw einddoel te bereiken?

Met deze vraag zetten ze de problemen en vragen die Rob in de reguliere intake noemde, op een rijtje en formuleren ze daar concrete doelen (werkdoelen) bij.

Werkdoelen:
- een woning voor mij en Michel;
- financiën op orde hebben;
- bezittingen verdeeld;
- echtscheiding geregeld;
- vaste baan gevonden;
- contacten met vrienden hersteld;
- aangemeld voor een vrijetijdsbesteding.

Hulpv.:	Waar ga je mee beginnen? Wat is voor jou het belangrijkste?
Rob:	Andere woonruimte zoeken, want dat is een voorwaarde van Bureau Jeugdzorg.
Hulpv.:	Hoe ga je dat aanpakken?
Rob:	Als eerste ga ik naar de makelaar.
Hulpv.:	Zullen we dit direct invullen in het werkplan?
Rob:	Ja, dat lijkt me handig en het geeft me rust. Want dan speelt het niet in mijn hoofd.

De hulpverlener vult met Rob het werkplan in dat op de volgende bladzijde is weergegeven.

WERKPLAN

Naam cliënt: Rob
Naam maatschappelijk werker:
Opgesteld op: 1 januari

1 Probleem

Ik word mishandeld door mijn vrouw. Ik ben bang voor haar reacties en durf nauwelijks actie te ondernemen. De relatiegesprekken die wij gehad hebben, hebben niets opgeleverd. We gaan uit elkaar. Wij hebben een zoontje van 16 maanden en Bureau Jeugdzorg heeft als eis gesteld dat wij zo snel mogelijk ieder een eigen woonruimte moeten hebben om voor Michel een rustige situatie te creëren. Anders wordt de kinderbescherming ingeschakeld. Verder heb ik geen regelmaat en structuur in mijn dag en drink ik te veel. Ik ben ontslagen doordat ik niet meer goed kon functioneren op mijn werk. Ik heb geen hobby's meer en mijn vrienden heb ik de laatste jaren door al die ruzies met Fabiola niet meer gezien.

2 Waar wil ik hulp bij?

- Als ik van het huiselijk geweld aangifte zou doen bij de politie, wat betekent dit dan voor mij en voor mijn vrouw?
- Hulp en begeleiding inzake procesgang huiselijk geweld en echtscheiding.
- Hulp bij praktische zaken, zoals financiën op orde brengen.
- Hoe krijg ik een stabiele situatie voor mij en mijn kind?
- Hoe vind ik andere woonruimte?
- Hoe bouw ik opnieuw een sociaal leven op?

3 Mijn wensen en doelen

Ik wil een veilige en rustige plek voor Michel en mij. Ik wil de scheiding geregeld hebben en mijn financiën op orde brengen. Ik wil een baan, weer sociale contacten, structuur in mijn dag en naar de toekomst kijken. Ik wil een stuk van mijn oude leven terug.

4 Wie doet wat?

Bij elk werkdoel kijk ik wat ik zelf kan en waar ik hulp bij nodig heb en wie mij daar het beste bij kan helpen.

5 Wanneer wil ik het bereikt hebben?

Dat kan ik nu nog niet precies zeggen. Als ik het weet vul ik een datum in.
Omdat Bureau Jeugdzorg haast heeft, wil ik binnen drie maanden andere woonruimte hebben, desnoods tijdelijke woonruimte.

Datum	Werkdoelen en stappen	Ik	Familie Vriend(in) Kennis	Hulpver- lener	Andere organisa- tie
	Werkdoel 1				
31 mrt	Woning voor Michel en mij				
	Stappen				
6 jan	Afspraak maken met makelaar	x			makelaar
7 jan	Inschrijven als woningzoeken- de en woonpas aanvragen	x			
	Huis bezichtigen in ... (straat) Volgende afspraak maken	x	Peter		makelaar
	Woonkrant bijhouden	x			
	Huis bezichtigen in ... (straat) Volgende afspraak maken	x	Peter		makelaar
	Reageren op advertenties in woonkrant	x			
	Werkdoel 2				
31 mrt	Financiën op orde				
	Stappen				
10 jan	Uitzoeken afschriften en op volgorde leggen	x			
15 jan	Uitrekenen inkomsten en uit- gaven en hoogte huur	x		x	
11 t/m 16 jan	Ordenen administratie voor belasting van ... (jaartallen)	x	Jan		raadsman
18 en 19 jan	Verzekeringen uitzoeken, zo- dat deze bij verhuizing makke- lijk zijn op te zeggen dan wel te veranderen	x			
25 jan	Alimentatie regelen/afspraak advocaat	x			advocaat
Afh. van afspraak	Wie betaalt wat voor Michel?	x			advocaat
Week 4 t/m 8	Alle kassabonnen 4 weken bewaren	x			
idem	Inkomsten in kasboek (schrift) noteren	x			
idem	Alle andere uitgaven in kas- boek noteren	x			

Datum	Werkdoelen en stappen	Ik	Familie Vriend(in) Kennis	Hulpver- lener	Andere organisa- tie
	Werkdoel 3				
	Bezittingen verdeeld				
	Stappen				
Week 7	Opschrijven eigen inbreng	x			
Week 7	Opschrijven gezamenlijk ge-kocht	x			
Week 7	Opschrijven inbreng ex-part-ner	x			
In overleg	Gezamenlijk gekochte spullen verdelen	x	Fabiola		advocaat
	Werkdoel 4				
	Vaste baan				
	Stappen				
	Elk weekend vacatures bijhou-den in kranten				
	Inschrijven bij uitzendbureaus				
	Vacatures bij CWI				
	Vacatures internet				
	Elke week een sollicitatiebrief schrijven				
	Werkdoel 5				
	Aangemeld voor een vrijetijds-besteding				
	Stappen				
	Werkdoel 6				
	Contacten zijn hersteld				
	Stappen				

Niet alle stappen van de verschillende werkdoelen kunnen al bij aanvang worden ingevuld. Dit is per situatie verschillend. Rob heeft het nog zo druk met de wel ingevulde werkdoelen, structuur aanbrengen in zijn dag en zijn drankgebruik verminderen, dat het nu voor hem echt nog niet aan de orde is om te denken aan het herstellen van sociale contacten en het zoeken van een vrijetijdsbesteding.

7.1.5   Fase 4: Uitvoeren van het werkplan

Versterken zelfregie
In het werkplan van Rob staat niet dat hij meer regelmaat en structuur in zijn dag wil aanbrengen en zijn drinkgedrag wil veranderen. Dit zijn meer proces-matige onderwerpen, waarbij volgens hem zijn stress en onzekerheid een rol spelen. In het begeleidingsproces hierin gebruikt de hulpverlener taakgerichte hulpverlening waarbij zij Robs eigen kracht versterkt en zijn zelfregie vergroot.

Hulpv.:	Hoe ziet een dag voor jou eruit?
Rob:	Ik sta om 7.30 uur op, was me en kleed mij aan. Dan haal ik Michel uit bed om hem te wassen en aan te kleden. We eten samen, want Fabiola is dan gelukkig al weg. Ik zorg dat hij om 8.30 uur op de kinderopvang is en dan begint het niks doen. Ik heb geen zin in afwassen en opruimen en ga voor de tv hangen. Uiteindelijk doe ik het dan wel, want anders heb ik weer een flinke bui van Fabiola te verwachten. Met goed weer ga ik naar buiten, naar het strand. Maar daar kan ik niet meer van genieten, want dat is zo nutteloos.
Hulpv.:	Nutteloos? Hoezo is dat nutteloos?
Rob:	Dat zegt Fabiola altijd tegen mij.
Hulpv.:	Blijkbaar vindt zij het nutteloos, maar geldt dat ook voor jou?
Rob:	Als zij dat zo vaak zegt, dan is het voor mij over.
Hulpv.:	Ging je vroeger vaak wandelen?
Rob:	Ja, alleen of met vrienden door weilanden en bossen.
Hulpv.:	Hoe was dat toen voor jou?
Rob:	Ik genoot daar erg van.
Hulpv.:	Dus daar genoot je erg van?
Rob:	Ja, heerlijk uitwaaien en het is ook goed voor je lijf.
Hulpv.:	En nu, nu zeg je dat het nutteloos is?

Rob wordt stil, kijkt voor zich uit en... doet een bekentenis.

Rob:	Dus dat heb ik mij ook al door haar af laten nemen.
Hulpv.:	Hoe is het voor jou om dit te constateren?
Rob:	Ik schrik daarvan. Het lijkt wel of zij overal in zit.

De hulpverlener laat het 'overal' even zitten en gaat door op de ingeslagen weg.

Hulpv.: Wil je hier iets mee?
Rob: Hoezo?
Hulpv.: Wil je dit zo laten, ben je er tevreden mee dat zij je dit afgenomen heeft?
Rob: Nu je dit zo vraagt... nee, natuurlijk niet.

Toch is het voor Rob blijkbaar moeilijk. Hij gaat eerst allerlei argumenten gebruiken om dit nog niet tot zich door te laten dringen. Hij kan toch niet elke dag naar het strand, hij moet toch werk vinden, een huis zoeken en hij moet ook nog al zijn papieren op orde brengen etc. De hulpverlener laat hem praten en uiteindelijk zegt hij:

Rob: Maar hoe krijg ik het plezier terug?
Hulpv.: Hoe ging dat vroeger?
Rob: Ik zorgde dat ik de dingen die ik voor de opleiding moest doen af had en
        ging dan wandelen.
Hulpv.: Dus je maakte eerst je werk af en dan ging je wandelen?
Rob: Ja, dan had ik het verdiend.
Hulpv.: Dus als je het verdiende kon je ervan genieten?
Rob: Ja.
Hulpv.: En als we nu eens kijken naar je situatie nu? Wat zou dat voor nu betekenen?

Daarmee brengt de hulpverlener het gesprek weer terug op de dagindeling.

Rob: Eigenlijk zou ik het nu ook voor mezelf moeten verdienen.
Hulpv.: Hoe ga je dat bereiken?
Rob: Door elke dag iets nuttigs te doen.
Hulpv.: Dat is een goed idee, maar hoe ga je dat bereiken?
Rob: Volgens mij helpt het mij als ik voor elke dag een indeling maak. En als
        ik dan een paar dingen gedaan heb, kan ik mezelf belonen met naar het
        strand te gaan. Misschien kan ik er dan weer van genieten.
Hulpv.: Is dat een idee dat je uit wilt proberen?
Rob: Ja, dat wil ik wel.
Hulpv.: Zullen we dan nu een dagindeling maken?
Rob: Akkoord.

De hulpverlener neemt het werkplan erbij en Rob maakt met af en toe een vraag of tip van haar zijn eigen dagindeling. Op het werkplan staan verschillende stappen die hij wil ondernemen. Daarop maakt hij een weekindeling, waarbij hij twee keer een strandwandeling opneemt in het programma.

Hulpv.: Wat kan jou helpen om je plan ook echt uit te voeren?

Rob: Ik ga Jan bellen om mij te helpen met de papieren, dan heb ik een afspraak staan. En ik ga straks ook meteen de makelaar bellen. Wat mij ook helpt, is dat ik het jou beloof. Dus volgende week hoor je of het gelukt is.

Hulpv.: Heel veel succes, ik heb er vertrouwen in en ben benieuwd hoeveel je geniet van je wandeling.

Drie maanden later

Inmiddels heeft Rob een huis voor hem en zijn zoontje Michel gevonden. De scheiding is rond. Zowel hij als Fabiola heeft eigen woonruimte. De belastingpapieren zijn uitgezocht en de raadsman heeft om belastingteruggave gevraagd. Deze teruggave moet hij delen met Fabiola, omdat zij in gemeenschap van goederen waren getrouwd. De financiën zijn voor Rob een probleem. Van het geld dat hij had gespaard is een groot deel op, hij moet zijn huis inrichten en Fabiola doet ook steeds moeilijk over geld. Zijn papieren zijn wel allemaal op orde en hij kan nu verzekeringen omzetten en opzeggen.

Als hij zich goed voelt, kan hij zijn bier laten staan. Zijn dagindeling heeft hij met vallen en opstaan onder de knie gekregen. Hij is zich er nu van bewust dat hij, zodra hij opstaat, een plan voor die dag moet maken. Hij kijkt op het werkplan om te zien wat hij moet doen en in zijn agenda om te weten welke afspraken hij heeft. Nu hij weg is bij Fabiola neemt hij zich voor om dit consequent vol te houden. Daarvóór was hij vaak te moe of kwam hij er gewoon niet toe. De ruzies met en mishandelingen van Fabiola waren daar ook debet aan. De ruzies en mishandelingen, die hakken er bij Rob echt in. Opkomen voor zichzelf lukt hem niet ten opzichte van haar. De hulpverlener stelt voor om een assertiviteitscursus te gaan volgen. Daarmee leert hij voor zichzelf op te komen, maar krijgt hij ook meer zelfvertrouwen en eigenwaarde.

Op de volgende bladzijde zie je de eerste tussentijdse evaluatie die de hulpverlener na drie maanden met Rob heeft ingevuld.

TUSSENTIJDSE EVALUATIE

Cliënt: Rob

Datum: 1 april

Evaluatienr.: 1

Maatschappelijk werker:

A Uitvoering werkplan

1a Aan welke werkdoelen heeft de cliënt, eventueel met anderen, gewerkt? Wat zijn de resultaten hiervan per werkdoel?

- doel 1: woning voor Michel en hemzelf zoeken
  Hij heeft een woning en vooral zijn neef Peter heeft hem bij het bezichtigen en de uiteindelijke keuze geholpen.
- doel 2: financiën op orde brengen
  De belastingpapieren zijn uitgezocht en de raadsman heeft teruggave aangevraagd. De alimentatie is geregeld, maar het is voor Rob moeilijk om niet meer uit te geven dan er binnenkomt. Zijn spaargeld is voor een groot deel opgegaan aan impulsinkopen, terwijl hij het nodig heeft voor het inrichten van de woning.
- doel 3: de bezittingen verdelen
  Met behulp van de advocaat zijn hun bezittingen verdeeld. Fabiola heeft zich echter toch meer toegeëigend en Rob kan dan niet tegen haar op.

1b Is de hulpvraag van de cliënt in de afgelopen periode gewijzigd of is er een hulpvraag bij gekomen? Zo ja:

- Wat is er in de hulpvraag gewijzigd?
- Welke hulpvragen zijn erbij gekomen?
- Hebben deze veranderingen gevolgen voor de werkdoelen? (concretisering hierna bij B)
  Ja.

Er zijn drie hulpvragen bij gekomen:
- Hoe houd ik mijn inkomsten en uitgaven in evenwicht?
- Hoe ga ik mijn woning inrichten? Wie kan mij daarbij helpen?
- Hoe kan ik beter voor mezelf opkomen ten opzichte van Fabiola?

2 Is de cliënt tevreden met de manier waarop hij ondersteund wordt door de hulpverlener?

- Zo ja, waarmee wel?
- Zo nee, waarmee niet?
- Is er iets wat de cliënt anders wil?

Rob is blij met de ondersteuning van de maatschappelijk werker. Alleen was hij nooit zover gekomen. Hij vindt het prettig dat hij elke week kan komen.

3 Als het netwerk betrokken is bij de uitvoering van het werkplan van de cliënt:
▪ Waarmee wordt de cliënt geholpen?   ▪ Door wie?   ▪ Waarmee niet?   ▪ Is er iets wat de cliënt anders wil?   Rob is blij met de hulp van zijn broer Jan en neef Peter. Zij zijn niet opdringerig en hij kan zijn eigen besluiten nemen.
4 Wat heeft cliënt zelf te bieden?
▪ Wat biedt de cliënt aan in de relatie met de netwerkleden die hem helpen?   ▪ Is er iets wat de cliënt anders wil?   Tot nu toe heeft Rob nog niet zoveel betekend voor Jan en Peter. Hij was regelmatig te moe en moest veel doen. Hij heeft wel een cadeautje gekocht voor hun verjaardag en is op visite gegaan, ondanks het feit dat dit gezien zijn situatie heel moeilijk voor hem was.

B De werkdoelen

1 Welke doelen zijn afgerond? Aan welke doelen wordt verder gewerkt?
▪ doel 1: woning voor Michel en hemzelf; is afgerond   ▪ doel 3: verdeling bezittingen; is afgerond   ▪ doel 4: vaste baan; wordt aan verder gewerkt   ▪ doel 5: aanmelden vrijetijdsbesteding; nog niet aan toegekomen   ▪ doel 6: contacten herstellen; nog niet aan de orde
2 Worden er werkdoelen bijgesteld? Zo ja, wat zijn de bijgestelde doelen?
▪ doel 2: financiën op orde; evenwicht brengen in inkomsten en uitgaven
3 Zijn er nieuwe werkdoelen? Zo ja, welke?
▪ doel 7: huis inrichten   ▪ doel 8: aanmelden en volgen assertiviteitscursus

C De aanpak

Op welke wijze wordt aan elk van de nieuwe doelen gewerkt? (Wie wat per doel oppakt, wordt in het werkplan ingevuld.)
▪ doel 2: evenwicht in inkomsten en uitgaven; kasboekje bijhouden   ▪ doel 5: aanmelden vrijetijdsbesteding; heeft even geen prioriteit   ▪ doel 7: huis inrichten

D Gemaakte afspraken

Worden de gemaakte afspraken gewijzigd? Zo ja, wat zijn de nieuwe afspraken?
Afspraken eenmaal per twee weken

De tussenevaluatie geeft aanleiding om het werkplan te wijzigen. Er zijn immers doelen bijgekomen en gewijzigd. Hieronder zie je hoe Rob zijn werkplan heeft gewijzigd.

WERKPLAN
Naam cliënt: Rob Naam maatschappelijk werker: Opgesteld op: 1 januari bijgesteld op 1 april

1 Probleem

Ik word mishandeld door mijn vrouw. Ik ben bang voor haar reacties en durf nauwelijks actie te ondernemen. De relatiegesprekken die wij gehad hebben, hebben niets opgeleverd. We gaan uit elkaar. Wij hebben een zoontje van 16 maanden en Bureau Jeugdzorg heeft als eis gesteld dat wij zo snel mogelijk ieder een eigen woonruimte moeten hebben om voor Michel een rustige situatie te creëren. Anders wordt de kinderbescherming ingeschakeld. Verder heb ik geen regelmaat en structuur in mijn dag en drink ik te veel. Ik ben ontslagen doordat ik niet meer goed kon functioneren op mijn werk. Ik heb geen hobby's meer en mijn vrienden heb ik de laatste jaren door al die ruzies met Fabiola niet meer gezien.

2 Waar wil ik hulp bij?

- Als ik van het huiselijk geweld aangifte zou doen bij de politie, wat betekent dit dan voor mij en voor mijn vrouw?
- Hulp en begeleiding inzake procesgang huiselijk geweld en echtscheiding.
- Hulp bij praktische zaken, zoals financiën op orde brengen.
- Hoe krijg ik een stabiele situatie voor mij en mijn kind?
- Hoe vind ik andere woonruimte?
- Hoe bouw ik opnieuw een sociaal leven op?

3 Mijn wensen en doelen

Ik wil een veilige en rustige plek voor Michel en mij. Ik wil de scheiding geregeld hebben en mijn financiën op orde brengen. Ik wil een baan, weer sociale contacten, structuur in mijn dag en naar de toekomst kijken. Ik wil een stuk van mijn oude leven terug.

4 Wie doet wat?

Bij elk werkdoel kijk ik wat ik zelf kan en waar ik hulp bij nodig heb en wie mij daar het beste bij kan helpen.

5 Wanneer wil ik het bereikt hebben?

Dat kan ik nu nog niet precies zeggen. Als ik het weet vul ik een datum in.
Omdat Bureau Jeugdzorg haast heeft, wil ik binnen drie maanden andere woonruimte hebben, desnoods tijdelijke woonruimte.

Datum	Werkdoelen en stappen	Ik	Familie Vriend(in) Kennis	Hulpver- lener	Andere organisa- tie
	Werkdoel 1				
31 mrt	Woning voor Michel en mij				
	Stappen				
	Afgerond				
	Werkdoel 2				
31 mrt	Financiën op orde				
	Stappen				
Week 14-17	4 weken lang alle kassabonnen bewaren en opschrijven in kas- boek (schrift)	x			
idem	Inkomsten in kasboek noteren	x			
idem	Alle andere uitgaven in kas- boek noteren	x			
idem	Elke week bespreken	x		x	
	Werkdoel 3				
	Bezittingen verdeeld				
	Stappen				
	Afgerond				
	Werkdoel 4				
	Vaste baan				
	Stappen				
	Elk weekend vacatures bijhou- den in kranten				
	Inschrijven bij uitzendbureaus				
	Vacatures bij CWI				
	Vacatures internet				
	Elke week een sollicitatiebrief schrijven				
	Werkdoel 5				
	Aangemeld voor een vrijetijds- besteding				
	Stappen				
	Werkdoel 6				
	Contacten zijn hersteld				
	Stappen				

Werkdoel 6: contact herstellen

Voor het inrichten van zijn huis krijgt Rob natuurlijk hulp van Jan en Peter. Hij denkt echter dat hij niet alles aan hen kan vragen en hij wil oude contacten herstellen. Als dat lukt, wil hij ook aan hen vragen om te helpen. De hulpverlener pakt het ecogram erbij en vraagt aan Rob met wie hij als eerste het contact wil herstellen. Met Piet en Els heeft hij vorig jaar nog even contact gehad. Met hen lijkt het hem het makkelijkste om te beginnen, hoewel hij er erg tegenop ziet. Wat moet hij hen vertellen over de afgelopen periode?

Hulpv.:	Hoe zag jullie contact er voor de problemen uit?
Rob:	Ik zag hen op de autoclub en we kwamen af en toe bij elkaar thuis of gingen samen wat drinken. Piet en ik zetten samen puzzelritten uit. Piet zit ook in de ICT en we waren beiden geïnteresseerd in auto's. Vooral de Volkswagen Kever natuurlijk, want dat was onze club.
Hulpv.:	Je wilt hen gaan bellen. Maakt het jou wat uit wie de telefoon opneemt?
Rob:	Ik hoop op Piet natuurlijk. Die vraagt niet door als ik wat vertel.
Hulpv.:	Stel dat dat niet zo is, wat doe je dan?
Rob:	(Rob denkt even na) … Dan zeg ik dat we elkaar lang niet gesproken hebben, dat ik benieuwd ben naar hoe het met haar gaat en dat ik Piet graag wil spreken. Ik laat haar natuurlijk even wat vertellen, maar als ze vragen wil stellen, vraag ik naar Piet.
Hulpv.:	Wat ga je met hem afspreken?
Rob:	Ergens wat drinken in de kroeg.
Hulpv.:	Je ziet er erg tegenop. Waar zie je tegenop?
Rob:	Wat zal hij van mij denken als ik hem over de ruzies met Fabiola vertel?
Hulpv.:	Wat is het ergste dat hij over jou kan denken?
Rob:	Dat ik een mietje ben; dat ik mij laat slaan door een vrouw.
Hulpv.:	Stel dat hij dat denkt, wat zal er dan gebeuren?
Rob:	Misschien wil hij dan niet meer bevriend met mij zijn.
Hulpv.:	Is dat reëel?
Rob:	Nee, dat denk ik niet. Wij konden altijd goed met elkaar opschieten en hij heeft niet voor niets vorig jaar nog contact met mij opgenomen. Hij heeft natuurlijk toch al iets gehoord van Natasja. Wat zal ik hem vertellen over de afgelopen periode?
Hulpv.:	Wat wil je per se niet vertellen?
Rob:	Dat zij mij met haar parfumfles sloeg en überhaupt dat ze mij geslagen heeft.
Hulpv.:	Wat wil je wel vertellen?
Rob:	Over onze ruzies en hoe vervelend ik dat vond en hoe erg ik dat vind voor Michel. Dat ik daardoor geen contact met hem heb opgenomen.
Hulpv.:	Heb je een idee wat jullie samen zouden kunnen gaan doen?
Rob:	Ik ben benieuwd hoe het gaat op de autoclub. Misschien kunnen we samen weer een puzzelrit uitzetten.
Hulpv.:	Wanneer ga je bellen?
Rob:	Vanavond, nu durf ik het.

Na de eerste afspraak heeft Rob moed gekregen. Piet reageerde in het geheel niet vreemd op zijn echtelijke ruzies. Piet vond het verstandig dat hij er een punt achter gezet had en nu zelfstandig woont. Hij heeft Piet niet alles verteld, maar toch wel meer dan hij van plan was. Ze hebben een vervolgafspraak gemaakt. En inmiddels is hun contact weer als vanouds.

Wederkerigheid

Rob heeft de afgelopen maanden erg veel hulp van Peter en Jan gehad. De hulpverlener vraagt hem of hij er ook aan gedacht heeft iets voor hen te doen. Daar moet Rob lang over nadenken. Wat heeft hij hen in hemelsnaam te bieden? De hulpverlener vraagt of hij zijn hulp al eens aangeboden heeft. Daar had Rob nog niet aan gedacht; hij is zo met zichzelf en het huis bezig. Hij zegt: 'Als mijn huis is ingericht, nodig ik hen beiden met hun vrouw en ook Piet en Els uit om bij mij te komen eten.'

De voortgang

Rob heeft kasten gekocht bij Ikea. Alle dozen zijn uitgepakt. Hij heeft ook spullen die hij toch niet gebruikt, weggegooid. Alle papieren zitten in ordners. Er begint langzaamaan meer ruimte in zijn huis te ontstaan. Hij heeft de muren en de deur van Michels kamer geverfd. Er hangen leuke gordijnen. Hij wil ook de muren van de woonkamer gaan verven.

Rob begint langzaam perspectief te zien. Hij denkt steeds meer aan de toekomst. De sollicitatiecursus helpt daar ook bij. Om te solliciteren, zal hij toch moeten weten wat hij wil in de toekomst. Zijn brieven zijn goed en dat geeft hem ook meer zelfvertrouwen. Op de cursus bereiden ze ook met hem gesprekken voor.

Nu het beter met Rob gaat, blijkt dat hij ook minder onverwachte uitgaven doet. Dat waren volgens hem vooral impulsaankopen om wat betere zin te krijgen. Zijn vaste lasten worden automatisch afgeschreven en dat geeft ook rust. Hij moet nog wel zijn ouders terugbetalen.

Na zeven maanden

Na zeven maanden evalueert Rob voor de tweede keer met de hulpverlener (zie het formulier op de volgende bladzijde).

TUSSENTIJDSE EVALUATIE

Cliënt:	Rob	Evaluatienr.: 2	
Datum:	1 augustus	Maatschappelijk werker:	

A Uitvoering werkplan

1a Aan welke werkdoelen heeft de cliënt, eventueel met anderen, gewerkt? Wat zijn de resultaten hiervan per werkdoel?

- doel 1: woning voor Michel en hemzelf zoeken
  Was al afgerond.
- doel 2: financiën op orde brengen; inkomsten en uitgaven in evenwicht
  Rob heeft een kasboek bijgehouden en dit in het begin wekelijks en na twee maanden eens per twee weken met mij besproken. Het lukt hem nu het evenwicht te bewaren.
- doel 3: de bezittingen verdelen
  Was al afgerond.
- doel 4: vaste baan
  Hier wordt nog aan gewerkt. Hij volgt een sollicitatiecursus en daar leert hij veel. Hij haalt nog elke week de krant bij Peter en Jan op en heeft zich ingeschreven bij twee uitzendbureaus.
- doel 6: contact herstellen met Piet en Els
  Dit is gelukt. Rob heeft nu regelmatig contact met vooral Piet en af en toe ook met Els. Els heeft hem geholpen met gordijnen kopen. Hij heeft haar daarvoor een bloemetje gegeven.
- doel 7: huis inrichten
  Hoewel hij hier nog niet mee klaar is, is hij wel tevreden. Het huis is nu goed bewoonbaar. Alle kasten zijn ingeruimd, het kamertje van Michel is klaar en daar staat ook een nieuwe kast.
- doel 8: aanmelden en volgen assertiviteitscursus
  Nog niet gedaan, maar komt nu aan de beurt, want Fabiola maakt het hem nog steeds erg lastig.

1b Is de hulpvraag van de cliënt in de afgelopen periode gewijzigd of is er een hulpvraag bij gekomen? Zo ja:

- Wat is er in de hulpvraag gewijzigd?
- Welke hulpvragen zijn erbij gekomen?
- Hebben deze veranderingen gevolgen voor de werkdoelen? (concretisering hierna bij B)

Er is geen hulpvraag bij gekomen en er zijn geen veranderingen. Rob gaat door op de ingeslagen weg.

2	Is de cliënt tevreden met de manier waarop hij ondersteund wordt door de hulpverlener?

- Zo ja, waarmee wel?
- Zo nee, waarmee niet?
- Is er iets wat de cliënt anders wil?

Rob is blij met de ondersteuning van de maatschappelijk werker. Alleen was hij nooit zover gekomen. Hij merkt zelf dat het beter met hem gaat. Hij stelt voor nog één keer per maand te komen. Tijdens de vakantieperiode is het ook goed met hem gegaan, behalve dan de omgang met Fabiola.

3	Als het netwerk betrokken is bij de uitvoering van het werkplan van de cliënt:

- Waarmee wordt de cliënt geholpen?
- Door wie?
- Waarmee niet?
- Is er iets wat de cliënt anders wil?

Rob is blij met de hulp van zijn broer Jan en neef Peter. Zij zijn niet opdringerig en hij kan zijn eigen besluiten nemen. Hij is ook blij met de hulp van Els. Van gordijnen heeft Rob geen verstand, zegt hij. Hij is tevreden over de trainer/coach van de sollicitatiecursus. Die begrijpt hem.

4	Wat heeft cliënt zelf te bieden?

- Wat biedt de cliënt aan in de relatie met de netwerkleden die hem helpen?
- Is er iets wat de cliënt anders wil?

Rob gaat degene die geholpen hebben met het inrichten van zijn woning, uitnodigen voor een etentje bij hem thuis. Met Piet heeft hij het contact goed hersteld. Het is weer als vanouds over en weer.

B	De werkdoelen

1	Welke doelen zijn afgerond? Aan welke doelen wordt verder gewerkt?

- doel 1: woning voor Michel en mij; is afgerond
- doel 2: financiën op orde; is afgerond
- doel 3: verdeling bezittingen; is afgerond
- doel 4: vaste baan; wordt verder aan gewerkt
- doel 5: aanmelden vrijetijdsbesteding; nog niet aan toegekomen
- doel 6: contacten herstellen; de eerste contacten zijn hersteld
- doel 7: huis inrichten; is afgerond

2 Worden er werkdoelen bijgesteld? Zo ja, wat zijn de bijgestelde doelen?
▪ doel 6: nieuwe contacten herstellen ▪ doel 8: aanmelden en volgen assertiviteitscursus; nog doen
3 Zijn er nieuwe werkdoelen? Zo ja, welke?
Nee

C De aanpak
Op welke wijze wordt aan elk van de nieuwe doelen gewerkt? (Wie wat per doel oppakt, wordt in het werkplan ingevuld.)
Geen nieuwe werkdoelen.

D Gemaakte afspraken
Worden de gemaakte afspraken gewijzigd? Zo ja, wat zijn de nieuwe afspraken?
Rob komt nog één keer per maand bij het maatschappelijk werk.

De tussenevaluatie geeft weer aanleiding om het werkplan bij te stellen. Hierna zie je opnieuw het werkplan, dat nu voor de tweede keer is gewijzigd.

WERKPLAN
Naam cliënt: Rob Naam maatschappelijk werker: Opgesteld op: 1 januari, bijgesteld op 1 april, opnieuw bijgesteld op 1 augustus

I Probleem
Ik word mishandeld door mijn vrouw. Ik ben bang voor haar reacties en durf nauwelijks actie te ondernemen. De relatiegesprekken die wij gehad hebben, hebben niets opgeleverd. We gaan uit elkaar. Wij hebben een zoontje van 16 maanden en Bureau Jeugdzorg heeft als eis gesteld dat wij zo snel mogelijk ieder een eigen woonruimte moeten hebben om voor Michel een rustige situatie te creëren. Anders wordt de kinderbescherming ingeschakeld. Verder heb ik geen regelmaat en structuur in mijn dag en drink ik te veel. Ik ben ontslagen doordat ik niet meer goed kon functioneren op mijn werk. Ik heb geen hobby's meer en mijn vrienden heb ik de laatste jaren door al die ruzies met Fabiola niet meer gezien.

2   Waar wil ik hulp bij?

- Als ik van het huiselijk geweld aangifte zou doen bij de politie, wat betekent dit dan voor mij en voor mijn vrouw?
- Hulp en begeleiding inzake procesgang huiselijk geweld en echtscheiding.
- Hulp bij praktische zaken, zoals financiën op orde brengen.
- Hoe krijg ik een stabiele situatie voor mij en mijn kind?
- Hoe vind ik andere woonruimte?
- Hoe bouw ik opnieuw een sociaal leven op?

3   Mijn wensen en doelen

Ik wil een veilige en rustige plek voor Michel en mij. Ik wil de scheiding geregeld hebben en mijn financiën op orde brengen. Ik wil een baan, weer sociale contacten, structuur in mijn dag en naar de toekomst kijken. Ik wil een stuk van mijn oude leven terug.

4   Wie doet wat?

Bij elk werkdoel kijk ik wat ik zelf kan en waar ik hulp bij nodig heb en wie mij daar het beste bij kan helpen.

5   Wanneer wil ik het bereikt hebben?

Dat kan ik nu nog niet precies zeggen. Als ik het weet vul ik een datum in.
Omdat Bureau Jeugdzorg haast heeft wil ik binnen drie maanden andere woonruimte hebben, desnoods tijdelijke woonruimte.

Datum	Werkdoelen en stappen	Ik	Familie Vriend(in) Kennis	Hulpver- lener	Andere organisa- tie
	Werkdoel 1				
31 mrt	Woning voor Michel en mij				
	Stappen				
	Afgerond				
	Werkdoel 2				
	Financiën op orde; inkomsten en uitgaven in evenwicht				
	Stappen				
	Afgerond				
idem	Alle andere uitgaven in kas- boek noteren	x			
idem	Elke week bespreken	x		x	

	Werkdoel 3				
	Verdeling bezittingen				
	Stappen				
	Afgerond				
	Werkdoel 4				
	Vaste baan				
	Stappen				
	Elk weekend vacatures bijhouden in kranten	x			
	Gezien mijn financiële situatie de krant van Jan en Peter vragen	x	Jan en Peter		
	Inschrijven bij uitzendbureaus	x			
	Vacatures bij CWI	x			
	Vacatures internet	x			
	Elke week een sollicitatiebrief schrijven	x			
	Aanmelden sollicitatiecursus voorbespreken	x		x	
	Volgen sollicitatiecursus	x			
	Werkdoel 6				
	Contacten zijn hersteld met Piet en Els				
	Stappen				
	Afgerond				
	Werkdoel 7				
	Huis ingericht				
	Stappen				
	Afgerond				
	Werkdoel 8				
	Aanmelden en volgen assertiviteitscursus				
	Stappen				
	Voorbereiden aanmelding	x		x	
	aanmelden	x			
	intakegesprek	x			

Rob is nu zover dat hij nog één keer per maand bij de maatschappelijk werker komt. Hij blijft zijn kasboek bijhouden. Hij had het een week niet gedaan
en toen merkte hij direct dat hij meer uit ging geven. Met een uitkering is het
geen vetpot. Het eerste wat Rob wil doen, is zich aanmelden voor een assertiviteitscursus. Fabiola houdt zich niet aan de afspraken over de alimentatie
en de omgangsregeling met Michel. Hij kan niet op tegen haar grote mond.
Hij geeft haar bijna altijd haar zin. Zo niet dan wordt het ruzie, terwijl hij dat
voor Michel juist niet wil. Ondanks dat hij zelfstandig woont, voelt hij zich nog
afhankelijk van haar.

Nu hij weer contact heeft met Piet en Els, zal hij vanzelf ook weer contact krijgen met zijn overige oude vrienden van de autoclub, zoals Jan, Gonny en Theo.

Voor werkdoel 8 (aanmelden en volgen assertiviteitscursus) heeft de hulpverlener aan Rob de naam, het telefoonnummer en het adres gegeven van de
organisatie die de assertiviteitscursus geeft. Hij heeft zich aangemeld en een
intakegesprek gehad. Eind september kan hij deelnemen aan de cursus.

Voor werkdoel 5 (aanmelden voor vrijetijdsbesteding) heeft Rob besloten om
zich aan te melden bij een tennisclub. Hij heeft vroeger ook veel getennist en
hij ziet het wel zitten om dat weer op te pakken.

Elke maand bespreekt Rob met de hulpverlener de stand van zaken. Zij moe-
digt hem aan, maakt complimenten en laat hem steeds voor elke vraag waar
hij mee komt zijn eigen oplossingen bedenken.

7.1.6   Fase 5: Eindevaluatie en het consolideren van de bereikte resultaten

Het is één jaar later. Rob voelt zich zelf in staat om het dagelijks leven vorm
te geven. Hij houdt zijn financiën goed in de gaten. Hij heeft nu wat meer te
besteden omdat hij via een uitzendbureau een tijdelijke baan heeft. Maar hij
wil ook graag de lening van zijn ouders aflossen.
Op de tennisclub heeft hij het prima naar zijn zin en hij had laatst ook een
goede ervaring in de kerk. Hij kreeg complimenten omdat hij de kerk zo goed
had achtergelaten toen de coördinator met vakantie was. Hij had zelf het initiatief hiertoe genomen. Dus het compliment deed hem extra goed.
Zijn relatie met Michel is verbeterd. Hij geniet nu meer van hem en onderneemt ook meer activiteiten met hem, zoals naar de speeltuin en naar de
dierentuin gaan. Hij leest hem 's avonds voor, voordat hij naar bed gaat. Die
regelmaat doet ook Michel goed. Op de kinderopvang zien zij nu een veel rus-
tigere Michel, die ook met andere kinderen speelt.
In zijn huis heeft hij bijna alle muren en deuren geschilderd. Het is nu echt
zijn huis.

Hij neemt zelf het initiatief om iemand te bellen en afspraken te maken. Het contact met veel van zijn oude vrienden is weer hersteld.

De contacten met Fabiola gaan nog steeds heel stroef. Hij is een paar keer samen met Fabiola naar het Riagg gegaan. De uitkomst is dat zij beiden goede ouders willen zijn. Hoewel Rob merkt dat hij door de assertiviteitscursus beter reageert op Fabiola, is hij er nog niet. De cursus loopt echter nog door tot mei volgend jaar.

Rob en de maatschappelijk werker komen samen tot de conclusie dat Rob geen ondersteuning meer nodig heeft. Mocht er in de toekomst iets zijn, dan vraagt Rob het eerst aan zijn vrienden zoals hij nu ook al af en toe doet. Komen zij er samen niet uit, dan kan hij altijd een beroep op haar doen. Zij vullen samen de eindevaluatie (hieronder) in.

EINDEVALUATIE

Cliënt: Rob   Datum: 15 december
Maatschappelijk werker:

A   Beëindiging hulpverlening
Aantal gesprekken: 30

Aan welke werkdoelen is gewerkt?
1 Woning voor Michel en mij
2 Financiën op orde
3 Verdeling bezittingen
4 Vaste baan
5 Aangemeld voor vrijetijdsbesteding
6 Contacten hersteld
7 Huis ingericht
8 Aangemeld en volgen assertiviteitscursus

Zijn de gestelde werkdoelen in het werkplan bereikt? Wat zijn de resultaten?
1 Rob heeft eigen woonruimte voor hem en Michel.
2 Zijn financiën zijn op orde en hij heeft nu evenwicht in inkomsten en uitgaven gebracht en kan dit ook zo houden.
3 De echtscheiding is uitgesproken, de bezittingen zijn verdeeld, de alimentatie is geregeld.
4 Hij heeft nog geen vaste baan, maar wel een tijdelijke via het uitzendbureau.
5 Rob is een actief lid geworden van de tennisclub.
6 Na een eerste herstel van de contacten met Piet en Els zijn via de autoclub ook weer andere contacten hersteld.
7 Hij voelt zich na de grote schilderactie erg thuis in zijn huis.
8 Sinds oktober zit hij op de cursus. Deze begint zijn vruchten af te werpen. Het contact met Fabiola gaat wat beter. De cursus loopt nog tot mei. Op het einde van de cursus vindt er nog een afrondend gesprek plaats waarin bekeken wordt of Rob nog verdere hulp op dit terrein nodig heeft.

Is voor de cliënt het probleem opgelost of kan de cliënt er samen met zijn netwerk mee verder?

Ja, Rob kan hier zelf en met zijn netwerk mee verder.

Hoe heeft de cliënt de hulpverlening van de maatschappelijk werker ervaren?
Onder andere:

- Heeft de cliënt zich gehoord gevoeld?
- Heeft de cliënt zich begrepen gevoeld?
- Heeft de cliënt daadwerkelijk ondersteuning door de maatschappelijk werker ervaren?

Rob heeft zich gehoord en begrepen gevoeld. Hij vond de samenwerking heel prettig en constructief. Hij was blij met de structuur die er door de gesprekken in zijn chaos kwam. Ook de opdrachten en het terugkoppelen daarvan heeft hij als prettig ervaren. Maar hij is vooral blij met het geduld van de maatschappelijk werker en de vragen die zij stelde, zodat hij zijn eigen oplossingen kon ontdekken. Dit gaf hem juist meer zelfvertrouwen.

Sociaal netwerkmethodiek; vragen aan de cliënt

- Hoe vond de cliënt het om ook andere mensen te vragen hem te helpen bij zijn werkdoelen?

Met Marian en Natasja besprak hij altijd al bijna alles. Dat liep gedurende de hulpverlening gewoon door.
Jan en Peter hadden het zo ongeveer zelf aangeboden. Maar met Els vond hij het wat ingewikkelder, zeker omdat hij haar al langere tijd niet meer had gezien of gehoord en hij zelf het contact had afgehouden.

- Hoe vindt hij de steun die hij van hen heeft (gehad)?

Hij is blij met hun steun.

- Heeft hij nog contact met hen? Hoe verloopt dat contact nu? Wat heeft hij gedaan om hen te bedanken? En hoe vonden ze dat?

Het contact met hen en andere vrienden verloopt weer als vanouds. Hij heeft voor iedereen die hem geholpen heeft, een etentje georganiseerd en inmiddels heeft hij Peter geholpen met schilderen. Zijn vrienden weten hem nu ook te vinden.

- Zijn de contacten die er nu zijn gelijkwaardig?

Ja.

- Zijn er vriendschappelijke relaties ontstaan?
- Wat is de inhoud van die relaties?

Zijn contacten met oude vrienden zijn weer als vanouds en hij heeft nieuwe vrienden opgedaan via de kerk en op de tennisclub.

- Hoe is er gereageerd op wat hij voor anderen gedaan heeft?

De vrienden vonden het etentje heel gezellig. Nu hebben zij ook ontdekt dat Rob lekker kan koken. Zijn vrienden zijn blij met zijn hulp.

Sociaal netwerkmethodiek; vragen aan het netwerk

Met het netwerk evalueren is niet standaard. Bespreek eerst met de cliënt of hij dit op prijs stelt en vervolgens met de betrokken netwerkleden of zij hier behoefte aan hebben. Zo ja, dan kunnen onderstaande vragen daarbij helpen.

Rob vindt het niet prettig om zijn vrienden te betrekken bij deze eindevaluatie. Dus onderstaande vragen worden in deze evaluatie niet behandeld.

- Hoe was het voor jou om gevraagd te worden om ... (naam cliënt) te helpen bij zijn/haar problemen?
- Was wat je gedaan hebt, goed te doen?
- Heeft er op tijd bijstelling plaatsgevonden als dat nodig was?
- Was er voldoende onderling overleg?
- Heeft jouw inzet jou wat opgeleverd?
- Hoe ziet jullie relatie er nu uit?
- Was de hulpverlener makkelijk bereikbaar?

B Afronding

- Heeft de cliënt nog een hulpvraag? Zo ja, wat is die hulpvraag?

  Nee.

- Wordt de hulpverlening door (een) andere instantie(s) voortgezet? Waarom en door welke instantie(s)?

  De assertiviteitscursus loopt nog tot mei.

- (Indien noodzakelijk) Op welke wijze blijft de hulpverlener betrokken?

  De hulpverlener blijft niet betrokken. Als Rob er met zijn netwerk niet uitkomt, neemt hij zelf contact op met het maatschappelijk werk.

7.2 Casus bij cliëntprofiel 2: Anita

De casus in deze paragraaf hoort bij cliëntprofiel 2: cliënten met een co-pingstijl ontwikkeld vanuit overleving en congruent aan hun netwerk.

7.2.1 Situatieschets

Korte samenvatting
Anita (36) heeft zes kinderen: vier kinderen uit haar eerste huwelijk en twee uit haar tweede huwelijk. Hoewel zij haar eerste scheiding helemaal alleen zonder steun van de familie heeft geregeld, wordt het haar nu allemaal te veel. Bureau Jeugdzorg ziet zij als een bedreiging, terwijl zij vindt dat zij haar kinderen heel goed opvoedt. Zij kan nooit eens weg, want ze heeft niemand om op de kinderen te passen en ze voelt zich eenzaam en verlaten.

Uitgebreide beschrijving
Anita meldt zich aan bij het maatschappelijk werk, omdat de problemen haar boven het hoofd groeien. Ze is acht jaar geleden officieel gescheiden van Lex, die twaalf jaar ouder is. Zij hebben samen vier kinderen: Rob (18), Peter (16), Bas (14) en Melisa (12). Hij mishandelde haar in het bijzijn van de kinderen. In 2002 is ze met Anton getrouwd. Met hem samen heeft zij een tweeling, Maarten en Simon (5). Ze is nog niet officieel gescheiden, maar Anton is wel bij haar weggegaan voor een andere vrouw. Dit is voor haar moeilijk te accepteren. Ze is intens verdrietig en zwaar teleurgesteld. Ze heeft dit niet zien aankomen, alles ging goed. Nu is Anita aangewezen op haar nicht en zwager als zij in nood zit.
Bureau Jeugdzorg is bij het gezin betrokken sinds de mishandelingen door Lex, haar eerste man. Voor de oudste vier kinderen is een 'ondertoezichtstelling' (OTS) uitgesproken.

Anita heeft veel schulden en leeft van een alleenstaandeouderuitkering. Haar schulden zijn ontstaan door mobiele abonnementen, bestellingen bij postorderbedrijven en geen grenzen kunnen trekken als haar kinderen merkkleding willen hebben. Ze vult het ene gat met het andere.
Door alle problemen slaapt ze slecht en heeft zij lichamelijke klachten, namelijk last van haar nek en schouders. Zij is overbelast en kan daardoor niet werken. De kinderen eisen veel aandacht van haar. Maar volgens haar gaat alles goed met hen.

Anita wil ook wel eens een keertje weg, maar ze heeft niemand in haar omgeving om op de kinderen te passen, want iedereen heeft problemen. Ze heeft drie zussen. Een daarvan woont in de buurt, maar ook deze zus heeft relatieproblemen en zelf vijf kinderen om voor te zorgen. Heel soms staat haar moeder haar bij om even op de kinderen te letten, maar echt alleen in noodsituaties.

Er is het een en ander misgegaan. De oudste is in het ziekenhuis beland, omdat hij te veel alcohol gedronken zou hebben. Simon is een keer in elkaar geslagen op straat en niemand hielp hem. Anita zegt dat dit niet aan haar ligt. Zij doet het goed. Toch lijkt er altijd iets aan de hand te zijn met de kinderen wat acuut aandacht van haar vraagt.

Maarten en Simon wonen bij Anita. Haar oudste twee zonen wonen bij hun vader. Wat betreft Bas en Melisa is er een overgangsfase afgesproken met Bureau Jeugdzorg. Aanvankelijk woonden ook deze twee bij hun vader. Anita is niet tevreden over hoe de vader de kinderen opvoedt. In haar ogen verwaarloost hij hen en daarom komen alle kinderen bij haar eten. Enerzijds vindt zij het prettig dat ze allemaal regelmatig bij haar komen eten, maar anderzijds heeft zij daar te weinig geld voor. Eigenlijk wil Anita het liefst dat alle kinderen bij haar wonen. Ze vindt dat iedereen ontspanning nodig heeft en geen stress, zoals nu het geval is voor de oudste kinderen, omdat deze bij een minder begaafde vader wonen. Zij zegt: 'Ik kan die ontspanning wél bieden.'
Ze vindt een stabiele gezinssituatie belangrijk voor haar kinderen. Het liefst met een vader erbij. Daarom wil ze Anton terug. Zij wil dat haar kinderen het beter hebben dan zij het zelf heeft gehad.

Zelf komt Anita uit een gezin met zeven kinderen waarin zij de oudste was. Haar ouders zijn gescheiden en haar vader had bij een andere vrouw drie kinderen. Haar moeder is toen bij haar eigen ouders ingetrokken. Die hadden vervolgens alles voor het zeggen. Haar moeder moest schoonmaakwerk gaan doen en de kinderen moesten oma veel helpen.
Anita kon slecht leren en heeft op haar zeventiende, in de relatie met Lex, haar eerste kind gekregen. Zij heeft geen werkervaring. Ze is steeds belast geweest met de verzorging van de kinderen. Alleen zijn is moeilijk voor haar. De ene keer zegt ze dat ze Anton terug wil en de andere keer zegt ze nooit meer een man te willen, want dat geeft alleen maar ellende.

Ze wil geen gebroken gezin en ze voelt zich eenzaam. Ze denkt zelfs zover te willen gaan dat ze accepteert dat Anton een andere relatie heeft. Waar ze mee worstelt, is hoe het voor haar is om Anton te moeten delen met een andere vrouw. Wat als hij met die andere vrouw ook een gezin vormt? Welke plek neemt zij met haar gezin dan in? Zal ze zich dan nog steeds eenzaam voelen? Wat is voor haar de grens in de relatie met Anton? Met wie kan ze hierover praten om tot een besluit te komen?

Anita zegt door alle problemen slecht te slapen. Ze is constant moe en aan het piekeren over hoe het nu verder moet. Het valt de hulpverlener op dat Anita flink afgeeft op het feit dat Bureau Jeugdzorg zich veel met haar bemoeit. Ze snapt niet waarom Bureau Jeugdzorg zich met de kinderen bezighoudt die bij haar wonen. Met hen gaat het goed volgens haar. Ze kunnen beter kijken naar de oudste twee jongens die bij haar ex wonen. Hij geeft hen immers geen opvoeding. Ze ziet Bureau Jeugdzorg meer als een bedreiging dan als een steun. Wat zij met haar kinderen doet, is goed. Haar treft geen blaam. Oké, ze wil geen ruzie met haar kinderen en daarom geeft zij wel eens toe. Maar dat is toch geen probleem?

Zij vindt dat zij goed met geld om kan gaan. De schulden heeft zij doordat alle kinderen bij haar eten en daarvoor ontvangt zij geen tegemoetkoming. Ze doet wel vaker een beroep op haar nicht wat betreft avondeten voor de kinderen, waarbij ze zichzelf wegcijfert.

Probleem
Overspoeld door problemen, is het Anita allemaal te veel. Zij bijt zich vast in haar gelijk.

Vraag
Hoe ontdekt Anita haar eigen kracht?

Opdrachten

Bespreek de volgende vragen in groepjes.

1 Uit het voorgaande blijkt dat Anita verschillende problemen heeft. Zet alle problemen die jullie lezen onder elkaar. Beantwoord vervolgens met elkaar de volgende vragen.
   - Breng prioriteiten aan in de problemen en onderbouw jullie keuze.
   - Welke wensen heeft Anita? Zijn deze volgens jullie reëel?
   - Waar zouden jullie met haar naartoe willen werken? Wat is een mogelijk einddoel?

2 Anita valt onder cliëntprofiel 2: cliënten met een copingstijl ontwikkeld vanuit overleving en congruent aan hun netwerk.
   - Waar moet je bij dit cliëntprofiel aan denken?
   - Wat maakt dit profiel zo specifiek? Beschrijf de factoren.
   - Welke belemmerende copingstijl zien jullie bij Anita?
   - Hoe zou je haar kunnen ondersteunen om hier inzicht in te krijgen?
   - Hoe kun je haar ondersteunen om te komen tot de eigen wens hierin te veranderen?
   - Wat is de kracht van Anita?
   - Maak de balans op tussen de draagkracht en draaglast van Anita.
   - Hoe ga je met haar werken vanuit empowerment?
   - Welke professionals zouden jullie bij deze situatie betrekken?

7.3   Casus bij cliëntprofiel 3: Roos

De casus in deze paragraaf hoort bij cliëntprofiel 3: cliënten met een chronische problematiek en een daaraan gerelateerd netwerk.

7.3.1   Situatieschets

Korte samenvatting
Roos (30) is overbelast door de zorg die ze voor haar kinderen heeft (Bas van 2 jaar en Patrick van 3 jaar) en haar werk als zelfstandige. Ze heeft een moeilijke relatie achter de rug waarin ze door haar vriend werd geslagen.
Roos heeft steeds terugkerende conflicten met mensen in haar omgeving. Ze heeft een vrij star denkpatroon, ze denkt erg zwart-wit. Ze heeft moeite met zelfbeheersing en weet haar leven niet echt richting te geven.

Uitgebreide beschrijving
Roos is door de huisarts verwezen naar het maatschappelijk werk vanwege overbelasting. De huisarts benoemt dat er sprake is van een persoonlijkheidsstoornis. Roos wil absoluut niet naar de ggz uit angst voor opname. Wie zal er dan voor haar kinderen zorgen? Ze wil ook geen hulp van Bureau Jeugdzorg of enige vorm van opvoedingsondersteuning uit angst dat men haar kinderen afpakt.

Haar ex-vriend, de vader van haar jongste kind, zit in detentie voor het huiselijk geweld dat hij pleegde. Daarvóór had hij ruim 5000 euro van Roos geleend om allerlei vaste lasten te betalen, maar achteraf bleek dat hij niets betaald had. Het gevolg was woninguitzetting. Na beëindiging van de relatie heeft Roos een woning gekocht, omdat ze niet op korte termijn woonruimte kon vinden via de woningbouwvereniging. Haar ouders hebben haar hierbij geholpen en zij hebben haar ook geholpen bij het beginnen van een eigen kledinghandel.

Roos vertelt dat zij steeds conflicten kreeg op haar werk en vervolgens werd ontslagen. Zo heeft ze verschillende banen verloren. Daarom heeft zij ervoor gekozen om voor zichzelf te beginnen. Inmiddels heeft ze 9 maanden een kraam op de markt en verkoopt ze kleding. Ook op de markt is zij van plaats gewisseld vanwege problemen. Ze hoopt steeds op betere tijden, maar een feit is dat ze steeds meer achterstanden krijgt. Haar ouders helpen haar ook hierbij. Dit heeft geresulteerd in een schuld aan haar ouders van ruim 20.000 euro voor privé en zaak. Door hun steun lukte het Roos tot op heden om de gaten te vullen. Haar ouders hebben inmiddels al hun reserves opgebruikt en vinden dat zij het nu zelf maar uit moet zoeken. Zij trekken hun handen terug. Bij hen hoeft zij niet meer aan te kloppen, ook niet voor oppassen op de kinderen. Ook haar twee zussen zijn het helemaal zat en kwaad op haar onverantwoorde gedrag. Zij verwijten haar dat ze niet naar hen luistert. Ze begrijpt hier zelf niets van. Zij doet toch haar best. Ze heeft ook al ruzie gekregen met Els en Anja, twee vriendinnen van haar, die zij respectievelijk één en twee jaar kent.

Roos wil nu een bijstandsuitkering aanvragen, omdat de schulden schrikbarend hoog zijn geworden. Zij krijgt regelmatig brieven van deurwaarders en zij dreigt nu ook haar koopwoning kwijt te raken als ze niet snel een adequate oplossing vindt.

Roos ziet geen oplossing meer. Stopt ze nu met de verkoop op de markt, dan blijft ze met een hoge schuld zitten en is ze nog verder van huis. Ze vindt dat ze even door moet bijten om uiteindelijk met minder schuld en hopelijk het liefst op winst uit te komen. Ze blijft daarop hopen ondanks dat de realiteit iets heel anders laat zien.

Beide kinderen zitten vijf dagen per week op de kinderopvang. De leidster heeft haar al een paar keer aangesproken over de slechte verzorging van haar kinderen en zij ziet de kinderen ook vaker ruzie maken. Tevens heeft zij hier ook een betalingsachterstand van een maand. Dit mag beslist niet oplopen. Ze is gewaarschuwd, omdat dit niet de eerste keer is dat er achterstanden zijn. Als ze die niet inloopt, dan verliest ze de plaatsen op de opvang.

Het alleenstaand moederschap komt haar zwaar te staan. Enerzijds wil ze er voor haar kinderen zijn, anderzijds heeft ze een ambitie en is ze ergens aan begonnen met de nodige risico's.

Haar jongste kind heeft chronische astma. Roos gaat regelmatig met hem naar het kinderziekenhuis. Hij wordt dan enkele dagen ter observatie opgenomen. Roos ziet haar zoon echter niet beter worden en dat was de druppel voor haar. Ze voelt zich alleen en door iedereen afgewezen. Dit leidt ertoe dat ze zo nu en dan een stickie rookt. De laatste tijd doet zij dit veel vaker. Het geeft haar het gevoel om even van de wereld te zijn.

Het lukt Roos echt niet meer. Zij blijft denken in tijdelijke noodoplossingen. Langetermijndenken lijkt niet in haar op te komen. Het liefst steekt ze haar hoofd in het zand en doet ze net alsof er niets aan de hand is.

De woning is vervuild en in het hele blok is sprake van kakkerlakken. Na de hele dag gewerkt te hebben, haalt ze de kinderen op uit de kinderopvang en gaat ze naar huis. Ze moet dan nog koken, het huishouden doen en de kinderen bezighouden. Als de kinderen eenmaal in bed liggen valt ze zelf als een blok in slaap op de bank. Van poetsen komt dan niets meer terecht.

Roos heeft regelmatig ruzie met de buurvrouw omdat deze klaagt over te veel lawaai en onverantwoord gedrag van Roos. Roos zet al het vuilnis op haar balkon, waarop haar buurvrouw over stank klaagt. Roos zegt daarover: 'Het is mijn eigen balkon, dus dat mag ik toch zeker zelf weten? Waar bemoeit zij zich mee?' Roos is al een paar keer flink tegen haar uitgevallen.

Roos geeft aan geen energie meer te hebben. Ze is van het ene probleem in het andere terechtgekomen en ziet geen oplossingen binnen haar bereik. Ze maakt tegenwoordig de post niet eens meer open.

Probleem
Roos is een sterke vrouw, maar ze heeft geen zicht op haar gedrag en ad-hoc-beslissingen, waardoor ze steeds weer in de problemen komt.

Wens
Hoe kan Roos de zelfregie over haar leven versterken, aansluitend op de werkelijkheid?

Opdrachten

Bespreek de volgende vragen in groepjes.

1 Zet met elkaar de problemen van Roos op een rij en beantwoord vervolgens onderstaande vragen:
- Op grond van welk gedrag denken jullie dat de huisarts aan een persoonlijkheidsstoornis denkt?
- Wat is volgens jullie de invloed van de persoonlijkheidsstoornis op de situatie van Roos?
- Hoe zouden jullie dit met haar bespreekbaar maken?
- Aan welke hulpverlening denken jullie voor haar?

2 Roos heeft op dit moment geen sociaal netwerk meer om zich heen.
- Hoe kan Roos haar netwerk revitaliseren?
- Maak met elkaar een werkplan vanuit de situatie van Roos.
- Formuleer bij elk probleem een werkdoel en concrete stappen. Vul deze vervolgens in het werkplan in.
- Welke mogelijkheden zien jullie om het netwerk van Roos te vitaliseren? Maak hier ook (een) werkdoel(en) van en beschrijf concrete stappen in het werkplan.
- Welke professionals zou je bij deze casus betrekken voor (tijdelijke) versterking?

3 Roos heeft kinderen. Welke rol speelt dit in jullie hulpverlening?

7.4   Casus bij cliëntprofiel 4: Merjam

De casus in deze paragraaf hoort bij cliëntprofiel 4: eerstegeneratiemigranten op zoek naar een eigen leefwijze.

7.4.1   Situatieschets

Korte samenvatting
Merjam (49) is weduwe. Haar echtgenoot is in juli door een auto-ongeluk in Marokko om het leven gekomen. Het gezin was daar op vakantie. Zij heeft drie kinderen Hakima (25 jaar), Zakir (19 jaar) en M'hand (13 jaar). Haar man regelde alle (financiële) zaken. Zij ging wel overal mee naartoe, maar hij regelde het. Zij verstaat nauwelijks Nederlands en spreekt slechts een paar woorden.

Uitgebreide beschrijving
Merjam moest op stel en sprong terug naar Nederland nadat haar man in Marokko was begraven. Het jongste kind zit op de basisschool en de schoolvakantie was voorbij. Gezien haar gebrekkige beheersing van de Nederlandse taal is Merjam volkomen afhankelijk van haar kinderen Hakima en Zakir. Toen haar man nog leefde, regelde hij alles.

De meeste familieleden wonen nog in Marokko, waardoor het gezin vrij geisoleerd leeft in Nederland. Merjams dochter Hakima is getrouwd. Zij heeft zelf een dochter, Zarina, maar woont niet meer in dezelfde stad als Merjam. Hakima heeft een baan en doet daarnaast het huishouden in haar gezin. Zakir en M'hand wonen nog wel bij hun moeder.
Hakima en Zakir zijn nu Merjams steun en toeverlaat bij het op orde krijgen van alle administratie en het regelen van de overige zaken. Zakir laat echter alles over aan Hakima. Hij zegt er ook geen verstand van te hebben. Hakima doet wat zij kan, maar heeft ook haar eigen gezin en baan. Daar komt bij dat zij ook zelf het verlies van haar vader nog moet verwerken.

Hakima is met haar moeder naar de huisarts gegaan. Merjam heeft rugklachten en die werden steeds erger. Ook is ze kortademig en kan ze moeilijk slapen. Voor Hakima is het niet altijd even duidelijk wat er aan de hand is met haar moeder. Ze ziet dat haar moeder verdrietig is en gebukt gaat onder het verlies van haar man, maar ze merkt ook dat haar moeder niet alles vertelt. In de directe omgeving is er verder niemand met wie haar moeder in de eigen taal kan praten over wat haar bezighoudt.

Door de huisarts zijn ze verwezen naar het algemeen maatschappelijk werk voor verdere begeleiding en rouwverwerking. De kinderen maken zich zorgen om hun moeder en andersom. Hierdoor spreken ze weinig over vader/ echtgenoot. Ze willen elkaar niet onnodig pijn doen.

Er moeten ontzettend veel praktische zaken geregeld worden en het gezin wordt geleefd. Merjam weet niets over het inkomen van haar man, welke betalingsverplichtingen er zijn, welke regelingen zijn aangevraagd of dat er schulden zijn. Zelf kan ze niet communiceren met instanties. Hierbij komen de kinderen te pas. Hakima kan echter niet altijd bij de gesprekken met haar moeder en het maatschappelijk werk aanwezig zijn. Inmiddels is er een achterstand in de betaling van de vaste lasten ontstaan tot wel drie maanden. Naast het regelen van het inkomen en het doen van betalingen, blijkt dat er ook brieven zijn gekomen van de leerplichtambtenaar waaruit blijkt dat de 13-jarige zoon regelmatig van school verzuimt. Hij hangt dan wat op straat rond met vrienden en haalt allerlei kattekwaad uit. Ook hij heeft moeite met het verwerken van het overlijden van zijn vader. Merjam kon de brieven echter niet lezen met als gevolg dat er op verschillende oproepen niet is gereageerd.

Zo wordt Merjam overspoeld met problemen waar ze zelf geen oplossingen voor kan vinden. Bij alles is ze afhankelijk van haar kinderen. Die moeten uitzoeken waar ze met haar moeder naartoe moeten om alles te regelen, want dat is voor Merjam onbekend terrein. Steeds is de vraag of Merjam goed wordt begrepen en of haar hulpvraag voldoende aan bod komt.

Probleem

Merjam heeft altijd in alles gesteund op haar man en nu moet ze het allemaal zelf gaan doen.

Wens

Hoe kan Merjam haar leven naar eigen tevredenheid vormgeven?

Merjams hulpvragen

- Hoe moeten de huur, de energie, het water en het ziekenfonds betaald worden?
- Hoe en waar moet ik een uitkering aanvragen?
- Welke voorzieningen zijn er al en welke moeten worden aangevraagd?
- Wie zal er voor de kinderen zorgen nu hun vader is weggevallen, temeer omdat Merjam de Nederlandse taal niet beheerst?
- Hulp bij het verwerken van het overlijden van haar man.

Extra informatie

De hulpverlener gaat bij Merjam op huisbezoek en daarbij valt haar op hoe actief Merjam alles volgt en steeds wil weten wat er gebeurt en waarom. Hakima vertaalde dit steeds voor haar. In de gesprekken zegt ze ook dat ze zelf voor haar kinderen wil zorgen en daarom graag Nederlands wil leren. Ook wil ze graag andere vrouwen ontmoeten.

Opdrachten

Bespreek de volgende vragen in groepjes.

1 Merjam heeft zowel materiële als immateriële problemen. Zet haar problemen op een rij en breng daarin prioriteiten aan. Onderbouw jullie keuze.

2 Merjam heeft slechts een heel beperkt netwerk: alleen haar kinderen en dan vooral Hakima.
   - Wat is de rol van Hakima in deze casus?
   - Wie zouden er nog meer betrokken kunnen worden ter ondersteuning van Merjam?

3 Merjam heeft altijd haar man gevolgd. Toch laat ze in het gesprek met de hulpverlener haar kracht zien.
   - Waarin komt dat volgens jullie tot uiting?
   - Beschrijf hoe je met Merjam werkt aan empowerment, dus aan het versterken van haar zelfregie.
   - Waar zou je beginnen?
   - Hoe ondersteun je haar?
   - Hoe geef je vorm aan haar inburgering?

7.5 Casus bij cliëntprofiel 5: Reijn

De casus in deze paragraaf hoort bij cliëntprofiel 5: jongeren op zoek naar een eigen identiteit.

7.5.1 Situatieschets

Korte samenvatting
Reijn is 18 jaar en woont samen met zijn oudere broer Rob (23), zijn zusjes Sarah (13) en Ria (7) bij zijn moeder. Hij volgt een leerwerktraject. Dit houdt in dat hij vier dagen praktijkervaring opdoet op een leerwerkplaats en één dag naar school gaat. Reijn zit met een flinke schuld. Verder heeft hij thuis regelmatig woede-uitbarstingen.

Uitgebreide beschrijving
Reijn wordt door zijn moeder aangemeld bij het maatschappelijk werk. Hij zou een schuld hebben bij een mobieletelefoonprovider en het op zijn beloop laten. Zijn moeder vertelt ook dat ze het bijna niet meer aankan. Steeds die uitbarstingen thuis, ze is ten einde raad. Ria gaat vaak naar een vriendinnetje, want ze vindt het niet gezellig thuis. En Sarah zit vaak op haar kamer.

Reijn vertelt dat hij samen met zijn twee vrienden Jos en Henk verschillende contracten voor mobiele abonnementen heeft afgesloten uit angst in elkaar geslagen te zullen worden. Hij heeft onder bedreiging toegestemd dit te doen. Dit heeft ertoe geleid dat hij nu in totaal ongeveer 2500 euro aan telefoonschulden heeft. Hij heeft geprobeerd afbetalingsregelingen te treffen, maar is deze niet nagekomen met als gevolg dat het nu bij de deurwaarder ligt.

Zijn moeder vindt dat hij aangifte moet doen bij de politie. Reijn durft dit niet omdat de jongens gedreigd hebben zijn zusje iets aan te doen. Hij durft dit echter niet tegen zijn moeder te zeggen. Hij zegt: 'Mijn moeder begrijpt me toch nooit. Ze vindt dat ik dom ben en niet nadenk.' Hij vertelt dat hij altijd vergeleken wordt met zijn oudste broer; die doet wel alles goed. Desondanks kan hij wel goed met hem overweg en gaan ze samen wel eens naar het voetballen en ijshockey.

Reijn kan niet tegen stemverheffing. Hij raakt dan in de war en sluit zich op in zijn kamer. Als het weer rustig is, komt hij uit zijn kamer en doet hij alsof er niets is gebeurd. Hij wil er dan ook niet over praten. Zijn moeder zegt dat hij psychisch niet in orde is, net als zijn vader. Daarop draait Reijn door en gooit hij spullen in de woonkamer kapot.

Reijn wil niet meer naar zijn werk. Hij vindt dat hij daar niet thuishoort, en als hij toch gek is, waarom zou hij dan iets moeten leren? Hij zal toch niet kunnen werken. De mensen kijken hem vreemd aan en stellen hem rare vragen. Hij vindt dat nergens op slaan. Hij spijbelt vaak en gaat dan niet naar school. De docent op school vindt hij aardig. Hij doet zijn best als hij op school is, maar het lukt hem toch niet. Dan gaat hij zich vervelen en vervolgens krijgt hij dan ruzie met die docent. Maar die praat het altijd met hem uit.

De Dienst Sociale Zaken en Werkgelegenheidsprojecten heeft een test gedaan bij Reijn. Hieruit blijkt dat Reijn een ontwikkelingsachterstand heeft. Hij heeft het verstand en het vermogen van een 9-jarige.
Nu de resultaten bekend zijn, is het van belang dat Reijn wordt begeleid naar Stichting MEE. Hij is het daar niet mee eens. Hij vindt dat er niets mis is met hem en begrijpt niet waarom hij verdere begeleiding nodig heeft.

Inventariseren netwerk
Reijn geeft aan zijn biologische vader liever niet te zien. Hij heeft hen in de steek gelaten. Zijn neef van vaderszijde heeft een negatieve invloed op Reijn. Hij heeft geprobeerd om Reijn wiet te verkopen. Reijn is bang voor hem.
Reijn heeft geen vrienden van de basisschool. Deze zijn of goed terechtgekomen en willen niets met hem te maken hebben, of zijn op het verkeerde pad. Reijns moeder wil niet dat hij contact heeft met jongens die op het verkeerde pad terecht zijn gekomen.

Reijn heeft veel familie van moederszijde maar hij vindt dat deze familieleden zich te veel met hem bemoeien. Vooral tante Riet, een zus van zijn moeder, doet dat vaak, en zijn moeder laat dat toe. Hij wil niets met hen te maken hebben.

Reijn heeft veel vertrouwen in het maatschappelijk werk. Ze luisteren altijd naar hem. Hij komt vaak te laat en wordt toch niet weggestuurd. Als hij vragen heeft, durft hij die daar te stellen. Als hij iets over zijn moeder kwijt wil, kan dat.

Probleem
Reijn heeft geen inzicht in zijn situatie, maar voelt wel dat er wat aan de hand is.

Wens
Hoe kan Reijn ontdekken wie hij is met al zijn mogelijkheden en beperkingen?

Doelen
De doelen van Reijn zijn:
- schuldenvrij zijn;
- rust in huis hebben;
- een inkomen hebben;
- een verbeterde relatie met zijn moeder.

Opdrachten

Bespreek de volgende vragen in groepjes.

1 Er spelen diverse problemen in het gezin als gevolg van het gedrag van Reijn, zowel op gezinsniveau als op persoonlijk niveau.
   - Welke problemen signaleren jullie bij Reijn en in het gezin?
   - Wat zijn voor en van Reijn de bevorderende en belemmerende factoren, waardoor deze situatie is ontstaan?
   - Hoe zou je vanuit empowerment met hem gaan werken?
   - Hoe zou je hem kunnen motiveren om naar Stichting MEE te gaan?
   - Zitten er mogelijke hulpbronnen in zijn netwerk?
   - Wie kun je betrekken bij dit traject?
   - Op welke manier kan Reijn ondersteund worden bij het vormgeven van zijn eigen leven?

2 Het hele gezin wordt beïnvloed door de leefwijze van Reijn en omgekeerd wordt Reijn door de andere gezinsleden beïnvloed. De situatie is in een soort spiraal terechtgekomen van elkaar beïnvloeden. Reijns moeder geeft bij aanmelding aan dat zij het bijna niet meer aankan.
   - Wat doen jullie met het gegeven dat het hele gezin is beïnvloed?

- Hoe zou je vanuit empowerment Reijns moeder kunnen ondersteunen?
- Welke hulpbronnen zitten er in haar netwerk?
- Wat is er volgens jullie aan de hand in de relatie tussen Reijn en zijn moeder?
- Wat kunnen jullie hierop ondernemen?

3 Sarah en Ria hebben zo hun eigen manier gevonden om ermee om te gaan. Hebben zij volgens jullie nog iets nodig van de hulpverlening?

Casussen bij communityempowerment en organisatie-empowerment

8

In dit hoofdstuk zijn achtereenvolgens een casus over communityempowerment en een casus over organisatie-empowerment opgenomen. Bij beide casussen moet je vanuit een ander perspectief naar de probleemsituatie kijken dan bij de casussen in hoofdstuk 7, die zich op individueel niveau afspeelden. Bij communityempowerment kijk je op wijkniveau naar hoe je de participatiegraad van de bewoners kunt vergroten. Bij organisatie-empowerment moet je je verplaatsen in de positie van de manager en het belang van de organisatie.

8.1 Casus voor communityempowerment

8.1.1 Situatieschets

Deze casus gaat over een multiculturele wijk in een middelgrote stad. De wijk heeft de volgende statistieken:

- aantal inwoners: 18.365;
- sociale huurwoningen: 65%;
- particuliere huurwoningen: 10%;
- koopwoningen: 25%.

De wijk is de laatste tien jaar flink verkleurd. Autochtone Nederlanders vormen nu ongeveer de helft van de bevolking. Marokkaanse Nederlanders en Kaapverdiaanse Nederlanders vormen vervolgens de grootste groepen. Er zijn ongeveer 80 verschillende nationaliteiten vertegenwoordigd.

Het is een wijk met uiteenlopende problemen. Dat deze problemen nooit zijn geëscaleerd, is te danken aan de inzet van een vaste groep mensen en de inzet van de verschillende instellingen in de wijk, waaronder de brede school, het cultureel centrum, en enkele zorg- en welzijnsinstellingen. Ook zijn er nog voldoende winkels, hoewel de winkeliers steeds meer last krijgen van overvallen.

Problemen

Sommige delen van de wijk, met name de buurt met alleen maar sociale woningbouw, hebben slechte woonomstandigheden. Ouderen voelen zich er onveilig, er is een hoge werkloosheid en buren kennen elkaar niet door veel wisseling van bewoners. Er is ook veel zwerfafval, leegstaande panden wachten op renovatie en je ziet overal grafitti. Mensen met een lage sociaaleconomische status zijn oververtegenwoordigd. Er woont een groot aantal gezinnen met problemen en hangjongeren bezorgen regelmatig overlast.

Wijkraad

De wijk heeft een wijkraad waarin een opbouwwerker en een wijkambtenaar zitten. Het lijkt erop dat er steeds meer op hun schouders terecht dreigt te komen.

De ervaring van de wijkraad is dat steeds dezelfde mensen actief zijn. Het zijn van oudsher de gestaalde wijkkaders, waaraan naast autochtonen slechts één Surinaamse Nederlander deelneemt. Een paar mensen zijn aan het eind van het jaar gestopt en een paar anderen geven aan binnenkort ook te willen stoppen. Zij vinden dat het nu de beurt is aan anderen. Onder hen is ook de voorzitter van de wijkraad. Ze zijn nu al enige tijd op zoek naar een nieuwe voorzitter, maar dat is tot op heden nog niet gelukt. Trouwens, ook de vervanging van de vertrokken leden komt niet van de grond. Er is door de gemeente een informatieavond georganiseerd met als hoofdspreker de burgemeester. Ze hoopten daar mensen te bewegen om zich als nieuw lid aan te melden. Tijdens die avond heeft zich slechts één persoon gemeld en ook nadien zijn er geen aanmeldingen meer binnengekomen. De wijkraad heeft dus slechts een beperkt aantal leden. Met de renovatie voor de deur en de toenemende overlast vindt men dat een slecht teken. De huidige wijkraadsleden hebben huis aan huis brieven verspreid met een oproep, echter zonder resultaat. Ook hebben zij te kennen gegeven dat zij er graag mensen bij hebben uit de verschillende etnisch-culturele groepen in de wijk.

Opdrachten

1   In deze casus gaat het erom nieuwe mensen voor de wijkraad te vinden. Vorm met elkaar subgroepjes en bedenk samen plannen om de wijkraad een afspiegeling te laten zijn van de inwoners van de wijk. Via de bewonersorganisatie en andere bekende activiteiten is dit niet gelukt.

2   Lees nog eens paragraaf 2.3.2, paragraaf 3.5 en paragraaf 4.5.
    - Hoe kun je mensen die nu nog niet vertegenwoordigd zijn, in beeld krijgen?
    - Hoe kom je achter de informele netwerken en activiteiten die in elke wijk aanwezig zijn?
    - Welke andere instanties in de wijk kun je daarbij vragen?

- Welke samenwerkingsverbanden zijn nodig om de wijkraad weer op sterkte te krijgen?
- Wie kunnen met hun cliënten een wijkecogram maken?
- Wat zijn bij het maken van een wijkecogram de belangrijkste aandachtspunten?
- Hoe kun je de drempel om deel te nemen aan een wijkraad zo laag mogelijk maken?
- Welke ideeën hebben jullie nog meer om mensen die nu bekend zijn, te enthousiasmeren?

8.2 Casus voor organisatie-empowerment

8.2.1 Situatieschets

Deze casus gaat over een fictieve welzijnsinstelling waarin de medewerkers door een grote werkdruk er niet aan toekomen zich nieuwe methodieken eigen te maken.

Medewerkers
In de welzijnsinstelling komen meer cliënten binnen dan er eigenlijk geholpen kunnen worden. Medewerkers ervaren druk van hun manager om hun afgesproken targets te halen. Zelf willen ze gezien de wachtlijst ook zo veel mogelijk cliënten helpen. Het gevolg is dat ze zo snel mogelijk proberen te werken. Daardoor regelen ze alles voor de cliënt in plaats van hem te leren het zelf te doen. Ook voor het oefenen met – en integreren van de sociaal netwerkmethodiek kunnen ze geen tijd vrijmaken. Dat duurt in hun ogen te lang. De ervaren werkdruk schaadt op deze manier de kwaliteit.
Ook zijn in de loop van de jaren cliënten met steeds zwaardere problemen gekomen, waardoor de medewerkers veel meer dan vroeger moeten samenwerken met andere organisaties. Aangezien deze samenwerking ook tijd kost, pakken ze dit alleen op bij situaties waarin dit echt noodzakelijk is. Voor de rest houden ze zich vooral bezig met cliënten helpen. Er zijn wel een paar medewerkers die nieuwe dingen willen oppakken, maar zij hebben een beetje de moed laten zakken. Ze krijgen te weinig medewerking in het team en eigenlijk ook te weinig ondersteuning van de manager.

Manager
De manager begrijpt niet waarom er zo veel geklaagd wordt in het team. Alles is te veel, er kan niets meer bij. Hij vraagt zich af waarom mensen niet meer verantwoordelijkheid dragen. Waarom vinden zij het niet leuk zich te ontwikkelen en staan zij niet klaar om nieuwe uitdagingen (nieuwe projecten) aan te gaan?

Hij snapt ook niet waarom de medewerkers niet méér met elkaar samenwerken en allemaal als het ware een eigen toko hebben. Hij ziet medewerkers die juist goed functioneren vertrekken en het ziekteverzuim is vrij hoog.

Zelf voelt hij ook weinig ruimte. Hij draagt zorg voor beleidsontwikkeling, alle externe contacten, personeelszaken etc. Daardoor heeft hij zelf ook een overvolle agenda en loopt hij voor zijn gevoel achter de feiten aan. Hij zit tussen twee vuren, namelijk wat de directie wil en wat hij bij zijn team voor elkaar krijgt. Het is een sandwichfunctie. De directie geeft hem opdrachten, maar daarmee loopt hij tegen de onmacht of onwil van zijn team aan. Omgekeerd krijgt hij weinig gehoor bij de directie als hij de zware caseload van zijn team aankaart.

Directie
De directie zit met de gemeente rond de tafel. Door de Wmo en bezuinigingen wordt de welzijnsinstelling steeds meer afgerekend op resultaten. Gemeenten kunnen immers aanbesteden. Onder die druk doet de directeur beloften en nieuwe voorstellen om antwoord te geven op wat de gemeente wil. Hij moet in feite met minder geld meer doen. Met de uitkomst van de onderhandelingen gaat hij in gesprek met de manager. Deze krijgt de opdracht om enerzijds nieuwe producten en diensten te ontwikkelen en anderzijds te bezuinigingen. De directie gaat ervan uit dat de manager het regelt. En snapt niet dat er vervolgens te weinig op de werkvloer gebeurt.

Analyse
In feite heerst in de hele organisatie een sfeer van overvolle agenda's en weinig ruimte voor eigen inbreng. In alle lagen van de organisatie lijkt er geen aandacht te zijn voor de onderlinge communicatie en voor andermans werk. Men verwacht dat alles vanzelf gaat en dat iedereen oppakt wat hij moet doen.

Probleemsituatie
Sommige medewerkers hebben onlangs een cursus netwerkgericht werken gevolgd en zijn vol goede moed daarmee aan de slag gegaan. Na een paar maanden blijkt echter dat dit door hun volle agenda er steeds bij inschiet. Het gevolg is dat zij nu steeds alles zelf blijven doen, terwijl verschillende cliënten ook mogelijkheden hebben om anderen uit hun netwerk te vragen. Een paar medewerkers kaarten dit aan tijdens het teamoverleg.

Aanpak
De manager luistert deze keer echt goed naar alle problemen. Hij stelt open vragen, aansluitend op de ervaringen van de medewerkers en de betekenis die zij daaraan geven, en hij gaat niet uit van zijn eigen denkbeelden. Hij verplaatst zich in de positie van de medewerkers in de organisatie.

Vervolgens vraagt hij hen om mee te denken over een oplossing. Hij geeft hen daarin alle vrijheid om hun creativiteit niet voortijdig te stoppen. Hij zegt ook

toe dat alle ideeën serieus in de volgende vergadering besproken gaan worden en dat er dan een keus wordt gemaakt. Daarbij is hij bereid om die keus
naar de directie toe te verantwoorden. Hij vraagt aan de medewerkers: 'Willen jullie de ideeën ook bekijken vanuit mijn perspectief en dat van de organisatie en de doelen die de organisatie zich gesteld heeft?'

Uiteindelijk komt het volgende verzoek van het team naar voren: ze willen
graag een terugkombijeenkomst van de cursus en elke maand intervisie met
elkaar. Daarbij willen zij graag begeleiding van buitenaf, misschien van degene die de cursus heeft gegeven.

De manager honoreert het verzoek met de aanpassing dat intervisie één keer
per zes weken plaatsvindt en dat slechts de eerste zes keer begeleiding van
buitenaf aanwezig is om de systematiek leren. Hij heeft er alle vertrouwen
in dat de medewerkers daarna zelfstandig met elkaar de intervisie kunnen
vormgeven.

Opdrachten

Het gaat in deze opdracht om te leren op organisatieniveau te kijken en te
denken. Lees eerst paragraaf 2.3.3 en paragraaf 3.6 nog eens door. Maak ver-
volgens een subgroepje en stel je voor dat jullie het voor het zeggen hebben
in bovenstaande organisatie.
- Aan welke punten zou je dan als eerste aandacht besteden en hoe zou je
  dat gaan doen?
- Hebben jullie nog andere ideeën waarmee de medewerkers de nieuwe
  methodiek ook werkelijk in kunnen gaan zetten?
- Wat verwachten jullie van de manager?
- Hoe zou hij zich volgens jullie op moeten stellen?
- Wat heeft hij allereerst voor zichzelf nodig?
- Welke voorwaarden kan hij voor de medewerkers creëren zodat zij tijd
  en ruimte hebben om elkaar te consulteren en van elkaar te leren?
- Op welke wijze kan hij hen ondersteunen, zodat zij ook kritisch leren kij-
  ken naar hun eigen werkwijze?

Bijlagen

Bijlage 1	Ecogram 211
Bijlage 2	Intakeformulier sociaal netwerkmethodiek 212
Bijlage 3	Schema 'mogelijkheden sociaal netwerk' 215
Bijlage 4	Werkplan 216
Bijlage 5	Tussentijdse evaluatie 219
Bijlage 6	Eindevaluatie 221
Bijlage 7	Aandachtspunten analyse netwerk 223

ECOGRAM

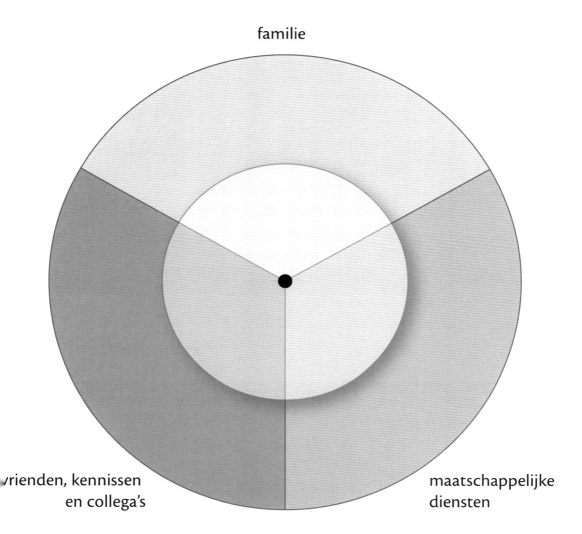

familie

vrienden, kennissen
en collega's

maatschappelijke
diensten

INTAKEFORMULIER SOCIAAL NETWERKMETHODIEK

1 Proces inventariseren netwerk

1.1 Doelstelling van de cliënt

1.2 Bijzondere informatie betreffende het persoonlijk sociaal netwerk. Wat valt op bij de verdeling per cluster?

1.3 De mobiliserende en reorganiserende werking

2 Verkregen informatie over de netwerkleden

2.1 Omvang en samenstelling

2.2 Sector familie (hoeveel personen en wat valt je op?)

2.3 Sector vrienden, kennissen en collega's (hoeveel personen en wat valt je op?)

2.4 Sector maatschappelijke diensten
(hoeveel personen, welke organisaties en wat valt je op?)

3 Gevarieerdheid (burgerlijke stand, opleiding, werk, hobby's)

4 Bereikbaarheid (in welke mate zijn personen bereikbaar voor de cliënt?)

5 Structuur van de betrekkingen (geen complete herhaling van het ecogram)

5.1 Mate van contact (frequentie, hoe vaak zien ze elkaar?)

5.2 Initiatief (wie neemt het initiatief?)

5.3 Lengte (hoelang kent de cliënt zijn netwerkleden al?)

5.4 Basis (op grond waarvan is het contact ontstaan?)

5.5 Inhoud van het contact
Affectie / emotionele steun / waardering (voor welke personen geldt dit in hoge mate?)
Aansluiting / sociaal contact / leuke dingen doen (voor welke personen geldt dit in hoge mate?)
Voorkeur / contacten die de cliënt prefereert (voor welke personen geldt dit in hoge mate?)
Praktische steun (van welke personen in hoge mate?)
6 Belemmerend (welke personen en andere factoren zijn belemmerend voor de cliënt om zijn doel te bereiken?)

SCHEMA 'MOGELIJKHEDEN SOCIAAL NETWERK'

(Hendrix, 2001, aangepast door auteur).

									Cliënt/ netwerklid
									1 Affectie
									2 Emotionele steun
									3 Waardering
									1 Aansluiting
									2 Sociaal contact
									3 Leuke dingen doen
									Voorkeur voor ondersteuning
									cliënt geeft
									cliënt ontvangt
									cliënt geeft
									cliënt ontvangt
									Wederkerig
									Belemmerend

Praktische steun:

Materiële steun:

WERKPLAN

Naam cliënt:
Naam maatschappelijk werker:
Opgesteld op:

1 Probleem

2 Waar wil ik hulp bij?

3 Mijn wensen en doelen

4 Wie doet wat?

5 Wanneer wil ik het bereikt hebben?

Datum	Werkdoelen en stappen	Ik	Familie Vriend(in) Kennis	Hulpver- lener	Andere organisa- tie
Werkdoel 1					
Werkdoel 2					
Werkdoel 3					
Werkdoel 4					

	Werkdoel 5				
	Werkdoel 6				

TUSSENTIJDSE EVALUATIE

Cliënt: Evaluatienr.:

Datum: Maatschappelijk werker:

A   Uitvoering werkplan

1a Aan welke werkdoelen heeft de cliënt, eventueel met anderen, gewerkt? Wat zijn de resultaten hiervan per werkdoel?

1b Is de hulpvraag van de cliënt in de afgelopen periode gewijzigd of is er een hulpvraag bij gekomen? Zo ja:

- Wat is er in de hulpvraag gewijzigd?
- Welke hulpvragen zijn erbij gekomen?
- Hebben deze veranderingen gevolgen voor de werkdoelen? (concretisering hierna bij B)

2   Is de cliënt tevreden met de manier waarop hij ondersteund wordt door de hulpverlener?

- Zo ja, waarmee wel?
- Zo nee, waarmee niet?
- Is er iets wat de cliënt anders wil?

3   Als het netwerk betrokken is bij de uitvoering van het werkplan van de cliënt:

- Waarmee wordt de cliënt geholpen?
- Door wie?
- Waarmee niet?
- Is er iets wat de cliënt anders wil?

4   Wat heeft de cliënt zelf te bieden?
■   Wat biedt de cliënt aan in de relatie met de netwerkleden die hem helpen? ■   Is er iets wat de cliënt anders wil?

B   De werkdoelen
1   Welke doelen zijn afgerond? Aan welke doelen wordt verder gewerkt?
2   Worden er werkdoelen bijgesteld? Zo ja, wat zijn de bijgestelde doelen?
3   Zijn er nieuwe werkdoelen? Zo ja, welke?

C   De aanpak
Op welke wijze wordt aan elk van de nieuwe doelen gewerkt? (Wie wat per doel oppakt, wordt in het werkplan ingevuld.)

D   Gemaakte afspraken
Worden de gemaakte afspraken gewijzigd? Zo ja, wat zijn de nieuwe afspraken?

EINDEVALUATIE

Cliënt: Datum:

Maatschappelijk werker:

A   Beëindiging hulpverlening
Aantal gesprekken: 30

Aan welke werkdoelen is gewerkt?

1

2

3

4

5

Zijn de gestelde werkdoelen in het werkplan bereikt? Wat zijn de resultaten?

1

2

3

4

5

Is voor de cliënt het probleem opgelost of kan de cliënt er samen met zijn netwerk mee verder?

Hoe heeft de cliënt de hulpverlening van de maatschappelijk werker ervaren?

Onder andere:

- Heeft de cliënt zich gehoord gevoeld?
- Heeft de cliënt zich begrepen gevoeld?
- Heeft de cliënt daadwerkelijk ondersteuning door de maatschappelijk werker ervaren?

Sociaal netwerkmethodiek; vragen aan de cliënt

- Hoe vond de cliënt het om ook andere mensen te vragen hem te helpen bij zijn werkdoelen?
- Hoe vindt hij de steun die hij van hen heeft (gehad)?
- Heeft hij nog contact met hen? Hoe verloopt dat contact nu? Wat heeft hij gedaan om hen te bedanken? En hoe vonden ze dat?
- Zijn de contacten die er nu zijn gelijkwaardig?

221

- Zijn er vriendschappelijke relaties ontstaan?
- Wat is de inhoud van die relaties?
- Hoe is er gereageerd op wat hij voor anderen gedaan heeft?

Sociaal netwerkmethodiek; vragen aan het netwerk

Met het netwerk evalueren is niet standaard. Bespreek eerst met de cliënt of hij dit op prijs stelt en vervolgens met de betrokken netwerkleden of zij hier behoefte aan hebben. Zo ja, dan kunnen onderstaande vragen daarbij helpen.

- Hoe was het voor jou om gevraagd te worden om ... (naam cliënt) te helpen bij zijn/haar problemen?
- Was wat je gedaan hebt, goed te doen?
- Heeft er op tijd bijstelling plaatsgevonden als dat nodig was?
- Was er voldoende onderling overleg?
- Heeft jouw inzet jou wat opgeleverd?
- Hoe ziet jullie relatie er nu uit?
- Was de hulpverlener makkelijk bereikbaar?

B Afronding

Heeft de cliënt nog een hulpvraag? Zo ja, wat is die hulpvraag?

Wordt de hulpverlening door (een) andere instantie(s) voortgezet? Waarom en door welke instantie(s)?

(Indien noodzakelijk) Op welke wijze blijft de hulpverlener betrokken?

AANDACHTSPUNTEN ANALYSE NETWERK

Inzicht in huidige situatie
- Welke inzichten heeft de cliënt gekregen door het inzetten van het ecogram?
- Wat zette hem in beweging?
- Wat zijn de draaglast en de draagkracht van de cliënt? Met andere woorden: wat is de relatie tussen zijn persoonlijke situatie, zijn kwaliteiten en vaardigheden, en zijn leerpunten?
- Wat zijn de draaglast en de draagkracht van het netwerk? Met andere woorden: wat is de relatie tussen de mogelijkheden en onmogelijkheden van het netwerk in relatie tot de cliënt?

Omvang en samenstelling
- Is de cliënt tevreden over de omvang van het netwerk?
- Sluiten de netwerkleden volgens de cliënt goed bij hem aan qua burgerlijke staat en functie/positie?
- Zijn er voldoende verschillende mogelijkheden en kwaliteiten aanwezig?
- Wil de cliënt zijn netwerk uitbreiden?
- Wil de cliënt een (totaal) nieuw netwerk opbouwen?

Bereikbaarheid
- Wonen de belangrijkste netwerkleden zo dichtbij dat het gewenste contact mogelijk is?

Inhoud van het contact
- Kan de cliënt langdurende contacten aangaan of zijn er alleen kortdurende contacten mogelijk?
- Neemt de cliënt zelf het initiatief om contact op te nemen, wacht hij op anderen of komt het initiatief van beide kanten?
- Heeft de cliënt mensen bij wie hij zich veilig en vertrouwd voelt?
- Bij wie ervaart de cliënt het contact als gelijkwaardig?
- Wil hij veranderingen aanbrengen in de inhoud van de contacten?

Hulpbronnen
- Zijn er voldoende hulpbronnen aanwezig?
- In welke mate ervaart de cliënt emotionele, praktische en materiële steun? En is dit voldoende?
- Wordt hij spontaan geholpen of moet hij erom vragen?
- Zijn belangrijke netwerkleden voldoende beschikbaar?
- Is er voldoende wederkerigheid in de relaties of wil de cliënt hier verandering in?

Belemmeringen

- Welke belemmeringen brengt het netwerk met zich mee, waardoor de cliënt zijn doel niet of moeilijk kan bereiken?
- Welke belemmeringen zitten er in de persoon van de cliënt zelf?
- Hoe kunnen die belemmeringen omgebogen, opgeheven of zo klein mogelijk gemaakt worden?
- Zijn er nog andere belemmerende factoren?

Professionals

- Wat is de rol van de professionals?

Bevorderende factoren

Hieronder staat een aantal bevorderende factoren beschreven die het voor de cliënt makkelijker maken om zijn doel te bereiken:

- een begrijpende partner, begrijpende kinderen;
- begrijpende en ondersteunende ouders;
- gelijkwaardige relaties;
- mensen die hem sociaal, emotioneel, praktisch en materieel ondersteunen, maar hem tegelijkertijd ook uitdagen zelf zaken op te pakken;
- mensen met dezelfde interesses en hobby's met wie hij op pad kan gaan;
- mensen die spontaan iets voor hem doen;
- mensen bij wie hij zonder schroom durft aan te kloppen;
- mensen aan wie hij zelf iets te bieden heeft;
- leuke collega's;
- mensen die hem positief beïnvloeden;
- mensen die hem waarderen om wie hij is en wat hij doet.

Sommige bevorderende factoren zijn in de cliënt zelf gelegen:

- gemotiveerd zijn om zelf iets aan zijn situatie te willen doen;
- zelfvertrouwen en eigenwaarde hebben of kunnen opbouwen;
- inzicht hebben in zijn kwaliteiten en deze kunnen inzetten, of in potentie dit inzicht kunnen ontwikkelen;
- sociale vaardigheden hebben (of kunnen aanleren) om contacten aan te gaan;
- een verzorgd uiterlijk;
- zelf ideeën hebben en mensen daarvoor uitnodigen.

Belemmerende factoren

De belemmerende factoren zijn even belangrijk als de bevorderende factoren. In belemmerende factoren gaat vaak veel energie zitten. Als de cliënt leert om met deze factoren om te gaan en de belemmerende contacten kan afbouwen of ombuigen, heeft hij meer ruimte om zich te ontwikkelen. Belemmeringen kunnen zijn:

- een sterk controlerend netwerk;
- gehanteerde normen en waarden;

- normerende rolpatronen;
- dominante familieleden en kennissen;
- mensen die de cliënt negatief beïnvloeden.

Belemmerende factoren die in de cliënt zelf zijn gelegen, zijn:
- een copingstijl die mensen afstoot;
- een grote mate van onzekerheid, die contact maken in de weg staat;
- een onverzorgd lichaam, onverzorgde kleding;
- onvoldoende sociale vaardigheden;
- beperkt inzicht in zijn situatie.

Literatuur

Baars, H.M.J. (1997) Handleiding Maastrichtse Sociale Netwerk Analyse. *Sociale Netwerk Studies*, Maastricht: Universiteit van Maastricht.

Baars, H.M.J. (1994) *Sociale netwerken van ambulante chronisch psychiatrische patiënten.* Maastricht: Universitaire Drukkerij Uniprint.

Baars, H.M.J., J.T.F. Uffing & G.F.H.M. Dekkers (1990) *Sociale netwerkstrategieën in de sociale psychiatrie.* Houten/Antwerpen: Bohn Stafleu van Loghum.

Baars, H.M.J. & M. Verschuren-Schoutissen (1998) *Sociale netwerk analyse: een diagnostiek van de maatschappelijke inpassing. Handboek Dagbesteding.* Houten/Antwerpen: Bohn Stafleu van Loghum.

Baars, H.M.J. & P. Bolwijn (1996) *Sociale-netwerkinterventies: bouwen aan sociale integratie. Handboek Maatschappelijk Werk Methodiek.* Houten/Antwerpen: Bohn Stafleu van Loghum.

Baars, H.M.J. & F. Beuzelijnck (2000) *Handleiding Basistraining Sociale Diagnostiek MSNA.* Maastricht: Universiteit Maastricht.

Baert, D. (1993) Identiteit en identiteitsontwikkeling: een poging tot systeemtheoretische benadering II. De ontwikkeling van identiteit. *Systeemtheoretisch Bulletin*, XI (4), 277-300.

Bassant, J. & M. Bassant-Hensen (2010) *Mensenwerk, Oriëntatie op doelgroepen in het sociaal werk.* Bussum: Uitgeverij Coutinho.

Beek, H. van de & J.W. van Zuthem (2003) *Thuis in de samenleving. Samenwerken aan maatschappelijke ondersteuning vanuit beschermd en begeleid wonen in de geestelijke gezondheidszorg.* Utrecht: Uitgeverij Lemma.

Beenackers, M. & W. Swildens (2003) Samenwerken aan maatschappelijke ondersteuning vanuit beschermd en begeleid wonen in de geestelijke gezondheidszorg. In: H. van Beek & J.W. van Zuthem (red.) *Thuis in de samenleving. Samenwerken aan maatschappelijke ondersteuning vanuit beschermd en begeleid wonen in de geestelijke gezondheidszorg*, p. 30 e.v. Utrecht: Uitgeverij Lemma.

Bekkum, D. van & T. Bernet (2001) Werken met loyaliteiten in multiculturele teams. In: A.H. van den Bergh (red.) *Werken met verschillen in teams.* Utrecht: Forum.
http://www.ctt.nl/files/resourcesmodule/@random4646bf0bb9aed/1179041 577_2001BekkumBernetMltCltTms.pdf

Bellaart, H. (2003) *Matrix interculturalisatie. Voor begeleiding van het interculturalisatieproces in de sectoren van Zorg en Welzijn.* Te bestellen bij FORUM.

Benschop, A. (2003) *Zichzelf organiserende netwerken, Topologie en dynamiek van het internet.* Amsterdam: http://www.sociosite.org/netwerken_theorie. php

Beukers-Baaijens, M. (2001) *Geduld doorboort marmer, De systeembenadering van Stichting Woonhuis te Gouda in de hulpverlening aan Marokkaanse gezinnen.* Doctoraalscriptie VU Amsterdam.

Beun, M. (2006) *'Factsheet Maatschappelijk werk en Wmo', informatie voor de professional in de praktijk.* Utrecht: NVMW.

Block, P. (2000) *Empowerment in organisaties, werken met positieve tactische vaardigheden.* Schoonhoven: Academie Service.

Boszormenyi-Nagy, I. & G. M. Spark (1973) *Invisible Loyalties: Reciprocity. Intergenerational Family Therapy.* New York: Harper Row.

Brabander, R. de (2008) *Van gedachten wisselen. Filosofie en ethiek voor sociale beroepen.* Bussum: Uitgeverij Coutinho.

Brink, C., K. Sok & M. Verschelling (2008) *De kracht van het netwerk.* Utrecht: MOVISIE.

Burgermaatschappij (2010) *Wikipedia, de vrije encyclopedie.* Opgehaald mei 31, 2010 van nl.wikipedia.org/w/index.php?title=Burgermaatschappij&old id=20072065

Choho, E. (2006) *Moslim unlimited, (over)leven in het Wilde Westen.* Amsterdam: Van Gennep.

Eerenbeemt, E.M. van den (2008) *De liefdesladder, Over familie en nieuwe liefdes.* Amsterdam/Antwerpen: Archipel.

Endt-Meijling, M. van (2006) *Rituelen en gewoonten. Geboorte, ziekte en dood in de multiculturele samenleving.* Bussum: Coutinho.

Ewijk, H. van (2006) De Wmo als instrument in de transformatie van de welvaartsstaat en als impuls voor vernieuwing van het sociaal werk. *Sociale Interventie*, 15.3, 5-16.

Goudriaan, G. (1989) Casemanagement, bindmiddel of breekijzer. *Tijdschrift voor de sociale sector*, nr. 9, 22-25.

Graaff, F. de (1995) *Zorg aan buitenl'anders' Deel van mijn vak.* Utrecht: Bureau Voorlichting Gezondheidszorg Buitenlanders.

Hawe, P. (1994). Capturing the meaning of 'community' in community intervention: some contributions from community psychologic Health promotion international, 9: 199-210.

Hendrix, H. (2001) Bouwen aan netwerken, Leer- en werkboek voor het bevorderen van sociale steun in de hulpverlening, 2de druk aangepast. Soest: Nelissen.

Hoffman, E. (2002) *Interculturele gespreksvoering, Theorie en praktijk van het topoi model.* Houten: Bohn Stafleu van Loghum.

Linde, M. van der (2005) *Multicultureel competent handelen. Van potentie naar competentie.* Utrecht: Horstcahier, Hogeschool Utrecht.

Jacobs, G. (2001) *De paradox van kracht en kwetsbaarheid. Empowerment in feministische hulpverlening en humanistisch raadswerk.* Amsterdam: SWP.

Jacobs, G., M. Braakman & J. Houweling (2005) *Op eigen kracht naar gezond leven, empowerment in de gezondheidsbevordering: concepten, werkwijzen en onderzoeksmethoden.* Utrecht: Universiteit voor Humanistiek.

Jong, P. de & I.K. Berg (2006) *De kracht van oplossingen, Handwijzer voor oplossingsgerichte gesprekstherapie.* Amsterdam: Harcourt Assessment.

Keulen, A. van & A. van Beurden (2006) *Van alles wat meenemen, diversiteit in opvoedingsstijlen in Nederland.* Bussum: Coutinho.

Koelen, M. & A. van der Ban (2004) *Health education and health promotion.* Wageningen: Wageningen academic publishers.

Koeter-Kemmerling, L. (2005) *Methodiek construct. Kennisteam toepassingsgericht Onderzoek en methodisch handelen.* Academie voor sociale studies Nijmegen.

Komter, A.X. & X.C. Schuijt (1993) Geven in Nederland. Amsterdam. In dagblad *Trouw* Opvoeding tot autonomie, C. van Nijnatten Maatwerk okt. 2006.

Kramer, S.A. (2009) *Gewoon bijzonder, Vertoog over migranten en vluchtelingen in de GGZ.* Proefschrift Universiteit van Tilburg.

Krikke, H., H. Nijhuis en R. Wesenbeek (2000) *Aan de grenzen, suïcidaal gedrag onder allochtone meisjes en jonge vrouwen.* Den Haag: Gemeente Den Haag.

Lamdaoir, H. (2005) Interculturele zorg bij Parnassia. Den Haag: niet uitgegeven is een hbo-afstudeeronderzoek.

Laverack, G. (2004) *Health Promotion Practice. Power & Empowerment.* Londen: Sage.

Linders, L. e.a. (2008) *Nieuw beleid, nieuwe professionals. Implicaties van de Wmo voor hulpverleners.* Eindhoven: Fontys Hogescholen.

Mueller, D.P. (1980) Social networks: a promising director for research on the relationship of social Environment to psychiatric disorder. *Social Science and Medicine*, nr. 2, 147-161.

Nabuurs, M. (2007) *Basisboek Systeemgericht werken.* Baarn: HB Uitgevers.

Nijnatten, C. van (2005) *Op verhaal komen.* Utrecht: Van Nijnatten.

Pannekeet, C. (1991) *Riagg-hulpverlening aan Turken en Marokkanen.* Meppel: Boom.

Parton, N., P. O'Byrne & C. van Nijnatten (2007) *Social work, een constructieve benadering.* Houten: Bohn Stafleu van Loghum.

Pels, T. (2000) *Opvoeding en integratie.* Assen: Van Gorcum.

Pennix, K. e.a. (2005) 'Werken aan maatschappelijke ondersteuning', Een handreiking voor sociale professionals. Utrecht: NIZW.

Prakken, J. (1997) *Waar de klappen vallen.* Utrecht: NIZW.

Ravelli, A. & L. van Doorn (2009) Werk(en) met betekenis, Dialooggestuurde hulp- en dienstverlening. Bussum: Coutinho.

Regenmortel, T. van (2002) *Empowerment en maatzorg. Een krachtgerichte psychologische kijk op armoede.* Leuven: Acco.

Regenmortel, T. van (2008) *Zwanger van empowerment. Een uitdagend kader voor sociale inclusie en moderne zorg.* Eindhoven: Fontys Hogeschool.

Riet, N. van (1995) Signaleren, essentie van en voor maatschappelijk werk. In *Handboek Maatschappelijk werk Methodiek*. Houten/Diegem: Bohn Stafleu van Loghum.

Riet, N. van (2006) *Social Work, Mensen helpen tot hun recht te komen*. Assen: Van Gorcum.

Riet, N. van & H. Wouters (1996) Casemanagement. Een leer-werkboek over de organisatie en coördinatie van zorg-, hulp- en dienstverlening. Assen: Van Gorcum.

Scheffers, M.E.W. (2008) *Haagse sociale Netwerkmethode, Handboek intake AMW*, Den Haag: STIOM.

Scholte, M. (2007) *Wegen en (blijven) overwegen. Handleiding intake maatschappelijk werk*. Bussum: Coutinho.

Schuyt, C.J.M. (1995) *Tegendraadse werkingen. Sociologische opstellen over de onvoorziene gevolgen van verzorging en verzekering*. Amsterdam: Amsterdam University Press.

Shadid, W.A. (2007) *Grondslagen van interculturele communicatie, Studieveld en werkterrein*. Alphen aan den Rijn: Kluwer.

Simsek, J. (2006) *Eerwraak, alle ogen op haar gericht, traditioneel geweld tegen Turkse vrouwen en meisjes*. Amersfoort: De vrije uitgevers.

Snelle, A. (2007) *Basismodel voor methodisch hulpverlenen in het maatschappelijk werk*. Bussum: Uitgeverij Coutinho.

Sterman, D. (1996) *Een olijfboom op de ijsberg, een transcultureel-psychiatrische visie op en behandeling van de problemen van jonge Noord-Afrikanen en hun families*. Amsterdam/Utrecht: Nederlands Centrum Buitenlanders.

Vanderhaeghe, I. (2008) *Een bredere kijk op andere culturen. Verslag studiedag*. Gent: Slachtofferhulp Gent.

Vereijken, A. (2004) *Een steunend sociaal netwerk. Kwaliteit van leven*. Nijmegen: MEE Gelderse Poort.

Vereijken, A. (2006) De sociale netwerkbenadering binnen MEE Gelderse Poort.

Verzaal, H. (2002) *Empowerment in de jeugdzorg, onderzoek naar empowerment bevorderend gedrag van hulpverleners*. Amsterdam: UvA.

Vos, C. (2009) Huwelijksmigrant wil niet moederen, maar werken. *Volkskrant*, 23 december 2009, p. 7.

Watzlawick, P., J.H. Beavin & D.D. Jackson (1970) *De Pragmatische aspecten van de menselijke communicatie*. Deventer: Bohn Stafleu van Loghum.

Wienese, I. & F. Arslan (1995) *Sociale vaardigheden voor Turkse en Marokkaanse vrouwen en meisjes. Een werkboek*. Utrecht: Jan van Arkel.

Wolf, M. (2009) Opname in een woonvoorziening is voor Marokkaanse mensen heel emotioneel. *Maand voor de activiteitensector*, nr. 8/9.

Yildiz, E. 'In Etnisch-culturele Minderheden en de contextuele therapie' http://versbloed.blogspot.com2007/04etnisch-culturele-minderheden-en-de-. html.

Tijdschriften
Tijdschrift Zorg en Welzijn, september 2009, jaargang 15. Wmo special.
TSS, tijdschrift voor sociale vraagstukken 1-2-2007 Special Wmo.

Websites
www.invoeringwmo.nl
www.forum-interculturalisatie.nl
www.mogroep.nl

Overige
Brief VWS DVVO-U-2475093. *Onderwerp Op weg naar een bestendig stelsel voor langdurige zorg en maatschappelijke ondersteuning.*)
Nieuwsbank (2010) http://www.nieuwsbank.nl/inp/2005/06/02/r087.htm
Wijken voor bewoners (2010) www.verwey-jonker.nl/vitaliteit/publicaties/lokaal_sociaal_beleid/wijken_voor_bewoners.

Register

aanbodgericht werken 42
aansluiting, behoefte aan 87
ABCD (Asset-Based Community Development) 38-39
ABCD-benadering 80, 130-131
acceptatie 68
actief burgerschap 22
activiteiten buitenshuis 141
affectieve behoefte 87
afhankelijkheid, wederzijdse 64
allochtone cliënt 72-73
allochtone hulpverlener 73
ambities van de cliënt 77-78
arbeidsmigranten 19
attitude van de hulpverlener 71-80, 128-129
autochtone cliënt 73
autochtone hulpverlener 72
autonomie 43, 58-59, 61
    ▪ en kracht 58
    ▪ in verbondenheid 61
AWBZ (Algemene Wet Bijzondere Ziektekosten) 16, 23, 24

beeldvorming 64-65
bekrachtigende houding 50
belemmerend persoon 122-123
bemiddelaar(s) 129, 141
bemoeizorg 125
bereikbaarheid 89
betekenisgeving door cliënt 44
betrokkenheid 25
buren 140
Burgers aan het stuur 39

casemanager 129
chain of command 41

chronische problematiek 195
circulaire vragen 115
civil society 25
cliënt, allochtone 72-73
cliënt, autochtone 73
cliëntenprofielen 145-157
    ▪ casussen bij 159-203
coach 129
collectieve eigenschappen 64-65
communicatievaardigheden 95
community 35
Community Support Systems 125
communityempowerment 33, 35-39, 80-81, 130-131, 134-135
    ▪ casus voor 205-207
communityniveau 30
compassie 113
complimenten maken 47, 50, 53
consolideren 128
contact
    ▪ inhoud van 90
    ▪ mate van 90
contact leggen 112-113
contacten hernieuwen 98
contacten intensiveren 117
contexten, zes 82
copingstijl 113-115, 192
    ▪ cliënten met 147-149
culturalistische benadering 61
cultureel conflict, permanent 155
culturele afstand 71
culturele desoriëntatie 63
culturele diversiteit/verscheidenheid 81-82
culturele verschillen 72
culturen, leven tussen twee 155
cultuur 61-63

cultuuromslag 41
cultuuroverdracht, impliciete 62
cultuursensitiviteit 71, 81
cultuurverandering 41
cultuurvorming 62

dagboek 51, 76
deelidentiteiten 63-64, 78
deeltijdstudenten 21
demon 153
denkraam 53
discriminatie 155
diversiteit 20
djinn 153
doelgroepen bereiken 80
drugs 155

echoën 46
ecogram 92-102, 138, 161-162, 211
■ contra-indicaties voor het inzetten van een 95-96
■ invullen van het 101-102, 106
■ mobiliserende werking van het 97-99, 101
■ reorganiserende werking van het 98-99
ecologische visie 88
eergerelateerd geweld 82
eerstegeneratiemigranten 65, 70, 152-154, 198
eigen ideeën 67
eigen identiteit 200
■ jongeren op zoek naar 155-157
eigen referentiekader, bewust zijn van je 53-54
eigen verantwoordelijkheid 56, 57
eigenwaarde 88
eindevaluatie 127-128, 188-191, 221-222
empowerment 16, 17, 21, 33-60, 61-84, 88
■ niveaus van 34-42
■ wat is? 33-34
ervaringsdeskundigen 43, 44
etnisch-culturele achtergrond 19, 20

etnisch-culturele diversiteit 20, 61-84, 137-144
etnische identiteit 63

Facebook 86, 87
face-to-facecontacten 89
facilitaiter 134
familie 67, 68-69, 74
familie (sector) 94, 102, 103-105
familierelaties 122
familieverhoudingen 143
flexibiliteit 31
focus op kracht van de cliënt 48-53
functionele kenmerken van het sociaal netwerk 87

gedrag 113-115
gedragscomponent 35
gelijkwaardigheid 44, 115
geloof/religie, invloed van 66
geluk 18-19
gemeenschap
■ invloed van de 66-67
■ samenstelling van een 36
■ wat is een 35-36
gemeenten 25
■ extra taken van de 26
generalisaties 65
gevarieerdheid van een netwerk 90
gevoelens en problemen, praten over 75
gezinsbegeleiding 156
gezinsgerichte aanpak 156
groepscontacten 86

herkaderen, kracht van 51-53
hernieuwen van contacten 98
heterogeniteit 107
■ van een netwerk 90
hoe-vragen 46
homogene netwerken 90
houding van niet-weten 44-45
houdingsaspecten hulpverlener 44-59
huiselijk geweld 27, 82, 160-161
hulpverlener
■ allochtone 73

- attitude van de 71-80, 128-129
- autochtone 72
- houdingsaspecten van de 44-59
- verschillende rollen van de 129

hulpvraag 110

huwelijksmigranten 77-78, 79

Hyves 86, 87

ideeënwerelden 67

identiteit 63-64

identiteitsproblemen 155

identiteitsvorming 155

impliciet taalgebruik 73

impliciete cultuuroverdracht 62

inburgeren 70, 77

individueel niveau 29

infomele sociale structuur 80

informele contacten 81

insluiting 62

intakefase 95

intakeformulier 101, 162-166, 212-214

intakeprocedure 20

interactie 18

interculturalisatie 29

intercultureel management 81

interculturele hulpverlening 20, 71, 72, 73

internet 86

interpersoonlijk handelen 82

interpersoonlijke component 35

interventies 17, 46-47, 50-51

intrapersoonlijke activiteit 82

intrapersoonlijke component 34-35

inzicht in gedrag 113

inzicht verwerven 113-114

inzichtgevend instrument 93

kaderwet 23

ketenzorg 27

komma-vragen stellen 46

kostenbeheersing 24

kracht, focus op 48-53

landelijk niveau (macroniveau) 31

leef- en belevingswereld van migranten 65-71

leefbaarheid 25, 26, 30

leer- en ontwikkelingsproces, oog voor het 56-59

leven tussen twee culturen 155

lichamelijke klachten 68, 75

LinkedIn 86

loyaliteit(en) 62, 64, 82, 83
- met familie 76-77

loyaliteitsconflict 155

maatjesproject 150

maatschappelijk steunsysteem (MSS) 124-125

maatschappelijke diensten (sector) 87, 94, 106

maatschappelijke opvang 27

managers 40-41, 81

mantelzorg 70

materiële behoefte 87

medeorganisator 129, 134

migranten 19, 20, 62, 152-154
- leef- en belevingswereld van 65-71
- oudere 70-71

migrantencultuur 70

migratie 69
- erfenis van 70

migratiegeschiedenis 74

mishandeling 51-52

misverstanden 80

mobiliserende werking van het ecogram 97-98, 101

moslims 67

MSN 102

multiculturele samenleving 19

netwerk
- beroep doen op het 123-124
- inventariseren 130, 137-140
- mogelijkheden ervan zichtbaar maken 108-109
- opbouwen/uitbreiden 118-122, 141-142
- professioneel 124
- (re)vitaliseren 116
- verkleinen 122

■ versterken 111, 116-122
netwerkanalyse 109, 110
  ■ aandachtspunten 223-225
netwerkberaden 125-127, 143
netwerkinterventies 92
niet-aangeboren hersenletsel (NAH) 149-150
niet-wetende houding 44-45, 46, 73-75
  ■ vragen stellen bij de 73
non-verbaal gedrag 46, 62
normen en waarden 67, 72, 78, 82, 140

OGGZ (Openbare Geestelijke Gezond-heidszorg) 23
onbegrip, wederzijds 72
onbevooroordeeldheid 54, 61, 74
onbewuste processen, bewust worden van 78-80
ondersteuner 134
ondersteuning 27
ondersteuningsvragen 139-140
ontsluitend werken 44
ontsluitende vragen 114
open vragen 46, 73, 75
oplossingen vinden 45
oplossingsgerichte benadering 17
organisatie-empowerment 33, 39-42, 81-83
  ■ casus voor 207-209
organisatieniveau 30
organisator 129
oudere migranten 70-71
Ouder-kindcentra 119-120
overlevingsgedrag 147

parafraseren 46
participatie 89
participeren 25
persoonlijk empowerment 33, 34-35, 38, 61
  ■ in de hulpverlening 42-59
persoonlijk sociaal netwerk
  ■ drie sectoren van het 86-87, 94
persoonlijke ervaringen 44
persoonsgebonden budget (pgb) 26

perspectiefverandering 46
positief bevestigen 47
positief zelfbeeld 156
positieve ervaringen onderzoeken 50-51
positieve ervaringen, kracht van 49-50
positieve relaties 99
prestatievelden 26-28, 159
probleemgericht denken 45-47
professional, rol van de 37
professionals 30-31
  ■ inzet van 142
psychische beperkingen, cliënten met 149-151

referentiekader 72
  ■ bewust zijn van je eigen 53-54
referentiekaders, verschillende 72-73
reflectief vermogen 78
reflectieve houding 54
relaties verdiepen 116
religie/geloof, invloed van 66
reorganiserende werking van het eco-gram 98-99
respect 44
revitaliseren van wijken 39
rolverhoudingen 74

samenvatten 46
schaalvragen 50
schaamte 96, 123, 140
schakel 134
schakelen 82
schema 'mogelijkheden sociaal netwerk' 168, 215
schulden 192, 196, 200-201
schuldgevoelens 96, 123
scoringsvragen 50
signaleerder 135
slachtofferrol 113
slapend netwerk 105
  ■ activeren 118
sociaal isolement 140
sociaal netwerk
  ■ analyseren 106-109
  ■ definitie van 85-86

- functionele kenmerken van 87
- inventariseren van het 92-106
- omvang van 89
- samenstelling van 86-87
- structuur van 89-90
- vragenlijst 103-106
sociaaleconomische status (SES) 74
sociale activering 26
sociale categorisering 64
sociale cohesie 16, 22, 25, 131
sociale context 67
sociale identiteiten 63-64
sociale innovatie 41
sociale netwerken 86-90
sociale samenhang 26
sociale zekerheid, behoefte aan 87
socialevaardigheidstrainingen 124
socialisatie 53
socialisatiefactoren 78
solidariteit 24, 25
somatiseren 148, 153
stedelijk niveau 31
stereotyperingen 63, 65
steunsystemen 150-151
stilte 46
straatjongeren 155
stressfactoren 70
subsysteem 64
symbolen 76
systeemgericht kijken 128
systeemtheorie van Nagy 64

taalbarrière 75-76
taallessen 77
taboes 140
tegenslag, cliënten met tijdelijke 145-147
tekenen 75-76
terughoudende houding 45
terughoudendheid 129
toekomstgericht denken 45-46
transparant aanbod 24
tussenevaluatie 127, 177-179, 183-185, 219-220
tweedegeneratiemigranten 70

tweesporenbeleid 57

uitsluiting 62
uniciteit 71

vanzelfsprekendheid, kracht van 49
veranderen 68
verantwoordelijkheid nemen 115, 116
verantwoordelijkheid, eigen 56, 57
verbinder 134
verlieservaringen 66, 69-70
vermaatschappelijking van de zorg 24
vernedering 155
verschillen, omgaan met 67
verslaving 149
verslavingszorg 27
verstandelijke beperking 149
vertrouwen 97
- opbouwen 137-138
vertrouwenspersoon 106
verwachtingspatroon 73
verwanten (sector) 87
vitaal netwerk 86
- wat is een? 107-108
volhouden, kracht van 51-53
voltijdstudenten 21
vooringenomenheid 65
vooroordelen 63, 65, 78
voorzieningen verlenen 27
vraaggericht werken 42
vragen stellen, aandachtspunten bij 73-75
vragenlijst 139-140
vragenlijst inventariseren sociaal netwerk 102, 103-106
vrienden, buren, collega's, kennissen (sector) 94, 102
vriendschappelijke betrekkingen (sector) 87
vrijwilligers 142, 150
vrijwilligerswerk 120, 121, 124
vrouwen 141-142

waarden en normen zie normen en waarden

WCPV (Wet collectieve preventie volksgezondheid) 23
wederkerigheid 93
   ▪ in relaties 115-116
wederzijds onbegrip 72
wederzijdse afhankelijkheid 64
weerstand 58
welzijn nieuwe stijl 28-29
welzijnsorganisaties 28
werkdoelen 111
   ▪ formuleren 110
werkplan 169-176, 179-180, 185-188,
   216-218
   ▪ opzetten 109-111, 141
   ▪ uitvoeren 112-127, 141-143
Wet maatschappelijke ondersteuning
   (Wmo) zie Wmo
wijkaanpak 38-39
wijkecogram 130, 131
   ▪ aandachtspunten bij 134
wijkkaart 80
wijkontwikkeling 39
wijkraad 206
Wmo (Wet maatschappelijke ondersteuning) 16, 21, 23-32, 85
   ▪ uitgangspunten 25
WVG (Wet Voorziening Gehandicapten)
   23

zelfbeschikking 43
zelfexpressie 83
zelfinzicht 68
zelfonderzoek 68
zelfoplossend vermogen 57
zelfredzaamheid 25, 43, 56, 59, 88
zelfregie 30, 33, 43, 111, 174-176 zie ook
   empowerment
zelfvertrouwen 57, 88
zorg en ondersteuning 25

Over de auteur

 Maria Scheffers (1953) heeft veel ervaring in het begeleiden van jongeren en volwassenen. Zij was onder andere vier jaar groepsleider, zes jaar maatschappelijk werker (vrouwenopvang) en zes jaar maatschappelijk werker en werkbegeleider bij het AMW (Algemeen Maatschappelijk Werk). Ook was Maria Scheffers staffunctionaris en manager in het AMW.

Sinds 2003 heeft zij een eigen bureau 'Scheffers coaching en training' (www.schefferscoaching.nl) en werkt zij als adviseur en trainer bij STIOM in Den Haag. Ze geeft trainingen aan professionals, onder meer over empowerment en werken met de sociaal netwerkmethodiek. Zij is supervisor en gastdocent op de Haagse Hogeschool.

Na de hbo-opleiding Groepsmaatschappelijk Werk volgde zij opleidingen bij de voortgezette agogische opleiding (beroepsinnovatie en methodiekontwikkeling), het Instituut voor Toegepaste en Integrale Psychologie (ITIP) en bij Phoenix (systemisch werken).